廉舒
LIAN Shu

中国外交とプラグマティズム

一九五〇年代における中国の対英政策

慶應義塾大学出版会

目次

中国外交とプラグマティズム

——一九五〇年代における中国の対英政策

序章

中国外交の行動原則へのアプローチ

第一節　一九五〇年代における対英政策の重要性

一九五〇年代における中国の対英政策というテーマは、これまであまり十分に論じられてきたとはいい難い。しかしそこには、中国の外交政策を理解する上で極めて重要な行動原則の諸要素が現れている。

中華人民共和国成立直後の、したがって革命が成就してまだ日も浅く、中国共産党による政権がまだ十分に固まっていない時期における中国の対外政策について、歴史家たちは、すでに大量の著作を公刊してきた。この時期、中国の共産党政権は、それがまさに国際社会に新しく登場した権力であり、しかも、伝統中国とはまったく異なる相貌を備えた新しい中国を打ち立てたという主張とともに登場したがゆえに、国際社会からの承認を強く求めていた。しかし、この新中国の抱える承認願望は、次第にはっきりと姿を現してきた東西冷戦という国際的文脈の中で実現しなければならない難題でもあった。当然ながら、国際的承認の獲得は誕生したばかりの共和国の指導者たちにとって容易ならざる挑戦であった。まさしくそうであったがゆえに、研究者たちの興味は尽きることなく、たくさんの著作が積み上げられてきたのである。

そうした著作の大部分は、新中国の対米ないし対ソ政策の分析にあてられてきた。そのこと自体は当然のことといえよう。なぜなら、台湾を解放して革命を完遂させるという目標を阻む最大の勢力アメリカと、ぎこちなくはありながらも強固な結びつきを持つ社会主義陣営の盟主としてのソ連の二大国が、新中国の生存そのものとアイデンティティを支えていたからである。しかし、本書はあえて対英政策という別の観点から、中国外交を論じる。それには二つの理由がある。

第一に、中国外交部の檔案（公文書）資料の新たな公開によって、新中国の対外政策全般において、対米・対ソ政策以外の研究領域にも踏み込む条件が格段に整ったという点である。対米・対ソ政策研究が重要性を失ったわけではなく、新たな資料によって、我々は新中国の外交政策をより多面的に、また新しい角度から描き出すチャンスを得ることになったのである。したがって本書の試みは、対米・対ソ政策に関する我々の従来の理解をさらに一歩深めることにも役立つであろう。

第二に、毛沢東が掲げた、「冷戦思考」とは区別し得る独特な世界観である「中間地帯論」のいわゆる「中間地帯」において、最も重要な位置を占めていたのがイギリスであった点である。毛沢東のこの世界観は、冷戦による構造的制約から一定程度自由であろうとした中国外交の独自性を支えるものであった。つまりそこには、アメリカに対抗する、あるいは対抗する可能性のある発展途上国、および資本主義諸国と中国との統一戦線という側面と、この統一戦線におけるソ連の排除という側面が併存していたからである。したがって、中国の対英政策を検討することは、中国外交の独特な性格を浮き彫りにする上で極めて大きな重要性を持っているのである。

後に詳しく検討するように、中国は当時イギリスと、様々な摩擦を生じながらも、一貫して慎重に関係を構築しようと努めていた。当時の中国の指導者たちにとってイギリスは紛れもなく帝国主義国家に分類されていたはずだが、第二次世界大戦後にはアメリカの台頭もあり力が相対的に衰えたとはいえ、イギリスはなおも国際社会に強い影響力を保っていた。中国のイギリスとの関係構築の経緯をたどると、表面上のラディカルな反帝国主義とは異なる中国外交の側面が浮かび上がる。それは反植民地主義を掲げる中国が、何らかの口実を作って武力に訴えればいつでも奪還し得る香港をそのままにしておいた事実を考えてみれば明白である。しかし、だからといって中国の指導者たちが単なるオポチュニストに過ぎなかったと言い切ることもできない。この点は、中国の指導者たちが、イギリスと良好な関係を模索しながらも、台湾に対するイギリスの曖昧な態度（中国の指導者たちにはそう映った）に苛立ったことを見れば明白である。したがって中国外交には、単にイデオロギーに還元することもできなければ、そうかといって、その時々の安全保障上の考慮、あるいは経済上の考慮をともかくも最優先したと言い切ることもできない論理が存在したと考えられるのである。

しかし、中国の対英政策を考察したこれまでの研究には、以上のような問題意識は希薄であったといわざるを得ない。一九五〇年代における中国の対英政策研究の中でも代表的なものとして、D・クレイトン（David Clayton）、W・シャオ（Wenguang Shao）、R・ボードマン（Robert Boardman）等の研究を挙げることができる。(1) これらの研究の特徴は、第一に、中国外交部の檔案資料が公開される以前の段階で利用できた資料に基づいていること、第二に、中英関係のみに焦点を当てる傾向があり、そこから中国の対外政策全般の性格をとらえなおすという志向に乏しいこと、そして第三に、中国外交をイデオロギーに強く拘束されたものであると見るか、そうでなければ安全保障上の考慮あるいは経済的な利益に支配されたものと見るかの、両極端な解釈に偏りやすいことである。

視野を少し拡大して、対英政策に限らず、新中国の対米、および対ソ政策に関する既存の研究を見ても、同様の傾向を指摘することが可能である。それらの研究の導く結論は、以下の二点に帰着するきらいがある。つまりまず一つは、アメリカが中国に対してどのように振る舞おうと、中国共産党の持つ世界観は社会主義陣営に属するものであり、その政策は社会主義陣営の西側に対する政策と一致せざるを得なかったという結論、そしてもう一つは逆に、新中国が掲げたイデオロギーは見かけ倒しで、実際には中国の対外政策は状況の関数といってよく、特に安全保障と経済に関する要求を満足させることが何よりも優先されたのだという結論である。(2)

しかし、新中国の指導者たちの少なくとも主観的次元において、イデオロギーと具体的な利益の追求が単なるトレード・オフではなかったとしたらどうであろうか。実際に、東西体制間の矛盾について、中国共産党はそれが唯一準拠すべき枠組みだと認識してはいなかった。「中間地帯論」は、まさに「冷戦思考」から自由でありたいという毛沢東の願望に根差したものであった。したがって新中国の対外政策が、結局はイデオロギーという原則によって最もよく説明し得るとする見解は、やはり単純すぎるであろう。とはいえ、新たな支配の正統性に立脚する革命政権が、世界観や理念を脇において、その場限りの利益追求を繰り返したと見ることも難しい。

そこで、「中間地帯」を代表する国家であったイギリスに対する政策を観察することが、中国外交の独特な性格を浮き彫りにする上で有益なのである。イギリスは西洋の中でも早くから中国を侵略した帝国主義国であり、しかもアメリカ帝国主義との「見えざる同盟」関係にある。さらに衰えたとはいえなお有力な帝国主義国でもある。そのイギリスに対して、中国が様々な関係構築を模索していく経緯の中に、我々は原則も具体的利益も同時に追求する独特な中国外交の姿を見出すことができる。それは、本書が中国的プラグマティズムと呼ぶ、指導者たちの社会心理的傾向であり、暗黙のうちに存在する行動準則がそれを支えていたのである。

第二節　本書の視角

なぜ中国の対外政策の分析に、プラグマティズムという概念を用いるのか。筆者の思考の出発点は、一九五〇年代における中国の対外政策が、往々にして自身が掲げた原則や理念からはかけ離れた行動を伴っているという事実にある。

すでに述べたように、冷戦期の中国の対外政策はイデオロギーに強く拘束されていると主張する研究が少なからず存在するが、他方で中国は自らが掲げるイデオロギーが命じるところと逆の方向を向いた政策をとることも少なくない。一九五〇年代における中国の対英政策をとってみると、例えば、次のような事実が浮かび上がる。

（一）一九五〇年代における中国の最も重要な政治的スローガンは「台湾解放」であった。これは中国共産党の悲願であったといってよい（そして現在でも悲願であり続けている）。「我々は必ず台湾を解放する」というスローガンは、中国が自ら台湾問題を解決しようとする意思の表明であった。だが、一方でその台湾問題について、中国はイギリスの仲介を通じて台湾の後ろ盾となっているアメリカとの直接交渉を試みるなど、様々な解決方法を模索した。すなわち、中国は「台湾解放」を掲げ、表面的にはアメリカと激しく対立しながらも、その背後ではアメリカとの外交交渉を通じて台湾問題を解決しようとする対応をとったのである。

（二）建国以前から、中国共産党は武力で香港を取り戻すことはしないという方針をすでに決めていた。一九五七年半ば以降、中国は国内政策では急進路線に舵をきり、対外政策も強硬路線に転じて、アジア・アフリカおよびラテンアメリカ諸国に「帝国主義、植民地主義に反対しよう」と呼びかけるに至ったが、その中にあってもイギリスの香港支配を容認し続けた。理念上帝国主義国であるイギリスは中国に敵対する存在であるとしても、イデオロギーより国家の利益を優先すべきだという考えが働いたのである。

(三) 一九五六年秋のスエズ危機勃発後、中国は中東地域における民族解放運動を支援するスローガンを掲げ、同地域に対するイギリスの行動を帝国主義の暴挙だとして非難した。しかし実際には、朝鮮戦争時のような義勇軍の派遣は行わず、武器の提供にも極めて慎重な姿勢を見せた。毛沢東が「どこかに革命が起きたら、我々は民衆集会を開き、声明を発表し、その革命に声援を送る。我々は空談〔非現実的な話〕をし、空砲を撃つのは好きだが、出兵はしない」と述べたように、[3]中国の「支援」は「声援」にとどまった。

(四) 一九五〇年代に中国のメディアはイギリスを非難する様々なスローガンを掲げた。だがその一方で、中国はイギリスの動向を注視し、その対中姿勢を分析し、イギリス国内に政治的亀裂を見出し、野党勢力を味方につけようとした。加えて、中国は最後までイギリスを「中間地帯」の一員と位置づけ、アメリカから区別した上で、対英政策を継続させていた。

プラグマティズムとは一般にイデオロギーの対極に位置するものと理解される。すなわち、それは理念や基本原則から離れて、目的を遂げるために有用と考えられる手段を状況に応じて選択する態度を指す。筆者はこのような理解に正面から反対しようとするわけではない。しかし、文化的文脈に応じて、いくらか異なる性格を持つプラグマティズムがあり得ると主張したいのである。さらに言えば、中国の対外政策の理解の鍵はイデオロギーであるという既存の有力な理解の仕方に対して、中国の指導者たちの理念や世界観などほとんど意味を持たなかったと単純に論駁するものでは決してない。もしそのように主張すれば、中国の対外政策はまったく場当たり的、出たとこ勝負で、ご都合主義的に策定されたのだということになってしまう。そうではなく、本書で明らかとなるのは、中国の指導者たちは原則を高く掲げながらも、「その時」、「その場」に格別の重要性を与え、原則が禁じているように見える手段をも選択することがあるということである。これは外部の人間の目には矛盾、あるいは裏切りと映るかもしれない。しかし、中国の指導者たちの主観的次元においては、これは矛盾でもなければ裏切りでもないのである。このような態度は、おそらく当事者自身によって明示的に説明されたり、その正当性を主張されたことはない。したがって、それは思想というよりは、心理的態度である。本書ではこれを中国的プラグマティズムと呼ぶことにする。

政治的行為の解釈に際し、行為主体が背負っている（あるいは彼らが慣れ親しんでいる）文化的要素、あるいは社会心理学的要素を重視するという本書のこの発想は、主としてルシアン・W・パイに負っている。[4]パイは、プラグマティズムが中国の政治文化の特徴であり、それは毛沢東時代と鄧小平時代とを問わず、中国政治の中に一貫して存在する常数であったと主張する。したがって、毛沢東の時代は「イデオロギーの時代」であり、鄧小平の時代は市場経済を導入して改革開放を実施した「プラグマティズムの時代」であるという一般的な理解は誤りなのである。[5]パイの主張する中国的プラグマティズムの特徴として筆者が重要と考えるものには、以下の諸点が含まれる。

第一は、表向きの発言と現実との間にしばしば矛盾が存在することである。その結果、パイによれば、現実そのものよりも、「見せかけ（make-believe）」が中国政治においては、大きな作用を果たすことになる。あるいは、フィクションの中に指導者と民衆がともに安住してしまう傾向が見られる。だが、言葉と実態がかけ離れていたとしても、中国人はその矛盾に対して大いなる寛容さを持ち合わせている。したがって、彼ら自身はその矛盾に悩まされることがほとんどない。この態度は、一方で中国人の行動にこの上ない柔軟性を与えるが、他方で中国と関係を持つ外国人にとって困惑の種となる。(6)

第二は、「高尚な原則（lofty principles）」を実用主義的に掲げることである。原則へのこだわりは、一般にプラグマティズムとは相容れない。しかしパイによれば、中国人はプラグマティックな行動の一環として原則を打ち出すのだという。彼の見るところ、この傾向は中国の対外関係によく反映されている。すなわち、外交問題において中国は、自らが狭い利益にとらわれず、「原則」という高い行動基準に基づいて行動しているのだと主張することによって、自らの交渉上の立場を強化し、相手から譲歩を引き出そうとするのである。このような態度の背後にあるものは、「無原則な相手方」は高尚な原則に屈すべきであるとの、道徳的な主張なのである。(7)

第三は、楽観主義である。パイの見るところ、中国の政治文化には、情勢を分析した結果、将来を楽観的に見ることが可能と判断した場合には、過去を振り返らないという性質がある。このような楽観主義は、ある手段が有効だと判断したとたん、その手段の有効性を否定する情報や見解を目に入りにくくし、中国の指導者たちを「思い込んだらまっしぐら」に進ませる傾向がある。同時に、このような楽観主義は中国の指導者たちの現実的な将来予測を妨げる可能性がある。(8)

第四は、「一意専心（single mindedness）」である。すでに述べたように、中国人は認知的不協和に対する高い耐性を備えているとはいえ、いったん行動に移ると、「愚公山を移す」のようなひたむきさを尊重するのだとパイはいう。このような一心不乱状態は目的の達成を大きく助ける可能性があることももちろんあるが、他方で状況に応じて立ち止まる慎重さと政策の多様性を阻むこともある。パイによれば、このような脇目もふらない行動が実情に合わなくなると、中国人はプラグマティックな調整を行い、今度は逆の方向に走り出すことがあるのである。これは中国人の政治行動にある種の大きな振り幅を与えることになる(9)。

第五は、民族の自尊心を満足させることである。すなわち、あらゆる手段を使って、「眼前の目標」を実現することで、民族的なプライドという集団的な自尊心を満足させ、他の人々から中国を尊敬させようとするのだという。そのために、中国的プラグマティズムは「ベストであること」を要求するとパイはいう。したがって、中国的プラグマティズムは愛国主義によって、その柔軟性を制約されてしまうのである(10)。

このように中国的プラグマティズムは、ときに現実的な政策を促し有利に働くが、ときに非現実的な政策に走らせ自らを窮地に陥れる両刃の刃となるであろう。外部の人々の目には、一方で自らが掲げる原則を無視した無軌道な行動に映るが、他方では柔軟性と順応性に富むとも映る。また、それはある場合には、中国の指導者たちに確信を与えて躊躇なく前進させるが、また他の場合には自らがとる手段を懐疑的に見る声に耳を貸さない硬直化したものともなり得るのである。

以上のような中国的特色を持つプラグマティズムの理解に基いて、本書は一九五〇年代の中国の対英政策の分析を進めていく。具体的な分析を行った後、再び中国的プラグマティズムをいかに理解するかという一般的な問題に立ち返り、本書の議論の含意について論じるつもりである。文化的、あるいは社会心理学的な要素を重視する本書の眼目は、政策決定過程の詳細な記述ではなく、矛盾に満ちているように見える中国の対外政策を理解することにあるのである。

第三節　本書の資料と構成

本書が依拠した資料について言及しておきたい。本書は日・米・英・中の外交資料を用いて、多角的に中国の外交政策を明らかにするよう努めている。本書の記述の多くは、二〇〇四年に中国外交資料館（外交部檔案館）によって開示された外交檔案資料によっている。これまでにも中国の外交資料に基づいて作成された資料集があったが(11)、それらの資料集には、編集の過程で省略された部分があり、そこには重要な内容が含まれていた。本書は、新たに公開された中国の外交資料によってこれまでの欠落部分を補いながら中国外交の思想と行動を再現していく。同時に、イギリス側の資料を用いることによって、中国側資料を補完しながら、中国共産党の香港政策、とりわけ一九五〇年代後半の中英経済関係に考察を加えるつもりである。

試行錯誤を伴いつつ策定された一九五〇年代の中国の対英政策は、いくつかの段階に分けて検討するのが適切であり、本書における各章はそれらの各段階に対応している。第一章においては、朝鮮戦争以前の中国の外交戦略と対英外交政策を考察する。この時期において、中国は資本主義諸国の中国進出を警戒しながら、西側諸国をアメリカから切り離す政策を打ち出していたが、その重要な標的がイギリスであった。

第二章は、一九五〇年六月に勃発した朝鮮戦争の勃発から一九五三年七月に朝鮮戦争が終結するまでの中国の対英政策を扱う。この戦争をきっかけに、それまで行われていた中国承認をめぐる中英間の交渉は一時的に中断した。しかし中国は、北京に駐在していたイギリスの外交使節との事務的な連絡を継続し、また同国の民間団体を中国に招くことによって、イギリスとの関係を維持した。朝鮮半島でイギリスと直接戦いながら、中国はイギリスとの関係の模索を続けていたのである。

第三章では、朝鮮戦争終結から一九五四年九月に発生した第一次台湾海峡危機までの中国の対英認識のありようと政策展開について検討する。この時期は五〇年代において中英関係が最も進展した時期であり、ジュネーブ会議をきっかけに、中英両国は低いレベルの外交関係を樹立した。

第四章は、第一次台湾海峡危機から一九五八年八月に生じた第二次台湾海峡危機までの中国の対英政策の検証にあてた。第一次台湾海峡危機をきっかけに、中英間の政治的関係は冷え込んでいった。それにもかかわらず、中国は米中の直接交渉を実現できるように、イギリスに仲介役を依頼するなど、対英・対米関係の打開を模索し続けた。そうした中、カシミールプリンセス号事件、スエズ危機が発生し、さらにイギリス政府がアメリカの「二つの中国」政策に同調するようになると、中国はメディアによる対英批判を強めた。しかし、その表面上の敵対的なスローガンとは対照的に、カシミールプリンセス号事件、スエズ危機への対応は冷静さを保ったものであった。

第五章では、第二次台湾海峡危機以降における中国の対英政策を考察する。第二次台湾海峡危機以降、国内政策が急進化した後も、中国は香港の安定をひたすら求め続けた。対英関係の選択肢が限られていたこの時期に、中国はイギリスとの経済関係を強化し、貿易関係を促進することによって、政治以外の領域を重視し、イギリスとの関係を維持しようとした。ラディカリズムの裏には常に一定の合理性が存在しており、最後まで対英政策は「中間地帯」に対する戦略の一環として展開されたのである。

そして終章の結論においては、一九五〇年代における中国の対外戦略全体の中での対英政策の位置づけを確認した上で、プラグマティズムという概念に照らして中国外交の特質を論じることにする。

（1） David Clayton, *Imperialism Revisited: Political and Economic Relations between Britain and China, 1950–54*, Basingstoke: Macmillan Press, 1997; James Tuck-Hong Tang, *Britain's Encounter with Revolutionary China, 1949–54*, New York: St. Martin's Press, 1992; Wenguang Shao, *China, Britain and Businessmen: Political and Commercial Relations, 1949–57*, Oxford: Macmillan, 1991; Robert Boardman, *Britain and the People's Republic of China, 1949–74*, London: Macmillan Press, 1976; Evan Luard, *Britain and China*, London: Chatto & Windus, 1962.

（2） 新中国の対米、および対ソ政策に関する先行研究としては以下のようなものが挙げられる。Chen Jian, *China's Road to the Korean War: The Making of the Sino-American Confrontation*, New York: Columbia University Press, 1997; Michael M. Sheng, *Battling Western Imperialism: Mao, Stalin and the United States*, Princeton: Princeton University Press, 1997; Odd Arne Westad（ed.）, *Brothers in Arms: The Rise and Fall of the Sino-Soviet Alliance, 1945–1963*, Stanford: Stanford University Press, 1998; Chen Jian, *Mao's China and the Cold War*, Chapel Hill: University of North Carolina Press, 2001; Lorenz M. Lüthi, *The Sino-Soviet Split: Cold War in the Communist World*, Princeton: Princeton University Press, 2008; 牛軍（真水康樹訳）『冷戦期中国外交の政策決定』、千倉書房、二〇〇七年、沈志華・李丹慧『戦後中蘇関係若干問題研究』北京：人民出版社、二〇〇六年、沈志華（主編）『中蘇関係史綱』北京：新華出版社、二〇〇七年。

（3） 「同斯諾談国際問題（一九六五年一月九日）」、中華人民共和国外交部、中共中央文献研究室編『毛沢東外交文選』、北京：中央文献出版社・世界知識出版社、一九九四年、五五八頁。

（4） ルシアン・W・パイは、一九二一年に中国の山西省で生まれ、イェール大学で政治学博士号を取得し、長くマサチューセッツ工科大学で教授を務めた。戦後中国の外交におけるプラグマティズムを論じるパイの主な著作として、以下のものがある。Lucian W. Pye, *The Mandarin and the Cadre: China's Political Cultures*, Center for Chinese Studies, Michigan: University of Michigan, 1988; id., *The Spirit of Chinese Politics*, Cambridge: Harvard University Press, 1992. また、パイと同様の議論を展開しているものとして、リチャード・H・ソロモンの研究がある。Richard H. Solomon, *Mao's Revolution and the Chinese Political Culture*, Center for Chinese Studies, Michigan: University of Michigan, 1998.

（5） Pye, *The Mandarin and the Cadre*.

（6） *Ibid.*, pp. 80–81.

（7） *Ibid.*, p. 80.

（8） *Ibid.*, pp. 92–93

（9） *Ibid.*, pp. 101–102.

（10） *Ibid.*, p. 99.

（11） 一九九三年に世界知識出版社から出版された中華人民共和国外交部外交史研究室編『周恩来外交活動大事記　1949—1975』、宋恩繁・黎家松が編集し、同じく世界知識出版社から二〇〇一年に出版された『中華人民共和国外交大事記』第一巻、第二巻、第三巻などがある。

第一章

承認問題をめぐる中国の対英方針——朝鮮戦争以前における対英政策の模索

中華人民共和国建国までの中国共産党は、ヨーロッパに対する明確な戦略を持たなかったが、自らの勝利が確実になるにつれ、対ヨーロッパ戦略を模索するようになった。

この時期における中国共産党は西ヨーロッパ諸国を以下のようにとらえていた。第一に、資本主義陣営に属し、反共産主義、反ソ連の側面を持っている。第二に、アメリカの対中国政策の影響を受け、程度こそ異なるものの、新中国に対する疑念を拭いきれず、成り行きを注視している。第三に、敵対的態度をとっている国もあるが、立場や利害関係が異なっているため、対中国政策をめぐるその足並みは決して揃ってはいない。特にその対中政策は必ずしもアメリカと一致してはいない(1)。

以上の見方に基づき、中国は、それぞれの国の状況に合わせた個別対応を原則に対西ヨーロッパ戦略を定めた。まずは、各国にアメリカとは異なるやり方で接近することによって、アメリカの対中国政策に打撃を与え、その上で各国の対中姿勢の温度差によって個別に対応しようというものであった(2)。このような方針の下で、中国はイギリスの動向に特に注目していた。

第一節　建国以前における中国共産党とイギリスの関係

中国における共産党政権の誕生に関して米英間には認識の違いがあったが、それは政権成立以前にまでさかのぼるものである。アメリカが様々な面で国民党を援助し、同党が台湾に撤退するまでそれが続いたのに対し、中国共産党政権の誕生について、イギリス政府はイデオロギーに拘泥せず、プラグマティックな（pragmatic）観点からその行方に注目していた。(3) 新政権が成立する以前から、イギリス領事館の職員は中国共産党が支配を確立した奉天（瀋陽）、北平、天津などの地域で、共産党関係者と絶えず接触を図っていた。中国共産党が中国東北地方および北平、天津地域を制圧した直後に、イギリス政府はこの地域にあった領事館に「中共を、その制圧した地域における事実上の政府として承認する」という指示を出した。また、当時の駐南京イギリス大使だったラルフ・スティーブンソン（Ralph Stevenson）は、駐北平イギリス総領事に「現状、および（中国国内の今後の）情勢が明確になるまで、イギリスは現実に即して中共との往来を保ち続けたい」旨を中国共産党側に伝えよと指示した。(4)

一九四九年四月二十日、国共内戦終盤で混乱していた中国において、上海から南京に向かっていたイギリス海軍スループ艦アメジストが、中国人民解放軍から砲撃されて艦橋などに多数の着弾を受け損壊した。四月二十六日、イギリス国会において、このときは首相ではなく野党党首だったウィンストン・チャーチル（Winston Churchill）は、航空母艦を極東に派遣して武力によって報復すると宣言した。また防衛大臣のA・V・アレグザンダー（A. V. Alexander）は、最新の防衛体制によって香港を守るという姿勢を示しながらも、イギリスは中国の内戦に巻き込まれるつもりはなく、中国人自らが運命を決めるべきだと表明している。(5) 他方、中国共産党は、中国人民解放軍が渡河作戦を展開している中国領土の揚子江に、アメジストなどイギリス軍艦四隻が許可なく侵入したことの責任は全面的にイギリス側にあるとして、謝罪を要求した。

アメジスト事件の解決になかなか進展が見えない中、一九四九年四月二十九日、すなわち中国共産党軍が南京を制圧した六日後、イギリス外務省スポークスマンは、イギリスは国民政府との従来の関係を維持する一方で、中国共産党関係者とも「友好的な関係」を持ちたいという政府の対中方針を示した。(6) こうしたイギリス側の呼びかけに対し、四月三十日に、中国人民解放軍のスポークスマンの李濤は、毛沢東が自ら起草した声明を発表した。この声明はチャーチルを非難し、改めてイギリスに謝罪と賠償を求めており、人民政権の外交政策を次のように述べた。「現在、中国人民革命軍事委員会と人民政府は、いかなる外国政府とも外交関係を樹立していない。中国人民革命軍事委員会と人民政府は、中国で正常な業務活動に従事する外国人を保護する意思がある。中国人民革命軍事委員会と人民政府は、諸外国との外交関係樹立を考慮する意思も持っている。しかし、その外交関係は、平等・互恵の関係であり、互いに主権と領土保全を尊重するという原則に基づいて樹立されなくてはならない。まず初めにするべきことは、国民党反動派を支援しないことである。中国人民革命軍事委員会と人民政府は、外国政府からのいかなる武力的な脅しにも屈するつもりはない。我々と外交関係を樹立したいならば、外国政府は国民党の残党勢力との関係をすべて断絶し、そしてその軍隊を中国から撤退させなくてはならない(7)」。このように、イギリスが国民政府との関係を断絶し、共産党政権を全面的に承認しない限り、共産党支配地域においてイギリス政府関係者に接触する意思はないことを、毛は表明した。しかしその一方で「中国人民革命軍事委員会と人民政府は、中国に居住している外国籍の住民を保護する用意がある」と述べ、新政権が成立した後も、中国共産党は外国人を中国から排除する意思がないこと、さらに西側諸国との外交関係を樹立する意思があることを示唆した。西側諸国を含め、すべての外国と外交関係を樹立する前提条件として、イデオロギーではなく、国民党政権との関係断絶を重視することを、世界に示したのである。

人民解放軍の支配地域において、西側諸国の外交官は外交官としてではなく、一般の外国人として扱われていた。一九四九年五月に人民解放軍が上海に進駐して以降、イギリス領事館は正式には存在しなかったものの、実際には領事館として機能していた。上海市軍事管理委員会外事局（Foreign Affairs Bureau）を訪れる外国人は、厳格ながらも丁重に扱われていたのである。[8]

一九四九年八月二十六日、上海市軍事管理委員会外交担当の責任者であった章漢夫は、駐上海元イギリス総領事R・W・アーカート（R. W. Urquhart）と会見した際、中国にある旧外交機構と領事機構を承認しないと表明する一方、外国と正常な貿易関係を構築したいという希望を表明した。[9] その直後、陳毅上海市長はイギリス中国協会主席W・J・ケズウィック（W. J. Keswich）と会見し、イギリスに友好的な姿勢を示した。[10] 反帝国主義の立場をとってきた中国共産党の関係者がイギリス人と会見していること自体が、中国共産党は外国企業を追い払うものではなく、彼らと協力する意思があるのだというメッセージなのである。[11] 建国前における中国共産党のこうした姿勢は、イギリスの新政権承認への後押しにもなった。一九四九年九月二十八日に国連大会に出席したイギリス外務大臣アーネスト・ベヴィン（Ernest Bevin）は、イギリス政府が中国国民の政権選択に干渉する意思がないことを表明した。[12] イギリスの中国共産党政権に対するこのような態度は、アメリカとはまったく異なっていたため、中国共産党中央はイギリスに対し、アメリカとは異なる外交政策をとることになる。このような対英姿勢は、中国でのイギリスの経済利益を意識したものであったが[13]、何よりも、中国共産党の勝利とその中国支配の正当性を暗に認めたイギリス側の姿勢を、中国共産党は評価し重視したのである。

第二節　イギリスの中国承認と中国側の対応

では、建国当初、中国の対英政策はどのようなものであったのだろうか。以下、この問題について検討してみたい。

一、イギリスの中国承認と中国側の慎重姿勢

イギリスは一九五〇年一月六日、中国に外交文書を送り、同国を承認する意思を伝えた[14]。一月九日、周恩来はイギリス外務大臣ベヴィン宛に外交文書を送り、これに対し中国は、平等・互恵、領土と主権の相互尊重という原則に基づいてイギリスと国交を樹立し、そのためにJ・C・ハチスン（J. C. Huchison）をイギリスの交渉代表として迎える用意があるとの意思を伝えた[15]。

イギリスにとっては、香港を植民地として維持し、中国大陸との通商関係を確保することが直接的な目的ではあったが[16]、より大きな政治的目的は、早期承認によって人民政府に対するソ連の影響力を最小限におさえることであった。すなわちイギリスは、「ロシアの影響に対抗する唯一の方法は、共産中国を西側と接触させることであり、その接触は早ければ早いほどよい」と考えていたのである[17]。

それでは、イギリスによる中国の承認に、中国側はどのように対応したのであろうか。イギリスの中国承認問

題について当時外交部辦公庁（The General Office）主任であった王炳南は、外交部に宛てた報告書の中で次のように分析している。

イギリス政府の中国人民への敵対的態度は、本質的にはアメリカの対中国政策と一致しているが、自らの権益のために中国との外交関係を求めている。その理由は以下の二つである。

第一に、中国人民解放軍が西南国境地域まで進駐したことを受けて、イギリス政府は中国人民革命の影響を食い止めようとしている。第二に、イギリスは中国に大量に投資してきたが、これまでアメリカは中国市場を独占し、イギリス勢力を排除してきた。目下のイギリスは（アメリカ撤退の）機会に乗じて中国で足場を固めようとしている。しかし、一方で、政策上はアメリカとの関係に配慮して中国問題についてアメリカと異なった態度をとることができずにいる。それゆえに当面の問題は我々の側にはなく、イギリス政府自身の行動にある。(18)

この王炳南報告からは、中国がイギリスの目的をはっきり認識していたことがうかがえる。

しかし交渉は、中国に対する帝国主義的進出への警戒心から、また中国・イギリス双方の考え方の違いから、なかなか進展しなかった。イギリスがこの時点で両国の外交関係がすでに樹立されたと考えたのに対して、中国は単にハチスンをイギリスから派遣されてきた交渉代表としかみなしていなかった。(19) 中国の反応はイギリスにとって予想外のものであったのかもしれない。イギリスの交渉代表としてハチスンが中国に来たのにもかかわらず、一九五〇年一月中旬になっても、中国側の態度に躊躇や不明瞭さがあったため、中英間の交渉は進展しなかった。そのせいで、イギリスは外交施設を南京から北京に移転するという計画を予定通りに実施することができなかった。イギリス側の承認に対する中国側の反応はかなり慎重なものであった。

では、なぜ中国はイギリスと国交を樹立する意思を示しながら、積極的な行動をとらなかったのであろうか。その背景は近年公表された外交部檔案資料によって明らかになった。そこには国交樹立に対する中国のためらいが見られる。

第一に、イギリスとの国交樹立が、すべての資本主義国家との国交樹立の先例となるため、中国は慎重にならざるを得なかった。一九五〇年一月二十日にイギリスとインドから国交樹立の申し入れがあったのに対し、毛沢東は自ら「難題を出し、日時を先に延ばす」ようにという指示をモスクワから出した。[20] 外交部檔案資料 No. 110-00022-05「イギリス・インドとの交渉の日時を延期するという毛（主席）の指示（原題：毛対英印談判其目的在拖延時日之指示、一九五〇年一月二十日）」によると、毛沢東の指示には次のように記載されている。


イギリス・インドなどの国と外交関係を樹立する交渉では、難題を出すことによってその日時を先延ばしにすべきである。そうすることによって、我々がこれらの帝国主義国家およびその属国と外交関係を樹立することを決して急いではいないことを示すことになり、むしろ逆にこれらの国々が中国進出を急いでいることが証明されるであろう。（日程を先延ばしにすれば）アメリカ帝国主義陣営が中国に進出する時期を遅らせることもできる。そのためインド側への返事としては、アショク・クマール・セン（Ashoke Kumar Sen）が北京に来る際、外交使節を交換するという初期段階の交渉をする用意があることだけ伝え、他の部分には言及しない方がよい。したがってネルー（Jawaharlal Nehru）の電報が示した内容については、様々な解釈が可能になるよう、我々は触れない方がよいと考えている。もしイギリスがインドの例に倣って、我々に同じような要求を出してくるなら、外交使節団を組織するなどの（外交関係樹立における）初期段階の問題について交渉するために、ハチスンに来てもらってもよい。この問題をめぐって、我々は交渉をさらに進めることができる。しかし、イギリスが国連で国民党を（中国の）代表として扱っている問題、またイギリスがロンドン、香港、台湾などで国民党の様々な機関に示した態度などは、双方で外交使節団を設立する前に解決しなくてはならない問題である。すなわちこれらの問題は国民党との関係を絶つという範囲における問題だ。もしこれらの問題に対する返答と行動が矛盾するなら、我々は交渉を引き延ばしてもよい。ただし、イギリスの兵舎問題は、外交関係を樹立した後でイギリスの大使に提出する問題であって、今は触れなくてよい[21]。

このように、毛沢東は、交渉を先に延ばすことで、中国の「帝国主義国家およびその従属国との国交樹立を急がない立場」を世界に示すことができると考えていた。また毛沢東は、イギリスやインドなどが国交樹立を申し入れるのは、これらの国が一日も早く中国に進出したいと思っているからだと考えていた。毛が、イギリスなどによる中国進出を警戒していたことは明らかである。毛は、イギリスとの国交樹立を先に延ばすことは「アメリカ帝国主義陣営が中国に進出する（鑽進来）時期を延ばすことになる」と述べているが[22]、それは中国国内において新政権がまだ十分に基盤を固めていなかった時期に、もし西側勢力が中国に進出したならば、新政権の安定にとってマイナスの影響を与えかねないと心配していたためである。イギリスの早期承認は、毛にとって予想外のことであったのかもしれない。中国共産党は、西側諸国との接触によって中国社会に分裂がもたらされ、権力をゆるがすことを危惧していたのである。

中国がイギリスとの国交樹立交渉に積極的に踏み切れなかったもう一つの要因は、西側諸国の共産党政権に対する態度にあった。新政権に対し、西側諸国の多くは疑いの眼差しを向けたが、これは毛沢東の民族感情を強く刺激した。建国直後、毛は「帝国主義諸国のわが国に対する承認問題について、現在急いで解決する必要がないばかりか、全国を解放した後であっても一定期間解決する必要はない。我々は、平等の原則に則り、あらゆる国と外交関係を樹立することを希望するが、これまで中国人民を敵視してきた帝国主義国家が、すぐに公平な態度で我々に接することはあり得ず、彼らが敵視の態度を変えなければ、我々も帝国主義国家に対しては、中国における合法的な地位を与えるつもりはない」と述べ、[23]資本主義諸国が人民政府を合法政府として承認するまで、それらの国々との関係改善を急がない姿勢を示した。この発言は、西側諸国の新政権に対する態度への中国指導部の怒りの表明であり、民族主義的感情の表れであった。

さらに、中国承認問題をめぐって、イギリスが矛盾する態度をとったことも、中国をためらわせた。このことは中国が国交樹立交渉を先延ばしにする理由にもなった。一九四八年、イギリス政府は台湾の淡水における領事館の業務を再開した。当時台湾に滞在していたイギリス人は二百名足らずで、彼らの安全はアメリカなどの同盟国に任せることができたが、イギリスは外交官一名のほかに、海軍の事務官一名も淡水に駐在させていた。[24]一九五〇年一月六日、駐北京元イギリス総領事のW・G・グレアム（W. G. Graham）は、イギリスが人民政府を承認するという内容の外交書簡を王炳南に渡した。またグレアムは同日の午後さらに外交部を訪れ、イギリスは国民政府との外交関係を絶ったと王炳南に伝えた。[25]それにもかかわらず、イギリスは淡水の領事館を閉鎖せず、引き続き業務を執行した。[26]また、新中国を承認した四日後の一九五〇年一月十日、国連において、「国民党代表を常任理事会から追放する」というソ連の提案に対して「時期尚早」との態度を示し、さらに一月十三日にそのソ連案を議決した際、棄権票を投じたのである。[27]イギリスは国民政府の承認を取りやめたと表明しながら、依然として台湾に領事館を置き、事実上国民党側と連絡を取り合っていた。その上、香港での国民党の反新中国活動を容認したため、中国は香港が新中国転覆活動の基地になりつつあると認識するようになった。[28]イギリスがとった一連の行動はアメリカの立場と同様、事実上国民政府の代表権を支持することとなり、国民政府との外交関係を完全に断絶したとはいえないとして、中国はイギリスの国交樹立の表明に疑念を抱いたのである。[29]こうしたイギリス側の姿勢に対し、中国のメディアは「中国承認を唱えながら、国連においてアメリカに追随し、匪賊蔣介石を国連から追放するというソ連の提案に反対しているイギリスの政策は、まさに『両面政策』である」と非難した。[30]台湾問題に対するこうしたイギリス側の態度は、中国側が国交樹立交渉に踏み出せない最大の理由だったと思われる。

最後に、中国が対ソ協調を重視していたことも、イギリスとの国交樹立にはマイナスに働いた。毛沢東は社会主義「一辺倒」の外交政策を打ち出し、社会主義国の建設に全力を傾ける姿勢を明らかにした。新体制が成立した直後のこの時期、中国は安全保障を含め多くの面においてソ連に頼らざるを得なかった。中国にとってソ連との関係は対米戦略に劣らぬ重要性を持っていた。そのためソ連の不審を招かないような対外政策を採用することに中国の指導者は腐心していた。ソ連と「中ソ友好同盟相互援助条約」を締結するために、毛沢東は一九四九年十二月十六日からモスクワに滞在していた。インド・イギリスによる国交樹立の申し入れがこの時期に重なっていたため、毛は慎重にならざるを得なかったのである。建国初期の中国は常にソ連の対英政策の動向に注目していた。このことも中国がイギリスとの関係樹立に躊躇した背景の一つであると考えられる。

なかなか進展しない中国との国交樹立交渉にイギリスは焦りを感じた。一九五〇年二月、ハチスンは中国外交部の章漢夫副部長を訪ねた。二人が上海で接触したこともあって、上海に居住するイギリス人の問題を含め、イギリスが中国で直面している諸問題について、ハチスンは章漢夫に協力を求めたが、章は自身が上海を離れてからすでに二カ月経つため、上海の状況を詳しく知らないと述べ、[31]婉曲にハチスンの要求を拒絶した。つまり中国は、イギリスに積極的な協力はしないことによって、台湾問題を含め、中国問題に対するイギリスの言動に不満を示したのである。

二、イギリスとの国交樹立をめぐる中国の原則的方針

しかし、当時イギリスは第二次世界大戦で大きな打撃を受けてはいたものの、西側陣営におけるリーダーとしての影響力は依然として保っていた。特に英連邦諸国への影響力は衰えていなかった。そのような国から正統政権であるとの承認をとりつけることは重要な意味を持つことから、中国はイギリスとの関係を重視しないわけにはいかなかったのである。

そのため、イギリスが中国承認を宣言した一カ月後の一九五〇年二月八日、毛沢東は自ら次のような中英国交樹立の交渉原則を決定した。すなわち、「中華人民共和国と外交関係を樹立した以上、イギリスは国民政府とのすべての外交関係を絶たなくてはならない。国連およびその他のどの国際組織においても、人民政府の代表権を承認せずに、引き続き国民政府代表を合法的な代表と認定することがあってはならない。これは、中英国交樹立にあたっての最優先課題である」。そしてさらに「香港における国民政府の機構および財産に対するイギリス政府の態度の明確化も、国民党政府との関係にかかわる問題である」として、これを中英国交樹立における最重要問題として取り上げたのである。(32)

これは、一九五〇年一月二十日に毛沢東自身が出した対英交渉方針より、明らかに前向きな内容になっていた。では、中国はなぜ突然イギリスとの国交交渉に積極的になったのか。その原因は、モスクワで行われた対ソ交渉がうまく進まなかったことにあったと思われる。毛のモスクワ滞在中、ヨシフ・スターリン(Joseph Stalin)と

の会談がなかなか実現しなかったため、中国側は毛がソ連側に粗末に扱われたと感じた。[33]また、その二日前の二月六日、国民政府空軍の飛行機が上海を襲撃するという事件が発生した。中国がソ連空軍の支援を要請したのに対し、ソ連側は中国を支援すると約束する一方で、中国と秘密裡に「補充協定」を結ぶことを要求したのである。この協定では、ソ連の極東地域と中央アジア・中国の東北地方と新彊地域を外国に貸与しないこと、そしてこれらの地域における工業・財政・商業への投資および企業・団体などの活動に、第三国の資本および個人を参入させないことを定めている。つまり、中国への空軍支援の代わりに、ソ連は中国の東北地方と新彊地域を自らの勢力範囲に組み込もうとしたのである。周恩来は「その第三国とはどこの国のことか」とスターリンに詰め寄ったが、結局中ソ関係の大局を考慮し、毛沢東と周恩来は渋々この協定に調印した。[34]この二日後の二月八日に、毛は国交樹立をめぐってイギリスとの交渉を進めるようにという指示を出した。イギリスと接近することは、中ソ関係を破壊する危険を伴う行動であるが、中国があえてそれに踏み切ったのは、ソ連を牽制したいという思惑があったからだと考えられる。

毛沢東が指示を出した翌日の一九五〇年二月九日、四日後に北京を来訪する予定のイギリス政府代表のハチスンとの交渉に備え、中国外交部は次のような交渉方針を決めた。外交部檔案資料 No. 110–00022–08「中国とイギリスが外交関係を樹立することに対する初歩的な交渉についての草案（原題：対中英建立外交関係初歩談判的擬議、一九五〇年二月九日）」には次のように記されている。

毛主席の指示の原則により、ハチスンの北京到着後は、中国人民政治協商会議共同綱領（一九四九年九月二十一日採択）および十月一日の毛主席の公表どおり、国民党反動派との関係をすべて断絶し、中華人民共和国に対して友好的な態度をとる外国政府は、いずれも平等・相互利益・領土主権の相互尊重の基礎のもとに外交関係を樹立することを伝えるものとする。そのためイギリス政府に対しては、国民党残党政権の承認を撤回し、先に述べた原則のもとにわが方と外交関係を樹立することが、イギリス政府の賢明な判断であるといえる。ただし国民党残党政権の承認を撤回し、人民政府と外交関係を樹立すると表明した後にとったイギリス側のいくつかの重大行動に鑑み、中華人民共和国中央人民政府はイギリス側が国民党反動派残党の外交承認を撤廃した真意に対して、若干の疑念を持つこととなった。中華人民共和国中央人民政府は、イギリスと台湾国民党反動派の間の外交関係は完全には断絶していないと考えており、またイギリス政府が中華人民共和国に対してとっている態度も友好的とはいえないと見ている[35]。

毛沢東の指示に基づき、対英交渉の重点は国民政府との関係断絶に置かれ、こうした対英方針はハチスンによってイギリス政府に伝えられることとなった。一九五〇年三月三日、中国外交部副部長の章漢夫は、中英交渉のために訪中したハチスンと会談し、「中英両国が外交関係を樹立するにあたって、最も重要な問題は国民党との関係を断絶することにある」と述べた[36]。中国側はイギリスとの関係を考える際、イギリスの国民政府に対する態度を常に重要視していたのである。しかし他方、イギリスとの交渉条件においては、香港における国民政府の機構や財産問題に触れながらも、香港問題自体を避け、また、中国本土に置かれたイギリス軍駐屯地問題に触れることをも避けた[37]。この問題に言及しなかったことの意義は大きいと言わざるを得ない。つまり、イギリスの国民政府に対する態度こそが、中国の完全承認を引き出す最も重要なポイントであった。香港がイギリスにとって経済的、政治的、戦略的にいかに重要かを中国は十分に理解しており、イギリスが国民政府との関係を絶ち中国を承認するのならば、中国もイギリスの香港支配に異を唱える意思がないことを暗に示したのである。

国交樹立をめぐる交渉を進展させるために、一九五〇年三月十七日、ハチスンは中国側の関心事に対するイギリスの考えを、次のように中国外交部に伝えた。まず、国民政府が台湾を実効支配していることは事実であるから、単に事務運営上の利便性を図るために、イギリス政府は現在事実上国民政府を認めている。またイギリスは、国連加盟国が人民政府の加盟を支持するか否か、状況を見極めようとしている。加盟国の多数が中国の加盟を支持する状況になり次第、イギリス政府は人民政府への支持を表明する用意がある。さらに、中英両国が正式な外交関係を樹立することになれば、イギリス政府はイギリスおよび香港にある中国の財産を中国政府に引き渡す用意がある(38)。

ハチスンの説明は、中国にとって満足できないものであった(39)。その後、一九五〇年四月四日および五月八日、ハチスンは中国外交部を訪れ、香港における中国の民用機および資産問題、中国の国連加盟問題をめぐって、中国側と意見を交わしたが、いずれも良い結果が得られなかった(40)。中国の新聞とラジオは、イギリスを厳しく批判した。五〇年五月二十二日の北京ラジオ放送は、新中国に対するイギリスの態度は「極めて非友好的で」、「イギリスの伝統的外交政策の二枚舌」であると述べた上で、こうしたイギリスの姿勢がただちに変わらなければ、中英間の交渉は決裂する危険性があると警告し(41)、イギリスに圧力をかけた。また同日、中国承認問題をめぐってイギリス政府の言動に矛盾が見受けられたため、中国外交部はその説明を求める必要があるとする中国側の立場を表明した。六月十七日に、ハチスンは再び中国外交部を訪れ、中国の国連加盟問題をめぐって、国連安全保障理事会でイギリスが依然として棄権票を投じているのは、有効多数を獲得する時期を待っているためであり、現安保理メンバーの一部や他の機関の加盟国の一部だけがイギリスの主張に賛成している状態で、たとえイギリスが賛成票を投じても、多数票を獲得するには、時期尚早であると述べた。

さらに、イギリス政府は中国の国連加盟のために他の加盟国と協議しており、誠意をもって中国との国交樹立を望んでいるので、ぜひ両国の大使交換を実現させたいと、ハチスンは重ねて強調したが、中国は軟化した態度を見せず、イギリスの申し入れに明確な回答を示さなかった[42]。しかし、中国は北京におけるイギリスの外交施設を、正式な大使館として認めなかったものの、その一方で、イギリスの代表部職員に通常の外交特権および免除を与えた[43]。このように、中国は、中英国交樹立交渉にあたって、国民政府との関係を完全に断絶しなくてはならないという原則を堅持し、メディアを通じてイギリスに圧力をかける一方で、在中国イギリス代表部に外交特権を与え、国交樹立の交渉を継続したのである。

イギリス政府は、保守派の反対を押し切って、中国新政権との関係樹立に積極的に取り組んだ。しかし、国交樹立に関して中国が示したこのような言動は、イギリスを困惑させたといわれている[44]。

三、イギリス左派勢力との連携

中国建国当初、毛沢東は、マルクス・レーニン主義の理論が示すとおり、イギリスでは階級対立が深刻化することで資本主義の衰退が進み、国家は崩壊の途上にあると見ていた[45]。この原理に基づくならば、西側諸国の保守的支配集団と関係を樹立することは、かえってその国の民衆に混乱をもたらし、社会主義革命のチャンスを破壊する恐れがある。そのためこの時期中国は、イギリスの左翼や社会主義者・共産主義者との連携を求めていた[46]。

中国がイギリスの左派勢力との連携を図った例を挙げてみたい。一九四九年十月、中国はイギリス労働党の急進左派グループ「ファイブマン・インディペンデント・グループ（Five-man Independent Group）」の議員宛に電報を打った。また、英中友好協会（British-China Friendship Association）やイギリス共産党（ＣＰＧＢ）とも連絡をとっていた[47]。同年十一月、英中会議（Britain China Conference）が成立した際にも中国は、毛沢東の名義で英中会議に宛て「中国人民は中英人民の友好を深めるあらゆる努力を歓迎する」という祝電を送った[48]。

一九四九年十二月、イギリス共産党員のマリアン・ラメルソン（Marian Ramelson）がシベリア鉄道でソ連を横断し中国に到着した。彼女は人民政府を表敬訪問した最初のイギリス人として知られている。ラメルソンの訪中は、英中会議がロンドンで開かれていた時期と重なったため、中国側はラメルソンを歓迎し、中国の新聞は彼女の中国訪問に関する記事を一面トップに載せた。ラメルソンはイギリスに戻ってからも、四十以上の集会で講演し、彼女の訪中記事を載せたパンフレット一万冊をイギリス共産党が用意し、イギリスの民衆に配った[49]。新中国成立直後、イギリス共産党をはじめ、左翼のイギリス人は頻繁に中国に渡り、特に英中友好協会は新中国との関係発展に積極的に取り組んだ。同協会はイギリス共産党と親密な関係を持ち、代表団を中国に送ったり、集会を開いたりして、新中国について宣伝した[50]。この時期にはイギリス共産党を含め、イギリスの左翼団体の活動を見ても、その重点は共産主義の宣伝より、新中国の宣伝に置かれていたことがわかる。

一九五〇年九月、イギリス共産党結成三十周年を祝って毛沢東は、「イギリス共産党はイギリスの労働者階級が自由と勝利を獲得する唯一の希望である」と記した電報を送った[51]。また英中友好協会の要請で、同年十月に中華全国総工会副主席の劉寧一が率いる学者・知識人による友好代表団がイギリスに一カ月余り滞在し、新中国の宣伝を行った[52]。

イデオロギーの観点からすれば、中国はイギリス共産党などの左派団体との関係をより強めてもよかったはずだが、以上のように、この時期中国はイギリスの左派グループとの関係を保持していたものの、その連携は祝電などにとどまり、革命運動を展開するような呼びかけや、左派組織との関係をさらに深めようという動きは見られなかった。イギリス左派との関係を強めすぎれば中国を承認したイギリス政府との関係を損ないかねないと考え、中国はイギリス政府に配慮してイギリス左派との連携に慎重な姿勢を見せたと考えられる。

これに対し建国当初に日本共産党に示した中国の態度は大きく異なっていた。中国がメディアなどを通じて日本共産党を強く支持した背景には、ソ連の対外政策への協調もあったが、中国の安全保障上の配慮という要素もあった。日米安保条約の締結によって、日本はアジア地域におけるアメリカの最も有力な同盟国になり、日本各地にアメリカの軍事基地が置かれた。日本は、中国と地理的に近い。もしアメリカが大陸進攻に踏み切れば、日本はアメリカの軍事補給線となるため、日本の軍事基地化は中国にとって大きな脅威となった。また、日本は労働力においても工業生産力においても高いレベルを有しているため、アメリカの大陸進攻に際して最も有力な拠点となると認識した中国は[53]、日本がアメリカのパートナーとなって中国やソ連を脅かしていると受けとめた[54]。それゆえ、日本共産党との関係を強め、日本国民に反米・反日本政府の統一戦線を結成させることによって、日本からアメリカの影響力を排除しようとした。以上のように、建国初期における中国のイギリス左派団体との連携においても、中国共産党外交におけるプラグマティズムの要素を見ることができる。

第三節　建国以前における中国共産党の対香港政策

中国共産党の対香港政策について、かつて中園和仁は「一九四九年二月初めの段階で、中国共産党は外交政策のガイドラインを決定し、香港の奪回を延期することを決定していた」と指摘し[55]、その理由について「中国が香港の武力解放を強行した場合、アメリカが介入してくる危険性は排除できない」という情勢判断から、「毛沢東はアメリカの介入を招くような危険な賭けに出る気がなかった」ためであるとしている[56]。内戦に忙殺されていたためか、建国前後における中国共産党の香港政策に関する資料は極めて少ないが、イギリス側の外交資料には、香港における中国共産党新華社の活動が記載されており、また当時の香港における中国共産党の息のかかったメディアも資料として活用することができる。こうした資料によれば、以下で述べるように、一九四八年末ごろには中国共産党の香港政策はすでに決定されていたこと、実は中国共産党は最初から香港を回収するつもりがなかったことが、明らかになる。

一、建国以前における中国共産党の香港をめぐる方針

一九四九年二月、スターリンの命を受け西柏坡を訪問したアナスタス・ミコヤン（Anastas Mikoyan）に対し、毛沢東は香港問題について次のように述べた。「目下、国土の半分がいまだ解放されていない。大陸のことなら比較的簡単で、軍隊を派遣すれば解決する。しかし、島のことになると複雑になる。ゆえに柔軟で平和的かつ過渡的な方法で解決しなければならず、多くの時間が必要である。香港・マカオの問題は急いで解決する必要はない。それより、香港・マカオ、特に香港の従来の地位を利用し、対外関係、貿易関係を発展させた方が有利である」。毛沢東はここで、長期的な観点から香港を利用しようとする考えを示唆したのである[57]。これは中国共産党が初めて示した香港政策だといわれてきたが、しかし一九四八年末ごろの新華社香港分社の活動を考察すると、同党の対香港方針はこの時点ですでに決まっていたことがわかる。

新華社香港分社は一九四七年に設立され、初代社長は重慶で周恩来の秘書を務めていた喬冠華、二代目社長は黄作梅であった[58]。イギリスの外交資料によると、四八年末、喬木（Chiao Mu 喬冠華）は積極的に西側諸国の記者

らと会見している。ロイター通信社香港駐在員H・C・ボーフ（H. C. Bough）が記した喬との談話の中に、建国直前の中国共産党の対香港政策の一端を垣間見ることができる。

喬は、国共内戦中にイギリス政府がとった中立政策を高く評価し、イギリス政府が発表した「香港を反中国の活動基地にさせない」という声明に対し歓迎の意を示し、新政権が成立した後もこれが継続されることを望んでいる。[59]さらに喬は、共産党政権はイギリスとの間に完璧に正常な関係を構築することができると述べた上で、党の香港政策について次のように説明した。すなわち、「香港問題は中英間の外交問題の一つだが、それほど重要な問題ではない。政権樹立後も中国共産党は武力で香港を取り戻す政策をとらず、また香港返還運動の扇動もしない」というものである。[60]

中国共産党の政策決定過程を考えると、喬が独自の判断でそのように述べた可能性は極めて低い。背後には党指導部の指示があったと見るべきであろう。ここから建国直前の中国共産党の香港政策の重点は国民党政権への対抗にあり、香港返還ではなかったことがわかる。抗日戦争中、賃金と物資の供給基地としての役割が極めて大きかった香港について、[61]国際社会とつながるルートとして残したいという考えが、共産党指導部には政権樹立前からすでにあったのである。[62]

二、香港における中国共産党系メディアの役割

また、香港の中国共産党系メディアの果たした役割は無視できない。西側諸国とのつながりが少なかった同党にとって、メディアは党の意図や政策を西側に伝える上で重要な役割を果たしていたのである。

この時期、香港メディアは人民政府寄りのものと国民政府寄りのものに分かれていたが、前者は、蔣介石率い

る国民政府を非難しながらも、香港政府に対しては直接的な非難を避けていた[63]。この傾向はイギリス側の資料によっても裏づけられる。それによると、建国直前の中国共産党は、台湾、チベット解放の必要性を強調することはあっても、「香港解放」は主張しなかった[64]。香港は中国のものであり、返還されるべきだといった記事は、大陸部の新聞にも、共産党系の香港の新聞にも見られず、さらに香港との境界線に駐屯する人民解放軍は、香港側とトラブルを起こさないよう厳しく指示されていた[65]。中国共産党は香港の中国共産党系メディアを通じて、自らの考えをイギリス側に伝えた。そして、イギリス側も、このような中国共産党の意向を確実に把握していたのである。

中国共産党の影響下にあった『大公報』（香港）、『文匯報』（香港）も、香港問題をめぐるイギリス側の不安を払拭するかのように、楽観的に香港の将来を論じていた。一九四九年二月十七日の『大公報』は、社説「楽観香港前途」で香港の将来について次のように指摘している。「事実上、香港の地位はそれほど危険ではなく、一部の人が想像するほど悲観的ではない」。その理由として次の二つが挙げられている。一つは、「中英関係は従来から良好であった。イギリスは、アメリカほど旧政権（国民政府）を支持してこなかったため、中国人民にさほどの悪印象を与えていない。中英間には九龍（香港）のような懸案が存在するものの、双方が友好的な態度で臨めば、国交樹立の障害にはならないであろう」からである。もう一つは、「中国の新政権には盲目的排外主義の兆候が見られない。平等かつ友好な態度で新政権と接する国はすべて歓迎されるはずである。将来中国は、社会の安定化、国家建設の加速化に伴って、外国と商務上の関係を作り上げなくてはならない。ゆえに香港当局は大陸中国と良好な関係を作り上げ、香港の真の繁栄を実現すべきである」からである[66]。また、一九四九年五月六日の『文匯報』も社説「中英関係と香港の前途を論ずる」において、以下のように指摘している。「現在、香港は最も有利な情勢に直面している。新中国建設の開始に伴い、貿易は増大していくであろう。このような空前の幸運を前に恐れ戸惑い、新中国に友好的かつ積極的な態度を示さないとしたら、歴史的な誤りを犯すことになる。……（中略）…ゆえにイギリス政府および香港当局の努力が必要とされている。平等な立場に立って外交関係の樹立に取り組むと同時に、米英間の極東地域における利益分岐をはっきり見極めて、アメリカと蔣介石の中英離間政策から逃れるべきである。イギリスの政治家を今取り込まなければ、この機会は瞬時に過ぎてしまう[67]」。

『大公報』は一九〇二年に天津で創刊され、抗日戦争期に発表されたその社説は中国国民に大きな影響を与えた。四八年三月に香港で復刊され、同年十月、『大公報』の責任者・王芸生が台北から香港に移ってからは、その論調はますます反国民政府の色合いを強め、その後、中国共産党への支持が鮮明になっていく[68]。また『文匯報』と『大公報』は新華社のニュースをそのまま転載することもあった[69]。

イギリス側はこの二つの新聞を「公然たる共産党新聞」であるとみなしていた[70]。つまり以上のような社説は、中国共産党の意向を代弁するものであり、イギリス政府および香港当局に向けた中国側のメッセージでもあると見たのである。これらの新聞の社説には、「台湾解放」という語が散見されるのとは対照的に、「香港解放」のようなスローガンがまったく見られない。イギリスに対しても、新政権に友好的な姿勢をとり、国交を樹立するように促しているようなメッセージが読み取れる。さらには、米英の極東地域での利益衝突を取り上げ、アメリカおよび蔣介石政権に対して距離を置くべきだとする主張まで見られるのである。こうしたメッセージがその後のイギリスの中国承認を後押しした可能性は十分に考えられるだろう。香港における親共産党系のメディアからもイギリスに対する中国共産党の柔軟姿勢が読み取れる。

中国共産党が米英帝国主義に反対するスローガンを掲げる一方で、対香港政策に見られるように、実は外交交渉の現場では非常に柔軟性に富み、かつプラグマティックな判断に従って行動したことは明らかである。国共内戦末期、米英間で中国承認問題に関する温度差が存在していたことも、中国共産党のこの香港政策を後押ししたと考えられる。激しい反帝国主義スローガンとは対照的に、こうした対香港、対英政策からは中国共産党の対外政策における柔軟性やプラグマティズムの一面をうかがうことができる。

中国は、朝鮮戦争勃発まで、西側諸国による中国への進出に警戒し、またソ連の疑惑を招かないように腐心しつつ、イギリスとの国交樹立交渉を模索していた。また、イギリス左派とも連携したが、その連携が低いレベルにとどまったのはイギリス政府への配慮からだった。何よりこの時期、中国メディアが帝国主義に反対するスローガンを掲げながら、イギリスの香港支配を容認する姿勢を見せたことは、建国前後における中国共産党外交政策のプラグマティックな性格の反映だと見ることができる。

（1） 裴堅章編『中華人民共和国外交史１９４９—１９５６』第一巻、北京：世界知識出版社、一九九四年、二九四頁。
（2） 同右、二九四—二九五頁。
（3） Evan Luard, *Britain and China*, London: Chatto & Windus, 1962, pp. 73-76.
（4） 徐京利『另起炉灶—崛起巨人的外交方略』、北京：世界知識出版社、一九九八年、二二〇頁。
（5） 徐京利『解密中国外交檔案』、北京：中国檔案出版社、二〇〇五年、四八—四九頁。
（6） Luard, *Britain and China*, pp. 73-74.
（7） 徐『解密中国外交檔案』、四九—五〇頁。
（8） James Tuck-Hong Tang, *Britain's Encounter with Revolutionary China, 1949-54*, New York: St. Martin's Press, 1992, p. 36.
（9） 徐『另起炉灶』、二二四頁。Tang, *ibid.*, p. 37.

(10) 徐『另起炉灶』、二二五頁。

(11) Tang: *Britain's Encounter with Revolutionary China, 1949–54*, p. 37.

(12) 徐『另起炉灶』、二二一頁。

(13) 同右、二二四—二二五頁。

(14) 「貝文致周恩来的照会（一九五〇年一月六日）」、中華人民共和国檔案館、人民画報社編『解密外交文献—中華人民共和国建交檔案1949—1955』、北京：中国画報出版社、二〇〇六年、四六二—四六三頁。

(15) 「周恩来致貝文的照会（一九五〇年一月九日）」、同右、四六四—四六五頁。

(16) Wenguang Shao, *China, Britain and Businessmen: Political and Commercial Relations, 1949–57*, Oxford: Macmillan, 1991, pp. 32–33.

(17) FO to High Commissioner in New Zealand, 16 December 1949. F 18907, 75827, FO 371, FOR.

(18) 徐『解密中国外交檔案』、一六一—一六二頁。

(19) 「宦郷関於胡階森拜会情況報告（一九五〇年二月十四日）」、『解密外交文献』、四六七頁。

(20) 「毛対英印談判其目的在拖延時日之指示（一九五〇年一月二十日）」、外交部檔案資料 No. 110–00022–05。

(21) 同右。

(22) 同右。

(23) 「在中国共産党第七届中央委員会第二次会議上的報告」、毛沢東『毛沢東選集』一巻本、北京：人民出版社、一九六四年、一三二五頁。

(24) Kew, London, United Kingdom: FO371/83561 FC1912/1 to /21.

(25) 「王炳南与高来含談話記録（一九五〇年一月六日）」、『解密外交文献』、四六四頁。

(26) "Recognition of China", FO371/92233/C1027/4.

(27) 「対中英建立外交関係初歩談判的擬議（一九五〇年二月九日）」、外交部檔案資料 No. 110–00022–08。

(28) 同右。

(29) 同右。
(30) 「英国政府的真実意図」、『人民日報』、一九五〇年五月二十八日。「英国両面政策的実際」、『新華月報』第二巻第二期、一九五〇年、三〇二―三〇三頁。
(31) 「英国談判代表来京与我礼節性拜会的談話摘要報告(一九五〇年二月二十七日)」、外交部檔案資料 110-00024-02。
(32) 「中英建立外交関係上応解決的先決問題(一九五〇年二月八日)」、中華人民共和国外交部、中共中央文献研究室編『毛沢東外交文選』、北京:中央文献出版社、世界知識出版社、一九九四年、一二九頁。
(33) 李連慶『冷暖歳月―一波三折的中蘇関係』、北京:世界知識出版社、一九九九年、五二頁。
(34) 同右、六四―六五頁。
(35) 「対中英建立外交関係初歩談判的擬議(一九五〇年二月九日)」、外交部檔案資料 No. 110-00022-08。
(36) FO371/92235/FC1027/66. 3 March 1950.
(37) 「中英建立外交関係上応解決的先決問題(一九五〇年二月八日)」、『毛沢東外交文選』、一二九―一三〇頁。
(38) Luard. *Britain and China*, p. 84.
(39) 「就中英建交与英臨時代辦胡階森的第二次談話記録(一九五〇年三月十七日)」、外交部檔案資料 No. 110-00024-04。
(40) 「欧非司関於中英談判情況報告(一九五〇年四月四日)」、「宦郷関於中英建交談判情況報告(一九五〇年五月八日)」、『解密外交文献』、四七二―四七三頁。
(41) Luard. *Britain and China*, p. 84.
(42) 「宦郷関於中英建交談判情況報告(一九五〇年六月十七日)」、『解密外交文献』、四七七―四七八頁。
(43) Luard. *Britain and China*, p. 85.
(44) Michael Lindsay, *China and the Cold War*, Carlton: Melbourne University Press, 1955, pp. 9–11.
(45) David Clayton, *Imperialism Revisited: Political and Economic Relations between Britain and China, 1950–54*, Basingstoke: Macmillan Press, 1997, p. 15.
(46) *Ibid.*

(47) *Ibid.*
(48) 宋恩繁・黎家松『中華人民共和国外交大事記』第一巻、北京：世界知識出版社、一九九七年、九頁。
(49) Tom Buchanan, *East Wind: China and the British Left, 1925–1976*, Oxford; New York: Oxford University Press, 2012, p. 115.
(50) *Ibid.*, p. 116.
(51) Clayton, *Imperialism Revisited*, p. 15.
(52) Buchanan, *East Wind*, p. 119.
(53) Chu Ai-pei, "Japan: American Base to Attack Asia", *People's China*, 1 December 1951, p. 9.
(54) C. C. Fang "Asia Opposes U. S. Re-armament of Japan", *People's China*, 1 March 1951, p. 6.
(55) 中園和仁『香港返還交渉—民主化をめぐる攻防』、国際書院、一九九八年、二九頁。
(56) 同右、三五頁。
(57) 李海文整理『在歴史巨人身辺—師哲回憶録』、北京：中央文献出版社、一九九一年、三八〇頁。
(58) 梁上苑『中共在香港』、香港：広角鏡出版社、一九八九年、一四八頁。
(59) FO371/75779/F.124/1016/10.
(60) *Ibid.*
(61) 梁『中共在香港』、一二頁。
(62) Cindy Yik-Yi Chu, *Chinese Communists and Hong Kong Capitalists: 1937–1997*, New York: Palgrave Macmillan, 2005, p. 39.
(63) "Hong Kong Political Summary for April 1949", FO371/75788/F1607/10112/10.
(64) "Report on Communist Activities in Hong Kong for the Six Months Ending 31st December 1949". FO371/83260.
(65) FO371/83263/19/3571/48.
(66) 「楽観香港前途」、『大公報』(香港) 社説、一九四九年二月十七日。
(67) 「論中英関係和香港的前途」、『文匯報』(香港) 社説、一九四九年五月六日。

（68）「台北紀事」、呂徳潤『大公報在港復刊４０周年』、香港：『大公報』有限公司出版、一九八九年、一三三—一三四頁。

（69）"Hong Kong Political Summary for March 1949", FO371/75788/F1607/10112/10.

（70）FO371/83263/19/3571/48.

第二章

中国対英戦略の確立——朝鮮戦争勃発と対英関係の維持

一九五〇年六月二十五日、朝鮮戦争が勃発した。これ以降中国の対外戦略は、イデオロギーを道具として効果的に用いつつ、現実主義的認識に基づく戦略へと変化していく。つまり、中国は自国の安全と国益が脅かされていることを強く意識し、それらを守ることに専念するようになった。中国の対外戦略の転換は、非共産圏諸国に対する姿勢をも変化させた。すなわち中国は、ソ連との協調を保ちつつ、非共産圏諸国との関係構築を、ソ連およびその他の共産圏諸国との関係にもまして積極的に進める方向へと転じたのである。以下、こうした中国の対外戦略の変化、およびこの時期における中国の対英政策について論じる。

第一節　朝鮮戦争と米中敵対関係の固定化

一、国共内戦期の対米関係

アメリカは、かつて中国共産党の政権獲得を妨害した主要な外的脅威であった[1]。国共内戦において、アメリカは様々な面で国民党を援助し、それは国民党が台湾に撤退するまで続いた。中国共産党の指導者たちは、帝国主義国家の革命国家に対する干渉には法則性があり、中国革命が帝国主義の中国支配を脅かすことになった場合、帝国主義国家はただちに反革命側に立ち、断固かつ公然と革命に干渉するだろうと考えていた[2]。国共内戦から新中国成立まで、中国共産党は直接的軍事干渉、革命陣営分断の企て、さらに新中国に対する経済的封じ込めおよび台湾解放に対する妨害などを含む、ありとあらゆるアメリカによる干渉の可能性を予測していた[3]。

特に中華人民共和国成立直前から、中国はアメリカの台湾地域での活動を警戒していた。一九四九年三月、『新華月報』は「アメリカ帝国主義の台湾侵略活動は、軍事・政治・経済および外交的な手段によってよりいっそう強化されている。これはすべて台湾を併合するためである」と時評で論じた[4]。以前アメリカは国民党政府を支持することによって中国大陸を支配しようとしていたが、国民党の撤退によって中国支配ができなくなったため、台湾を占拠し、将来中国大陸に侵攻するための踏み台にしようとしている、と中国共産党は警戒していた[5]。アメリカが中国全土を帝国主義の支配から解放するという中国共産党の使命を妨げるだけでなく、共産党新政権を転覆するため、中国大陸を侵略する可能性があるとまで考えていたのである。

しかし、中国共産党の指導者らは革命家でありナショナリストであると同時に、また現実主義者でもあり、帝国主義列強からの解放を主張しながらも、内戦期、国民党を支援していたアメリカとの国交樹立の可能性を模索していた。一九四九年四月、毛沢東は鄧小平、劉伯承、陳毅に「もしアメリカとイギリスが国民党との関係を断絶するならば、我々は彼らと外交関係を樹立することを考えることもできる」と述べているのである。[6] 人民解放軍が四月二十三日に南京を制圧した直後の五月一日に、中国共産党は平等の原則に基づき、国民政府との関係を断絶しているアメリカを含む、すべての西側諸国と外交関係を樹立する用意があるという新政権の外交原則を示し、[7] 六月十九日の毛の演説でもこの外交原則を改めて強調した。[8] このように、建国以前の中国共産党は、諸外国が中華人民共和国との国交樹立を希望するなら、国民政府との関係を完全に断絶しなければならないという原則を堅持しながらも、アメリカを含む西側諸国との外交関係の樹立を排除しない意思を明確にしていた。

当時アメリカの中には中華人民共和国を中国の正統な政府として承認すべきだという意見もあった。一九四九年十月末にアメリカ国務省で行われた研究会では、政府はあまり遠からぬ時点で、新中国を国家として承認すべきだとの主張も出ていたのである。[9] このような内部の意見もあって、結局ハリー・S・トルーマン（Harry S. Truman）大統領は、一九五〇年一月、アメリカとしては中国の現状に干渉せず、国民党軍に対する軍事援助や助言も行わないとの方針を明らかにした。また一月十二日、国務長官のディーン・アチソン（Dean Acheson）は、アメリカの不後退防衛ラインから朝鮮半島とともに台湾を除外すると演説の中で明言した。[10] 中国は、中ソの複雑な関係を見通し、中国をソ連から引き離そうとする意見がアメリカ国内にあることも認識していた。[11]

一九四九年十二月二十二日、ソ連を訪問していた毛沢東は中共中央に電報を送り、「ソ連との貿易協定を計画すべきだ。ソ連を最大の貿易相手国とする以外に、ポーランド、チェコスロバキア、ドイツ、イギリス、日本、アメリカなどの国に対しても大局的見地から貿易協定を計画する必要がある」と指示した。[12] 国民党の敗北が確実になってくると、当時の駐中国アメリカ大使のジョン・L・スチュアート（John. L. Stuart）が、アメリカと新政権の関係を探るために、国民政府の首都・南京を離れ北京入りし、中国共産党の指導者と接触したがっているという情報が伝えられた。毛は、傅涇波（スチュアートの秘書）からの「引き続き駐中国大使の席にとどまり、中米間の通商条約の改定をめぐる交渉を行いたい」とするスチュアートの要求について、「拒否の態度を示さない」ように黄華に指示した。[13] このことから見て建国当初の中国は、経済面においても明らかに、アメリカを含む西側諸国との貿易関係締結への願望を捨てていなかったのである。

一九五〇年四月十日、中国外交部アメリカ・オーストラリア局の凌青課長は、駐北京アメリカ元総領事のオリバー・E・クラブ（Oliver Edmund Clubb）と会見した。クラブの「米中関係の改善は可能である」という発言に対し、凌は、「アメリカ政府は引き続き国民党を援助しており、内戦状態の今、中米関係改善の提案を持ち出すのは、現実的ではないばかりか、理解に苦しむ」と述べる一方で、「中国人民とアメリカ人民との友情は昔と変わらないにもかかわらず、アメリカ政府の間違った政策はそれを傷つけた」と指摘し[14]、アメリカによる国民党軍への支援に不満を示しながらも、関係改善の余地を残した。

中国共産党は新中国成立以前からアメリカを警戒していたが、朝鮮戦争勃発まではアメリカと完全な敵対関係に陥ることを慎重に避けていた。このように建国以前から中国共産党の外交には、原則性と柔軟性が共存するプラグマティックな性格が見受けられる。

二、朝鮮戦争による米中関係の敵対化

共産党政権成立直後からすでに、中国の国連加盟問題に対するアメリカの態度は、中国指導者の対米感情を悪化させていた。

中国政府は幾度となく国連に対し中華人民共和国の合法性を訴えた。一九四九年十一月十五日、周恩来は国連総会議長および事務総長に対し、国民政府代表団が法的にも現実的にも中国を代表する根拠を失ったと訴え、国連における国民政府のすべての権利を剝奪し、国連から追放するように要求した。同月二十三日に、国連大会に参加するソ連外交部長のアンドレイ・ヴィシンスキー（Andrei Y. Vyshinsky）は周恩来の声明を支持し、国民政府を中国の代表として承認しないというソ連の立場を表明した(15)。

一九五〇年一月八日、周恩来は再び国連総会議長および事務総長に電報を送ると同時に、安全保障理事会メンバーのソ連、アメリカ、フランス、イギリス、エクアドル、インド、キューバ、エジプト、ノルウェーなどの政府に電報を送り、国民政府の違法性を訴え、国連から除名するよう要求した(16)。その二日後の十日に、ソ連の国連代表は改めて中国の主張を支持する立場を表明した。一月十九日、周は再度国連総会議長および事務総長に口上書を提出し、中国政府は国連総会および安全保障理事会を含む国連諸会議に出席するために、張聞天を中国政府の代表として派遣する用意があることを伝え、国連が国民政府代表を追放できる時期と、張聞天率いる中国代表団が国連大会および安全保障理事会に参加できる時期について回答を求めた。二月二日、中国外交副部長の李克農も、国連総会議長および事務総長、さらに国連経済社会理事会に加盟する諸国に対して電報を送り、中国は冀朝鼎を中国政府の代表として二月七日開催予定の経済社会理事会に参加させる用意があると伝えるとともに、張聞天、冀朝鼎の国連会議参加時期について、再び国連からの回答を求めた(17)。このように中国は国際社会に対するアピールによって、新政権の合法性を訴えたのである。

ところがこの中国側の要求は受け入れられず、一九五〇年五月八日、国連総会はアメリカの意向にそった中国代表権問題委員会の結成を決議した。同決議は、当該委員会による中国代表権問題審査およびその報告に基づき結論を出すまでは、国連総会での中国の議席は国民政府のものであるとしている。しかも、翌年の第六回国連総会の決議に基づき、中国代表権問題の検討は先延ばしとなり、結局、中国共産党新政権が待ち望んだ国際社会による承認と国際的地位の確立は、アメリカの妨害によって阻止されてしまったのである。こうしたアメリカ側の動きは中国指導者の反米感情を悪化させた。

一九五〇年六月二十五日、朝鮮戦争が勃発し、アメリカ政府は朝鮮半島に派兵するとともに第七艦隊を台湾海峡に派遣した。アメリカがとったこの行動は中国をさらに刺激し、ここに至って、中国の指導者はアメリカが中国にとって最も危険な敵であると再認識した。[18] 第七艦隊の台湾海峡への進入によって、中国統一の総仕上げになるはずの台湾解放は棚上げにせざるを得なくなった。[19] アメリカが「台湾地位未定論（the uncertainty of Taiwan's status)」を宣告し、この地域に軍隊を派遣し、駐留したことに対して毛沢東は、「世界戦争勃発の危険性と中国に対する脅威は主にアメリカの好戦分子から出たもので、彼らは台湾と台湾海峡を占領しただけでなく、核戦争さえ画策している」と述べ[20]、米中関係は決定的な敵対関係の段階に突入していく。

建国当初の中国は、革命の勢いが止まらない時期であり、朝鮮戦争への介入によって、周辺諸国の間では中国革命拡大に対する危機感が高まっていた。中国がアジアの国々に革命を呼びかけたことは、資本主義諸国にとっても大きな脅威となったため、アメリカの対中政策はよりいっそう厳しくなった。一九五三年十一月、アメリカ国家安全保障会議は、中国共産党政権の誕生によって極東地域の勢力構造に変化が生じ、西側陣営の影響力が中国大陸から排除されたため、アメリカにとって中国は東アジア地域における最大の敵になったとの認識を示し、政治的・軍事的・経済的手段で中国に圧力を加え、この地域における自国の利益を確保することを決定した。[21] この方針に基づき、中国を軍事的に封じ込め、国連加盟を阻止するとともに、中国への物資輸出を一切禁止するなどの経済制裁措置をとったのである。アメリカは国連でその影響力を発揮し、国連加盟国に中国に対する全面的な制裁を呼びかけた。さらに、アメリカはココム（対共産圏輸出統制委員会：COCOM）の中に中国委員会（CHINCOM）を作り、中国に対しソ連や東欧諸国にもまして厳しい禁輸措置をとった。五三年までに、合わせて四十五カ国が中国への禁輸制裁に参加した。またアメリカが条約という形で日本および台湾国民政府と連携し、中国に対し軍事的圧力を加えたことで、アメリカの東アジアにおける共同防衛システムが形成され、アジア冷戦の枠組みは決定的なものになった。[22]その後も、アメリカは中国に対し強硬な政策をとり続け、中国の指導者らはアメリカとの戦争回避に追われるようになり、七〇年代の米中関係緩和まで、いかにアメリカに対抗するかが常に中国の直面する最重要課題の一つとなった。五〇年代の中国は多方面から安全保障上の脅威にさらされていた。とはいえ、アメリカがこの時期の中国の国益追求にとっての最大の障害であったことはいうまでもない。

第二節　朝鮮戦争の勃発と中英関係

朝鮮戦争勃発以前から、中国はすでにイギリスとの関係の進展を模索し始めていたが、朝鮮戦争勃発後、中国はどのような対外認識および対英認識を持ち、どのような戦略のもとに対英政策を展開したのであろうか。

一、朝鮮戦争勃発と中国の対英認識

一九五〇年代初期に中国は、イギリス、フランスを含む多くのヨーロッパ諸国はアメリカと異なり、再び戦争に巻き込まれることを恐れているに違いない、との認識に立っていた。[23]この時期には、西側諸国間での衝突、特

に「米英間の衝突」も増加しており、また日本やドイツでは民衆による戦争反対運動も高まっていると考えていた毛沢東は、戦争の危険性は存在しているものの、戦争を抑制する勢力もまた増大しつつあると見ていた。[24]周恩来も、朝鮮戦争で中国はアメリカとその同盟国十五カ国と互角に戦ったのだから、中国国内が戦場になった場合にアメリカに追随して参戦する国は多くはないだろうし、[25]そうなると同盟国間の亀裂は深まるだろうと考えた。[26]彼はアメリカ、イギリス、フランスを含む西側の同盟国は一体ではなく、同盟関係は不安定だと見ていた。[27]このように、一九五〇年代初頭の段階では、西ヨーロッパ諸国に対して明確な戦略を持たなかったものの、中国の指導者たちは、「資本主義世界は決して一枚岩ではない」と考えていたのである。[28]

また中国は、アメリカ以外の西側諸国が中立的立場をとる可能性もあると考えていた。たとえ二大陣営の間に戦争が起きたとしても、これらの国々は中立の立場をとり得るし、社会主義陣営に引き込むことは極めて困難であっても、西側陣営の分裂の度合いによっては、それが変わる可能性がまったくないわけではない、と中国は結論づけた。[29]つまり中国は、西側陣営に属する国の中にも、戦争に参加せず、中立の立場をとる国が存在し得ると判断していたのである。[30]そして、これらの国が中立の立場をとるなら、戦争が起こる可能性も減少し、たとえ戦争が起こったとしても状況は中国にとって有利だと判断した。[31]

以上のような認識に基づき、ソ連とアメリカの間の「中間地帯」に位置している西側諸国は、中国の安全保障に大きな役割を果たせると、中国は考えた。少なくともこれらの国々が中立の立場を維持することは、アメリカからの圧力を分散することにつながり、中国にとって必要かつ有益であると考えたのである。

中国にイギリスの重要性を再認識させたのは、朝鮮戦争勃発後におけるイギリス政府の台湾問題に対する態度であった。アメリカの対アジア政策への支持はあくまでも、イギリス自身の利益を損なわないという前提の上でのものであった[32]。朝鮮戦争勃発後、アメリカがとった行動によって、香港は人民解放軍に侵攻される危険性が高まった。また、アメリカはイギリスに相談もなく第七艦隊を台湾海峡に送り込んだ。イギリスはこの点に不満を抱くとともに[33]、台湾海峡での戦争勃発によって、再び戦争に巻き込まれることへの危機感を強めた。イギリスは朝鮮戦争の政治的解決への糸口を探っていたのである。

中国は朝鮮戦争勃発直後のイギリスの台湾問題をめぐる言動を重視した。外交部が後年公開した資料が示しているように、朝鮮戦争勃発直後は、イギリス政府の台湾問題をめぐる言動の情報収集に中国は力を入れた。イギリスの外務大臣アーネスト・ベヴィンは、北朝鮮軍の侵攻への対処についてアメリカは「全世界の全面的支持」を得ていると述べたが、「米国が台湾について公表している政策についても、世界から同様に支持されるとは思えない」と付け加えたのである[34]。一九五〇年七月十七日にイギリス外務省は、アメリカに同調して台湾を保護する約束はしていないと表明した[35]。また、「朝鮮戦争を世界大戦にまで拡大させない最も有効な方法は、アメリカ海軍が台湾地域から撤退することにある。イギリスは米中間の衝突や戦争に参加すべきでけない」と主張する国会議員もいた[36]。そして、当時のイギリス首相クレメント・アトリー（Clement Richard Attlee）は、イギリスの朝鮮半島介入が、台湾問題をめぐってアメリカに協力することを意味するものではないと重ねて強調した[37]。しかし、台湾問題をめぐって中立の立場をとると表明する一方でイギリスは、台湾地域で戦闘が発生した場合は、イギリスはアメリカと共同行動をとると言明した[38]。こうしたイギリス側の態度から、台湾問題をめぐるイギリスの立場はアメリカと一致しておらず、イギリスはアメリカに同調しつつも中国と戦う意思がないと、中国は読み取ったのである。アメリカがイギリスの協力なしに台湾海峡で戦争を引き起こすことは難しいと考えていた中国は、イギリスとの関係改善は中国承認問題だけでなく、中国の安全保障にも重要な意義があると認識するに至った。

一九五一年以降、イギリスの立場はさらに複雑になった。イギリス政府は、国連において中華人民共和国政府を朝鮮への「侵略者」と非難するアメリカの提案を支持しながら、他方で「侵略者」の烙印を押された政府は国連に加盟できないというアメリカの見解には反対の態度を示した。ベヴィン外相は、人民政府非難決議案と国連代表権問題とは無関係であると主張した。すなわち、後者はただ事実の承認によって解決する問題であり、道徳上の問題は無関係であるという趣旨であった(39)。また、サンフランシスコ講和条約の中国招請問題をめぐっても米英間には対立が存在していた。アメリカは単独講和によって日本に従来からの市場である中国大陸を放棄させ、その代わりにイギリスの従来からの市場である東南アジアに日本を進出させようとして(40)、講和会議の中国参加に強く反対していた。イギリスは東南アジアにおける日本の経済競争力を制限するために、アメリカからの強い反対があったにもかかわらず、講和条約に人民政府を参加させることによって中国大陸市場を日本の市場として復活させようと考え、対日講和に人民政府の参加を望んでいた(41)。一九五二年半ば、アメリカはすべての国連加盟国に、人民政府との外交関係を断絶し、禁輸政策を実施すべきだと呼びかけたが、その際ウィンストン・チャーチル英首相はアンソニー・イーデン（Anthony Eden）の説得を受けてアメリカの要求を受け入れなかった(42)。イギリスのこうした姿勢は、米英間に対立が存在するという中国側の認識を深める結果となった。イギリスは、中国と一定の関係を保つことは、西側陣営全体にとって重要であるという認識を持っていたため、アメリカとは異なった対中国姿勢を見せたのである。

したがって、朝鮮戦争が勃発した後も、朝鮮半島で直接戦っているにもかかわらず、中国はイギリスとの関係を維持することができた。イギリスがアメリカ支持に続き直接参戦を表明した後も、中国外交部職員のイギリス外交官への対応は丁重であった。国交樹立交渉以外の問題についても、外交部の幹部はイギリス側とのやり取りを続けていた[43]。中国政府はイギリス政府からの事務的な連絡を受け、派遣された政府代表を受け入れ続けていたし、北京駐在の外交使節員らに、外交官相当の権限を認めていた[44]。

一九五〇年九月三十日、政治協商会議全国委員会が主催した中華人民共和国成立一周年を祝う祝賀会において、周恩来は講演を行い新中国の対外政策について触れた。その中で彼は特別に中英関係に言及したが、その内容は次のようなものであった。

> ここで特に述べておきたいのは、イギリスと長期間にわたりながらもいまだ結果が出ていない交渉を行ってきたことである。結果が出ない原因は、イギリス政府が一方で中華人民共和国を承認しながらも、一方で中国国民党反動派残党集団の、いわゆる国連における中国代表の地位の非合法な占拠の継続に同意しているため、中国とイギリスの外交関係の正式な開始が難航していることにある。イギリスが香港およびその他の地域で中国住民を扱うに際して極端に不合理で非友好的な態度をとっていることについても、中央人民政府は強い関心を持たざるを得ない[45]。

このように周恩来は、長引く中英交渉がまったく成果を生まなかったのは、中国の国連加盟問題をめぐるイギリスの態度が、中英間の正式な外交関係樹立を難しくさせたためだとし、香港および他の地域における中国住民へのイギリスの不公正な、非友好的態度に、中国政府は重大な関心を持っていると述べた。「中英両国の外交関係をめぐる交渉には進展がない」という周の発言は意味深長である。朝鮮戦争の間は中英間に国交樹立の話し合いはなかったにもかかわらず、周の発言は交渉が行われているかのような印象を与えるものとなっている[46]。また、同年十月には、劉寧一が率いる中華人民共和国友好代表団がイギリスを訪問し、各業界からの歓迎を受けた。その際、中国代表団は労働党議員とも接触し、イギリスの友好団体に対し中英間の友好関係を深めていきたいと伝えている(47)。イギリスと戦火を交える一方で、同時に一定の関係は維持しようとする中国側の意思を、こうした動きから見て取ることができる。

このように、中国はイギリスに対し完全な敵対的態度をとらなかった。イギリスには中国から撤退する意思がなく、また中国政府もイギリスを自国から追い出すつもりはなかったのである。

二、朝鮮戦争中の中国の対英政策

（一）対英関係構築への模索

朝鮮戦争勃発後、中国はイギリス政府との関係を断絶しなかったばかりか、かえってこれまで以上にイギリス左派勢力との関係を重視することにより、イギリス政府との関係構築に力を入れるようになった。戦争勃発直後より、中国の指導者たちの間ではイギリスから中国承認を引き出すために積極的に働きかけを行うべきだという意見が交わされていた。一九五〇年七月二十七日、張聞天は中共中央に手紙を送り、資本主義陣営の対立を利用し、イギリスと外交関係を樹立することによって米英を切り離すべきだと提案した(48)。張は、イギリスとの関係樹立が中国にとって有利であるなら、イギリスが無条件に国民党政権との外交関係を断絶し、中華人民共和国を唯一の合法な中国政府として承認するという条件のもとに、外交関係を樹立すべきであるという見解を示した(49)。イギリスの目的がどうであれ、イギリスが中国を承認するという事実自体は、反共産主義勢力の基盤を固めようとしていたアメリカに対する打撃になる。また、その影響を受けて資本主義諸国の中国承認につながるかもしれない。こうした推論に従い、中国はイギリスとの交渉に積極的な姿勢を見せたと考えられる。かくして朝鮮戦争が勃発したにもかかわらず、中国の対英関係の模索は続いたのである。

建国直後の中国は、国家再建の問題だけでなく、冷戦による西側諸国との敵的関係に直面していたため、国連での代表権の獲得はかなり困難であった。しかし、中国における唯一の正当な政府として国際社会で活躍することは、新政権にとって重要な課題の一つであった。中国国連加盟問題に関するイギリスの態度は、国交樹立交渉の進展にかかわる重要性を持っていた。朝鮮戦争勃発により中英国交樹立交渉が一時中断した後も、中国は常にイギリスの動向に注目し、中英関係改善、および関係悪化の回避を図ろうとした。

話は前後するが、イギリスは人民政府の承認決定当初からアメリカに配慮し、一九五〇年一月十日にソ連が国連に提出した国民政府追放議案に棄権票を投じることを決めていた。(50) すでに述べたように、イギリスのこうした行為は、事実上国民政府への支持であり国民政府の正統性を認めるものだと中国は考えた。三月三日、中国外交部副部長の章漢夫はJ・C・ハチソンと会見し、「イギリス政府が具体的な行動をとり、中国国連加盟問題をめぐるイギリスの立場を明確化し、国民政府との外交関係を完全に断絶し、中国と国交樹立を行う誠意を見せることこそ、中英国交樹立において極めて重要である」という中国側の立場をイギリスに示し、(51) 中国の国連加盟問題におけるイギリスの立場の重要性を改めて強調した。中国側の主張に対しイギリスは、国連加盟問題には多くの国の支持が必要であり、イギリス一国の力では解決できないが、イギリスは国民政府との関係はすでに断絶しているという従来の説明を繰り返した。(52) 五月二十二日、中国政府が国交樹立交渉について声明を発表し、中国の国連加盟問題、香港に残る国民政府の機関および香港における中国資産処理問題などをめぐるイギリス側の対応に、改めて不満を示した。(53) このことは、中国の国連加盟問題でどういう立場をとるかが「英中国交樹立交渉のプロセスと結果に直接に影響する」かもしれないという認識をイギリス側にもたらした。(54) この認識がイギリスの「棄権」の立場を再考させた可能性がある。八月三日、国連においてイギリスは、ソ連が提案した国民党の代表資格否定案に反対票を投じたが、その翌日、新中国を中国の合法的な代表とするよう求めたソ連の提案に対して、初めて賛成票を投じた。朝鮮戦争が勃発したこの時期に、アメリカからの圧力があったにもかかわらずイギリスがこうした行動をとったことから、中国は、自国の承認問題をめぐって英米間に対立が存在していることを確信したのである。(55)

(二) イギリスとの国交樹立のメリットとデメリット

以上のようなイギリスの動向に鑑み、イギリスとの外交関係樹立に対する積極的な姿勢が中国外交部内に再び現れた。中国外交部の宦郷、陳家康と喬冠華は対英国交樹立のメリットとデメリットについて、外交部檔案資料No. 110-00024-17「中英国交樹立交渉における対英政策への提案(原題:中国英国建交談判中我対英政策的意見、一九五〇年八月四日)」の中で、次のように分析している。

まずメリットについては以下のように述べる。

国交を樹立しないのはもちろん英国に対する戦い方の一手段であるが、国交を樹立するのも戦い方の一つの手段である。国交を樹立すれば、我が国は英国と自由に戦えるが、樹立しなければかえって自らの手足を束縛してしまうことになる。目下米帝は懸命に英国を抑圧し、英国と米帝とは表面は親しそうだが腹の中は違う。わが国が英国と国交を樹立することにより、英米の不仲を深めることができる。これは目下の世界情勢全体においてはもちろん、とりわけ将来の台湾問題において、わが国には有利である。英国と国交を樹立すれば、アジアにおける英連邦諸国とのつきあいは現在よりスムーズになるであろう。英国と国交を樹立することによって、海外の華僑を保護することができ、国際関係におけるわが国の影響力を拡大することができよう。英国と国交を樹立すれば、我々はただちに大西洋国家集団（NATO諸国ないし南米の英領地）に拠点を置き、西欧をはじめ全資本主義世界の情報を集めることができる。英国と国交を樹立すれば、英国と正当なルートで貿易関係を結び、英国にわが国への期待を抱かせると同時に、英国を米国から引き離すことができる[56]。

またデメリットについては以下のように分析している。

わが国が海外へ出て活動範囲を広げるのは確かだが、英国も同様にわが国に拠点を置き、情報収集活動を行うことができる。英国はアメリカをはじめわが国と国交を樹立していない国に代わり、我々と交渉することができる。そこで英国はわが国に対し中英旧約に基づき彼らの商業利益を守るよう要求しかねない[57]。

以上の分析から見て、中国外交部は以下のように思考したと考えられる。まず、イギリスと国交を樹立すれば、米英間の対立を拡大させることができる。このことは当時の厳しい国際情勢から見て、特に台湾問題を解決する場合中国にとって有利に働く。また、他の西側諸国との関係を打開する突破口にもなる。イギリスのような国が中華人民共和国を、中国を代表する唯一の合法政府として承認すれば、西側陣営に大きな影響を与えるに違いない。そしてそのことは、アジアにおいてイギリスの影響を受けていた国々との関係を改善させることにもつながる。さらに、イギリスと国交を樹立すればイギリスと貿易をすることもできる。最後に、中国から得られる商業上の利益にイギリスが期待をよせることで、米英の関係になおいっそう打撃を与えることができる。このように、イギリスとの国交樹立は資本主義陣営への一種の攻勢であると結論づけたのである。[58]

このように、中国は朝鮮半島でイギリスと戦火を交える一方で、積極的に対英関係の打開を模索していたのである。イデオロギーに立脚して考えれば、特に建国直後のこの時期には、イギリスと戦わなくてはならなかったはずだが、西側陣営に属するイギリスとの国交樹立は中国の国益につながると考え、イギリスとの友好関係を打ち立てることに積極的に取り組んだという点で、中国外交におけるプラグマティック的な特徴が現れているといえる。

以上のように裏ではイギリスとの関係を模索する動きが活発であったのに対し、表向きは中国メディアによる対イギリス批判が依然として厳しく行われていた。一九五一年十一月、チャーチルが率いる保守党政権が誕生すると、翌年の一月に、チャーチル首相はワシントンを訪れ、アメリカの国会で演説した際、「台湾（Formosa）は非共産勢力の手に残すべきである」と述べた。それに対し、中国メディアはイギリスが「極東地域におけるアメリカの戦争政策を明白に支持している」、「国民党当局との友好関係の継続を断言している」として、チャーチル首相の言動を非難した。[59] 五二年一月二十二日、外交部副部長の章漢夫は、吉田書簡を批判する声明を発表したが、[60] その中で、イギリスはアメリカに従属していると述べ、イギリスをも非難した。その後の中国のメディアは、イギリスのアメリカに対する屈従姿勢と米英両国間に存在する「固有の矛盾」に注目してイギリスを論じるようになる。[61] 五三年三月、極東地域の問題をめぐってアメリカと意見を交わすために、イーデン外相がアメリカを訪れた際も、『人民日報』は、イギリス政府は「侵略者アメリカの最大の番犬となって、中国敵視政策を支持していることを世界に示している」と激しくイギリスを批判した。[62] 朝鮮戦争中、イギリスに対する中国メディアの論調には強硬なものが多く、朝鮮戦争停戦後もそのような論調がしばらく続いたのである。

総じていえば、一九五二年までは中英間の政治的関係は好転するのが難しい状況だった。五二年一月に広東にあった領事館、そして、十二月に天津にあった領事館が次々と閉鎖された。太平洋戦争以前、イギリスは中国に十六の領事館を持っており、新中国が成立した当初でさえ十一の領事館を持っていた。しかし、五二年末の時点で、北京、上海を除く中国におけるすべてのイギリス領事館が閉鎖されることになったのである。(63)

三、中英貿易と民間交流の呼びかけ

そのような状況の中でも、中国はイギリスとの貿易と民間交流の促進を図った。

中国が朝鮮戦争に介入すると、アメリカは国連での影響力を発揮し、国連加盟国に対し中国を全面的に制裁しようと呼びかけた。それに対し、中国は西側諸国との貿易関係の構築を呼びかけるようになった。アメリカの禁輸政策は中国に対する封じ込め政策の一環であったため、中国はそれを打ち破ろうと躍起になり、積極的に対外宣伝に取り組むようになった。

一九五二年四月四日、中国代表団団長にして中国人民銀行総裁の南漢宸は、モスクワで開かれた世界経済大会で演説し、「我々は各国との経済関係を積極的に回復し、発展させる方針をとりたい。各国政府と人民との間に、信仰、政治制度、社会・経済構造の相違を乗り越え、平等互恵の原則に基づいて通商貿易関係を発展させたい。中国と世界各国との貿易の将来性は極めて大きい」と世界に向けてアピールした。(64)モスクワで開かれた国際経済会議で中国とイギリス代表団との間でいくつかの貿易協定が結ばれ、(65)さらにイギリスの通商関係者の一部は中国との貿易関係構築のために北京に赴いた。(66)

一九五二年六月五日には、章漢夫外交副部長が声明を発表し、平等、互恵という原則のもとに中国は世界各国との貿易関係を発展させたいと改めて表明した。その中で、中英間の貿易関係を積極的に促進することは、両国の工業、農業の復興と発展だけではなく、両国国民の生活の向上にも有意義であると述べている[67]。中国のメディアは、中英貿易関係が困難な局面に立たされた原因は、イギリス政府がアメリカに追随し、中国に対して行った禁輸政策にあると批判した[68]。そして、禁輸政策はイギリスの商社を倒産させただけで、中国の経済発展を阻止することはできなかったと述べた上で、中国はイギリスとの貿易関係発展を望んでおり、その用意もできていると強調した[69]。『人民日報』も「どうであれ、禁輸政策は西側諸国に経済損失をもたらすだけで、中国の再建を阻止することはできない」と指摘した[70]。この時期、中国はイギリスとの貿易関係強化を繰り返し呼びかけたのである。

また、中英間の政府関係に進展がなかったこの時期、中国は民間交流を積極的に展開した。まず一九五二年九月、英中友好協会の会員など三十一人からなる代表団が中国を訪問した。その際イギリス代表団は中国貿易代表団の訪英や中英貿易状況の改善を中国に強く要請したが、その要請に対し中国側は「関係する部門と検討する」と約束しつつも、正面から答えることはせず、かえって代表団に対し、イギリス国内で中英貿易を展開するための宣伝を行うよう求めた[71]。五二年九月十一日に、中国側は代表団のために経済貿易座談会を開き、その場で葉季壮貿易部長は中国の対外貿易政策と方針について説明し、三年来の対外貿易状況を紹介した上で、「中国は経済的に外国に依存しない」と語り[72]、西側諸国との貿易について積極的な態度を示さなかった。一方、五〇年から五二年までに多くのイギリス商社が中国から撤退させられ、多大な損失をこうむったため、イギリス国内には中国に対して制裁を加えるべきだとの声が高まっていた[73]。このことはもちろん訪中団の関心の　つであったため、彼らがその原因を問うたところ中国側は、「イギリス商社撤退の原因」は「禁輸政策にある」と繰り返した[74]。

この時期、両国の間で大規模な貿易取引が展開されることはなかった。中国のイギリスからの輸入額は、一九五〇年には総輸入額の七%を占めていたのに対し、五一年は一・六%、五二年は一・二%と減少している。中国の対英輸出額も五〇年には総額の五・九%を占めていたが、五一年は二%、五二年は一・四%にまで減少していた。イギリスの対中国貿易総額もまた五〇年の七%から五四年には三・五%にまで落ち込んだ[75]。一九五一年から展開された三反・五反運動の影響を受け、外国商社の貿易活動はいっそう難しくなり、中国政府の政策が変わらない限り、中国におけるイギリス商社の貿易活動の継続は不可能になると認識したイギリス政府は、五二年四月十二日、今の状況が継続していくならば、中国におけるイギリス貿易の利益がなくなり、ひいては中英両国の友好関係に損害を与えるに違いないという覚え書きを中国外交部に送ったが、中国側からの回答はなかった[76]。

米英による禁輸政策に対し、中国は非難を続けた。一九五二年七月に章漢夫外交部副部長は声明を発表し、その中で「イギリス商社が直面している窮地は、イギリス政府が中国に対してとってきた貿易制限や禁輸政策がもたらした結果である。…(中略)…中国はこれまでローンの増加や生産材料の提供などの措置によってイギリス商社を援助してきた。しかし、イギリス側は貿易制限政策を少しも緩和せず、かえって強化している」と述べ、イギリス政府の対中政策を批判したのである[77]。また、五三年二月四日、中国人民政治協商会議第一回会議において、周恩来は「アメリカは封じ込めと禁輸政策を利用し、他国の内政・外交・通商・貿易政策に干渉することによって、世界市場の正常な関係を破壊し、原料供給地と製品販売市場を独占しようとしている。また、軍事基地を拡大させることによって、それらの国々の経済と政治を支配しようとしている」と述べ、アメリカを非難した[78]。このように中国は、対外宣伝の手段として貿易促進を呼びかけたのである。イギリスの貿易関係者に対しては、英中貿易が思惑通りに展開しない原因を「イギリス政府の実施した対中貿易制限政策にある」と指摘し続けた[79]。

建国当初、中国と西側諸国との間に大規模な貿易活動が展開されることはなかった。その背景には、中国の対外貿易が主に社会主義陣営の間で展開したこと、また、一九五二年まで中国は主に国内の環境整備や対外貿易の条件を整える段階にあり、貿易関係の再構築に踏み切る段階には至っていなかったことが考えられる。では、こうした中国側の呼びかけの狙いはどこにあるのだろうか。一九五二年三月、周恩来がモスクワ国際経済会議に出席する中国代表団に対し、「国際情勢の緊張局面を打開するためには国際経済会議に出席し、国際貿易を展開することで米英が行う貿易禁輸政策に打撃を与えるべきである」と指示したことから見て[80]、貿易展開の呼びかけの裏には中国の政治的な意図があったことがうかがえる。その意図とはすなわち、貿易振興を呼びかけ、アメリカの禁輸政策を打破し、ひいてはアメリカの中国封じ込め政策を打ち破ることにほかならなかった。この時期中英間で実際に行われた貿易量が極めて少ないことから見て、実質的な中英貿易関係の発展より、対外宣伝、アメリカの禁輸政策やイギリス政府の対中政策への非難に重点を置こうとする中国の意図が、うかがい知れるのである。

また、つながりの薄かったイギリスとの関係を打開するために、中国はこの時期イギリス国民との交流にも力を入れた。例えば新中国成立後、毎年五月一日と十月一日には英中友好協会・仏中友好協会およびイタリア共産党などの代表団を中国に招き、祝賀式典に参列させた。そのメンバーはみな科学界・文化界で知名度が高く、政治的には左寄りの人物であった[81]。中国は、資本主義国代表団の中国訪問が、国際社会における中国の影響力拡大に積極的な意味を持つと認識していたのである[82]。

このような考えに基づき、一九五二年九月に中国の外交学会が、英中友好協会の会員および国会議員・大学教授・文学者など知識人を含む三十一人からなる代表団を中国に招待した[83]。代表団は一カ月ほど中国に滞在し、北京・南京・上海などを訪問した。北京では公園・市場・農村・大学などを見学し、多くの中国国民と触れ合い、様々な座談会で新中国の発展状況および中国の政治制度、教育制度、法律制度などの説明を受けた。[84]中国側の資料によれば、代表団のメンバーは「中国の変化は物質面にとどまらず、精神面にも及んでいる」と感心し、帰国後はイギリス国民にそのことを宣伝し、中英関係の改善に力を尽くすと中国側に約束した。[85]

一方、中国側はイギリスの対中政策に対する不満も訪中団に述べている。一九五二年九月十一日に中国政治協商会議全国委員会副主席の郭沫若は、英中友好協会主席にして代表団の団長であるウィリアム・ジョン・エラビ（William John Ellerby）を含む四人の国会議員と会見した。議員らは、相互往来が中英関係の改善に役立つとして中国代表団の訪英を要請したが、それに対し郭は、以前中国の芸術代表団がイギリス政府からビザ発給を拒否された例を挙げ、目下中国からの代表団派遣は困難であると述べて、さりげなくイギリスの対中国政策を批判した。[86]また、中国政府に拘束されたイギリス人の状況を改善するよう、議員らが要求したことに対しても、郭は「これらはすべて瑣末なことであるが、注目すべきこととして中英間に存在する最も重要な問題は二つある。一つはイギリス政府が国民党政府との関係を完全に断絶していないことであり、もう一つはイギリス政府が国連においてアメリカに追随し、新中国に対し友好的な態度をとっていないことである」と指摘した。[87]

その一方で、イギリス政府が代表団の訪中を阻止しなかったことから、中国は、イギリス政府が中国との交流を望んでいると考えた。[88]また、代表団のメンバーの談話から、イギリス政府がアメリカに対し不満を抱いていることを察知した。[89]こうした交流を通じて中国側は、米英間に対中政策における相違が存在することを探っていたのである。これこそ、一九五三年五月以降中国が米英切り離し政策を加速させた背景であったと考えられる。

以上のように、朝鮮戦争が停戦するまで中国は、国民レベルでの交流を重視した。西側諸国とのつながりの少ない中国は、民間交流を通じてイギリス国民の間に影響力を広げ、民間レベルから中英関係を打開しようとした。

この時期における対日外交と同様、民間交流は当時の中国の、西側諸国との交流の特徴であるともいえる。さらに、親中的なイギリス人に対してイギリスの対中政策への不満を示し、国民政府との関係の断絶、国連からの国民政府の追放を強く求めたことから、依然として中国の対英政策の焦点は「国民政府との関係断絶」と「国民政府の国連追放」にあったことは明らかであろう。

以上のように、朝鮮戦争勃発後、中国はイギリスの動向、特に台湾問題に対する言動に注目し、イギリスとの関係を西側諸国に対する橋頭堡として利用しようとしていた。中国とイギリスは朝鮮半島において直接戦火を交えはしたが、両国の関係は中断せず、中国は対英関係を打開する可能性を探っていたのである。また、アメリカの禁輸政策に対抗して、中英貿易の展開を呼びかけた。建国初期にはイギリス左派団体との連携もあったが、この時期に中国はイギリスから多くの民間人を中国に招待して、新中国の政治・経済を紹介し、イギリス政府は国民政府との関係を断絶すべきだとして中国問題に関する自らの立場を訴え、イギリス国民を味方につけようとした。また中国は一九五二年からソ連に呼応した対外政策の調整も始めていた。しかし、それにもかかわらず、この時期における中国の対英政策は全体に硬直的で、強硬なものが多い。イギリスへの貿易の呼びかけも、それを進展させるための具体的な提案をするわけではなく、結局は単なる宣伝に終始している。中国は、朝鮮戦争に忙殺される中、はっきりした対英政策が見えず、依然として試行錯誤の段階にとどまっていた。

第三節　朝鮮戦争期の香港政策

中国にとって、朝鮮戦争以降も香港は対外貿易の窓口であり、外貨獲得のために重要であった。戦争勃発後も、中国は香港をイギリスの支配下に置くという戦略をとることで、対中国政策における米英の足並みを乱そうとした。中国の香港政策は以上のような対英政策の一環として実施されたのである。

『文匯報』（香港）元編集長・金堯如の回想からも、朝鮮戦争勃発後の中国の対外戦略の一部としての香港政策が明確に見てとれる。金によれば、一九五一年春に周恩来は、当時の新華社香港支社長であった黄作梅に対して次のような指示を出している。

我々の香港政策は東西両陣営の闘争の大局から判断した戦略的決定の一部である。香港を奪取せず、その資本主義とイギリスによる占領を変えないという決定を、狭義の領土主権原則からのみ理解してはならない。我々は建国以前にすでに香港を奪回しないことを決めていた。…（中略）…これは長期的な戦略から見て、決して弱腰や妥協の産物ではなく、一種のより積極的な攻撃と闘争なのである。一九四九年の建国後、イギリスはいち早く我々を承認したが、それは一種の半承認であり、我々もこれを受け入れた。アトリー政府の目的は、主に大英帝国の香港での利権と極東での植民地支配の地位を保持することにあった。香港は大英帝国の極東での政治・経済的な勢力範囲の象徴であった。この範囲内において、アメリカとイギリスの間には対立が存在した。これにより、対中国政策にも極めて大きな分岐と対立があった。…（中略）…イギリスにとって中国と外交関係を樹立して香港を確保することは、その極東戦略の柱でもあったのである。…（中略）…香港をイギリス人の手に残すことは、我々が自らの手で取り戻すより、そしてアメリカ人の手に落ちるより、はるかにましである。…（中略）…香港をイギリス人の手に残すことは、我々の主体的な意思によるものである。我々がイギリスの弁髪を摑んで引きずり込んだ結果、イギリスは香港の安全のため、アメリカの中国封じ込め政策およびその極東戦略と足並みをそろえることができなくなってしまった。このように、我々は英米の中国政策における対立を拡大させ、それを利用することができたのである。(90)

このように、イギリスの香港および極東地域における利益をよく理解していた中国の指導者は、香港問題を利用して米英間の対立を拡大させようとしたのである。

一九五〇年代に入っても中国は、イギリスの香港支配そのものに関しては極力触れず、香港のイギリス当局の一方的な措置に対しても忍耐を保った。その例をいくつか挙げてみたい。

イギリスの中国承認直後の一九五〇年五月一日、香港政府が大陸住民の入港制限を宣告すると、外交部副部長の章漢夫はイギリス政府に対し、「これは中華人民共和国およびその人民に対する極めて理不尽な、非友好的な行為である」と抗議し、その撤回を求めた[91]。八月二十四日、広東省政府主席兼軍区司令の葉剣英は、「香港イギリス陸海空軍の越境行為によるすべての結果および責任は、香港イギリス当局が負うべきである」と香港イギリス当局を非難した[92]。五二年七月、中央航空（Central Air Transport Co.）[93]の飛行機四十機がアメリカに属することを認める判決をイギリスが下した際、中国は自らの合法的権利が侵害されたと抗議し、それら資産の返還を要求し[94]、八月二日に『人民日報』は「香港における英国によるわが国の飛行機略奪行為に厳重抗議する（厳重抗議英国政府劫奪我国留港飛機）」と題した論評を発表し、香港当局に再び抗議した[95]。だが結局、こうした抗議が香港当局の決定を変えさせる結果につながることは一切なかった。香港当局への報復措置として、中国指導部は上海のイギリス資本である造船廠を接収することを決め[96]、二つの造船廠、三つの電気・ガス会社を接収したが[97]、一方、香港に対して直接的な威嚇行動をとることはなかった[98]。このような事件が香港で多発し[99]、こうした事件をきっかけに中国は軍隊を派遣し、香港を奪回することも可能であったにもかかわらず、中国の行動は抗議のレベルにとどまり、香港の返還を求めることは一切なかった。このことから、香港がアメリカや国民政府による反共の舞台にならない限り、中国はむしろ現状を維持しようとしたことがわかるのである。

このように、朝鮮戦争後も中国は香港の現状を変更するつもりはなかった。香港をイギリスの支配下に残せば、それをイギリスとのかけひきに利用できるだけでなく、イギリスとアメリカとの対立を煽ることにも利用できる。[100]また、香港を国際社会、特に資本主義諸国とつながる窓口として残すことは、新中国にとって戦略的な価値があった。朝鮮戦争の勃発まで香港の対中貿易は輸出入ともに第一位を占めていたが、一九五〇年十二月のアメリカによる対中禁輸の影響を受け、香港の対中貿易は五一年四月には半減してしまった。さらにイギリス政府もアメリカに同調して中国への戦略物資輸出を禁止したため、香港当局は五一年六月二十五日から戦略物資の輸出入を許可制とする新規則を実施し、これによって対中貿易はさらに減少した。[101]この時期から中国は対外貿易の相手国をソ連が率いる共産圏諸国に切り替え、さらに東南アジア、日本、インドとの取引も始めたが、経済面における香港の役割を依然として重視していた。香港という対外貿易の窓口を残すことによって、国内建設促進に必要な外国からの援助ルートを確保できるからである。実際、朝鮮戦争の時期に中国が必要とした外国物資の入手、中継貿易、外貨獲得などの面において、香港は重要な役割を果たし続けた。五一年、中央人民政府委員の彭真は、「香港の現状維持は中国の経済建設に有利である。準備なしに香港問題を急いで処理することは愚かなやり方だ」と述べたが、[102]この発言は中国経済にとっての香港の重要性をよく表している。さらに中国共産党とソ連の間には、中華人民共和国の建国以前より、国共内戦の指導方針や中国東北部地域、新彊地域などの利権をめぐり、数々の齟齬や対立があった。建国当初、中国は対社会主義「一辺倒」の政策をとったものの、中国指導者らのソ連に対する不信感は消えることがなかった。香港の維持は、香港という対外貿易の窓口を残すことによって、国内建設促進に必要な外国からの援助ルート、つまりソ連とは別のルートを維持することになり、ソ連に対する一種の牽制でもあったと理解し得る。[103]その後、冷戦の展開の中で香港の役割はますます大きくなっていく。その結果として、香港問題をめぐる「長期打算、十分利用」という長期的な戦略が形成されたのである[104]。

朝鮮戦争の停戦が近づくにつれ、中国共産党の影響下にあった香港メディアは中国と貿易を展開するよう呼びかけた。一九四七年に香港で創刊された『香港経済導報』は、五三年六月に、『香港経済の現状と出口（香港経済現状与出路）』と題する冊子を出版し、朝鮮戦争の停戦協定締結について以下のような主張を展開した。

第一に、香港経済が朝鮮戦争による禁輸政策で受けた被害についてである。「『禁輸』とは、アメリカの戦争政策の重要な部分である。…（中略）…ソ連率いる東側諸国は、『禁輸』の影響を受けなかったばかりか、かえってお互いの連携と協力を強めることによって、発展を加速させた。これに対して、資本主義諸国およびその植民地は、『禁輸』によって極めて大きな損失をこうむった」。後者に属する香港も、過去二年間にわたって行われた禁輸政策によって、輸出業、運送業を含め、多くの企業が倒産するなど、経済的に大きな打撃を受けたという[105]。また、香港にとって「必要なのは貿易であって、（アメリカによる）援助などいらない」のだから、イギリスは「近い将来に有効な措置をとらなければならない」。さらに英連邦会議におけるチャーチル首相の発言を引き合いに出し、イギリス本国についても「禁輸」は限界に来ていると指摘している[106]。

第二に、香港の繁栄を取り戻すため、「我々は祖国に向き合い、祖国を頼り」にしなくてはならないという、香港商工界への呼びかけが行われている[107]。まず、香港の繁栄は中国大陸との関係に依存しており、大陸との貿易関係を発展させることによって、初めて中継貿易の窓口としての香港の優越性が発揮されると主張して、中国大陸との貿易の重要性を強調する[108]。また、朝鮮戦争の停戦によって中国は今後国内の建設を加速させるため、対外貿易を増加させることになるが、それは香港にとって千載一遇のチャンスであるとも述べている。そのため、香港人は自ら、禁輸政策を完全に撤廃させるために立ちあがって戦わなければならないと主張し、香港商人は新政権への理解をさらに深め、祖国である大陸と大規模貿易の展開を図るべきであると呼びかけている。(109) 朝鮮戦争停戦をきっかけに、禁輸政策を廃止して積極的に大陸中国との貿易を振興しようというこうした主張は、中国政府の政策に呼応したものでもあったといえよう。

（1）「別了、斯徒雷登（一九四九年八月十八日）」、毛沢東『毛沢東選集』第四巻、北京：人民出版社、一九六九年、一三八〇―一三八三頁。

（2）「陳毅伝達毛主席十二月中央会議談話」、中国人民大学中共党史系資料室所蔵、編号六五一二／二、五。

（3）「軍委関於向全国進軍的部署（一九四九年五月二十三日）」、「軍委関於予防帝国主義干渉中国革命的対策（一九四九年五月二十八日）」、中央檔案館編『中共中央文献選集』第一八冊、北京：中共中央党校出版社、一九九二年、二九二―二九三頁、三〇八―三〇九頁。薄一波『若干重大事件与決策的回顧』上巻、北京：中共中央党校出版社、一九九一年、三八―三九頁を参照。

（4）新華社時評「中国人民一定要解放台湾（一九四九年三月十五日）」、『新華月報』第一巻第一期、一九四九年、四三頁。

（5）「打到台湾去、解放台湾同胞」、『人民日報』、一九四九年九月四日。

（6）「毛沢東為中共中央軍委起草致鄧小平、劉伯承、陳毅等的電報（一九四九年四月二十八日）」、中華人民共和国外交部、中共中央文献研究室編『毛沢東外交文選』、北京：中央文献出版社・世界知識出版社、一九九四年、八三頁。

（7）Evan Luard, *Britain and China*, London: Chatto & Windus, 1962, p. 74.

（8）*Ibid.*

（9）FRUS（1949）9: 160–161; Nancy Bernkopf Tucker, *Patterns in the Dust: Chinese-American Relations and the Recognition Controversy, 1949–1950*, New York: Columbia University Press, 1983, p. 187.

（10）Acheson's Remarks to the National Press Club, 12 January 1950（Department of State Bulletin, XXII, P. 115）, Edited by McGeorge Bundy from Record of Secretary of State Dean Acheson, *The Pattern of Responsibility*, New York: A.M. Kelley, 1972, p. 185.

(11)「駁斥艾奇遜的無恥造謡（一九五〇年一月十九日）」、『毛沢東外交文選』、一二六—一二八頁。
(12)宋恩繁・黎家松『中華人民共和国外交大事記』第一巻、北京：世界知識出版社、一九九七年、一二頁。
(13)「黄華同司徒雷登談話応注意的幾個問題（一九四九年五月十日）」、『毛沢東外交文選』、八八頁。
(14)宋・黎『中華人民共和国外交大事記』第一巻、三〇頁。
(15)同右、七—八頁。
(16)同右、一六—一七頁。
(17)同右、二〇—二二頁。
(18)「中華人民共和国的外交政策（一九五〇年九月三十日）」、中華人民共和国外交部、中共中央文献研究室編『周恩来外交文選』、北京：中央文献出版社、一九九〇年、二三頁。
(19)沈志華『中蘇同盟与朝鮮戦争研究』、桂林：広西師範大学出版社、一九九九年、一二六—一二七頁。
(20)「原子弾吓不倒中国人民（一九五五年一月二十八日）」、『毛沢東選集』第五巻、北京：人民出版社、一九七七年、一三六頁。
(21)"US Policy toward Communist China", 16 October 1953. Documents of the National Security Council (1947–1977) (NSC-166)。
(22)沈志華「中蘇同盟・朝鮮戦争与対日和約問題—東亜冷戦格局形成的三歩曲及其互動関係」、中央大学政策文化総合研究所・清華大学日本研究所・中国社会科学院アジア太平洋研究所主催、日中国際シンポジウム「協調的な日中関係の構築を目指して—歴史の『省察』から未来像の『提示』へ」、二〇〇五年一月十五日。
(23)「中蘇締約後的国際形勢和外交工作（一九五〇年三月二十日）」、『周恩来外交文選』、一三頁。
(24)「為争取国家財政経済状況的基本好転而闘争（一九五〇年六月六日）」、『毛沢東選集』第五巻、一三五頁。
(25)「我們的外交方針与任務（一九五二年四月三十日）」、『周恩来外交文選』、五三頁。
(26)「今天国際上的主要矛盾是戦争与平和問題（一九五三年六月五日）」、同右、五九—六二頁。
(27)同右。
(28)「我們的外交方針与任務（一九五二年四月三十日）」、同右、五三頁。

(29) 同右。
(30) 「今天国際上的主要矛盾是戦争与平和問題（一九五三年六月五日）」、同右、五九頁。
(31) 「我們的外交方針与任務（一九五二年四月三十日）」、同右、五二頁。
(32) Callum MacDonald, *Britain and the Korean War*, Oxford; Cambridge, Mass.: B. Blackwell, 1990, p. 20.
(33) "R. H. Scott to C. Attlee", 20 July 1950, FO371, FC1016, 93.
(34) PRO, FO 371/84082, FK 1022/56G, FO to Franks, Tel. No. 3092, 7 July 1950.
(35) 「朝鮮事件発生後英国対台湾的態度（一九五〇年六月二十八日—七月二十七日）」、外交部檔案資料 No. 110-00024-19。
(36) 同右。
(37) 同右。
(38) 同右。
(39) FRUS, 1951, II, pp. 228–229.
(40) FRUS, 1951, VI, pp. 790–794.
(41) 細谷千博『サンフランシスコ講和への道』、中央公論社、一九八四年、九〇—九一頁。
(42) James Tuck-Hong Tang, *Britain's Encounter with Revolutionary China, 1949–54*. Basingstoke: Macmillan, 1992, p. 115.
(43) FC 1011/2, China: Annual Review for 1952.
(44) Tang, *Britain's Encounter with Revolutionary China, 1949–54*, pp. 111–112.
(45) 「中華人民共和国的対外政策（一九五〇年九月三十日）」、『周恩来外交文選』、二三頁。「為鞏固和発展人民的勝利而奮闘」、『人民日報』、一九五〇年十月一日。
(46) Tang, *Britain's Encounter with Revolutionary China, 1949–54*, pp. 90–91.
(47) Michael Lindsay, *China and the Cold War*, Carlton: Melbourne University Press, 1955, pp. 12–17.
(48) 中共中央党史研究室張聞天選集伝記組編、張培森主編『張聞天年譜１９４２-１９７６』下巻、北京：中央党史出版社、二〇〇〇年、九〇九頁。

(49) 同右。
(50) "China," FC 1022/11, 1950, 83279, FO371, PRO.
(51) FO371, 92235, FC1207, 66.
(52) Tang, *Britain's Encounter with Revolutionary China, 1949–54*, p. 77.
(53) 「関於中英談判的新聞稿（一九五〇年五月二十二日）」、中華人民共和国檔案館、人民画報社編『解密外交文献―中華人民共和国建交檔案１９４９－１９５５』北京：中国画報出版社、二〇〇六年、四七五―四七六頁。
(54) Tang, *Britain's Encounter with Revolutionary China, 1949–54*, pp. 130–131.
(55) 「中国英国建交談判中我対英政策的意見（一九五〇年八月四日）」、外交部檔案資料 No. 110–00024–17。
(56) 同右。
(57) 同右。
(58) 同右。
(59) Luard, *Britain and China*, pp. 158–159.
(60) 一九五一年十二月二十四日、日本の外務大臣であった吉田茂がダレス米国務長官宛に送った書簡で、中国との国交回復に関して、台湾国民政府を中国の正統政府として選ぶとの日本政府の立場を表明した。
(61) FC 1011/2, China: Annual Review for 1952.
(62) Luard, *Britain and China*, p. 160.
(63) FC 1011/2, China: Annual Review for 1952.
(64) 宋・黎『中華人民共和国外交大事記』第一巻、九八頁。
(65) Robert Boardman, *Britain and the People`s Republic of China, 1949–74*, London: Macmillan Press, 1976, p. 85.
(66) *New China News Agency*, 15 April 1952.
(67) "Sino-British Trade", *People's China*, 1 August 1952, p. 4.
(68) *Ibid.*

(69) *Ibid.*
(70) 「我国財政経済情況根本好転的標誌」、『人民日報』、一九五二年八月十一日。
(71) 「関於英中友協訪華団的情況彙報」第一号、外交部檔案資料 No. 110–00177–01。
(72) 「関於英中友協訪華団的情況彙報」第八号、外交部檔案資料 No. 110–00177–08。
(73) Boardman, *Britain and the People's Republic of China, 1949–74*, pp. 82–83.
(74) 「関於英中友協訪華団的情況彙報」第一二号、外交部檔案資料 No. 110–00177–12。
(75) David Clayton, *Imperialism Revisited: Political and Economic Relations between Britain and China, 1950–54*. Basingstoke: Macmillan Press, 1997, pp. 139–141.
(76) FC 1011/2, China: Annual Review for 1952.
(77) 「我章漢夫副部長発表声明」、『人民日報』、一九五二年七月十九日。
(78) 「一九五三年二月四日在中国人民政治協商会議第一届全国委員会第四次会議上的報告」、周恩来『周恩来選集』第一巻、香港：一山図書公司、一九七六年、六〇頁。
(79) Boardman, *Britain and the People's Republic of China, 1949–74*, p. 92.
(80) 宋・黎『中華人民共和国外交大事記』第一巻、九八頁。
(81) 「邀請外賓参加観礼的請示（一九五三年三月二日）」、外交部檔案資料 No. 110–00205–04。
(82) 同右。
(83) 「関於英中友協訪華団的情況彙報」第一号、外交部檔案資料 No. 110–00177–01。
(84) 同右。
(85) 同右。
(86) 「関於英中友協訪華団的情況彙報」第八号、外交部檔案資料 No. 110–00177–08。
(87) 同右。
(88) 「関於英中友協訪華団的情況彙報」第一号、外交部檔案資料 No. 110–00177–01。

(89) 同右。

(90) 金堯如「保持香港現状和地位的戦略思想」、『香港経済日報』、一九九三年七月二日。中園和仁『香港返還交渉―民主化をめぐる攻防』、国際書院、一九九八年、三九―四〇頁。

(91) 「香港地位問題三〇年大事記」、胡菊人主編『１９９７・香港―香港地位問題資料匯編』、香港：『百姓』半月刊出版、一九八一年、一二九頁。

(92) 同右、一三〇頁。

(93) 中央航空の前身は「中国・ドイツ合辦ユーラシア航空郵便輸送株式会社（中徳合辦欧亜航空郵運股份有限公司）」である。中国は一九四一年七月にドイツへの宣戦布告後、八月にドイツ側資本を接収し、同社を国営会社の「中央航空」へと改組した。四九年一〇月、国民政府は中央航空の本部や機材などをイギリス統治下の香港に移して事業を継続した。しかし同年十一月九日、中央航空の上層部の指示によりパイロットが中国共産党支配地域へと機材を運び込んだことで、中華民国管轄の中央航空は正式に消滅した。

(94) 宋・黎『中華人民共和国外交大事記』第一巻、一〇六―一〇七頁。

(95) 「厳重抗議英国政府劫奪我国留港飛機」、『人民日報』、一九五二年八月三日。

(96) 徐京利『解密中国外交檔案』、北京：中国檔案出版社、二〇〇五年、一七六頁。

(97) FC 1011/2. China: Annual Review for 1952.

(98) 「香港地位問題三〇年大事記」、胡『１９９７・香港』、一三〇頁。

(99) 一九五一年四月十八日、中国は修理のために香港に停留していた中国タンカーの永灝号がイギリスに捕獲された件についてイギリスに強く抗議した。宋・黎『中華人民共和国外交大事記』第一巻、七八頁を参照。一九五二年一月二十五日に香港においてイギリスが中国人映画クルーや芸術家を逮捕し、国外追放した件について、中国は「イギリス側の中国敵視政策の新たな展開である」と強く非難した。同右、九六頁を参照。

(100) Robert Cottrell, *The End of Hong Kong: The Secret Diplomacy of Imperial Retreat*, London: John Murray, 1993, p. 26.

(101) 外務省アジア局編『香港便覧』、日本国際問題研究所、一九六〇年、二一頁。

（102）Colonial Political Intelligence Service, March 1951, CO371 4789.
（103）李世安『太平洋戦争時期的中英関係』、北京：中国社会科学出版社、一九九四年、一七九頁。
（104）中園『香港返還交渉』、四三頁。
（105）黄廣發「朝鮮停戦対香港進出口業有利」、香港経済導報編『香港経済現状与出路』、香港：香港経済導報印：一九五三年、三〇—三一頁。
（106）「前言」、同右、一頁。
（107）同右。
（108）戈里斯「和平与香港工商業」、同右、二四—二五頁。
（109）黄「朝鮮停戦対香港進出口業有利」、同右、三〇—三一頁。

第三章

ジュネーブ会議と中英関係の進展——米英切り離しの加速化

朝鮮戦争の終結の見通しが明らかになると、中国の対外政策は新たな転換を見せた。朝鮮戦争終結から第一次台湾海峡危機までの段階は、中国が最も積極的に対英関係に取り組んだ時期であり、また、最も成果があった時期でもあった。中国はイギリスと低いレベルの外交関係を実現しただけでなく、イギリス野党の労働党との関係を強化し、貿易関係も進展させたのである。

第一節　対英政策の転換

一、中国の西側諸国に対する新たな方針

朝鮮戦争終結後に生じる中国の対外政策の大きな転換の兆しは、すでに一九五二年には現れていた。すなわち、この戦争の終結の見通しが明らかになったころには、中国は非共産主義諸国との関係構築に積極的に取り組み始

めていたのである。

一九五二年十月二日から十二日まで、北京でアジア・太平洋地域平和会議の大会が開催された。この大会は四九年十一月に北京で開催されたアジア・太平洋労働組合代表会議と異なり、革命家や労働者階級の指導者ではなく、アジア・太平洋地域の国民が代表として出席し、代表団は、人権・信教・政治的見解を問わず、戦争に反対し、平和を愛する人々――科学者、教育者、作家、学術研究者、芸術家、ジャーナリスト、労働組合指導者、農民運動指導者、学生、女性運動家、平和運動活動家など――から構成されていた。中国代表団副団長の郭沫若は「平和を保障するためには、すべての国の主権と独立と領土の保全が尊重されなければならず、他国の侵犯を許さず、各国の人民が自らの政治制度と生活方式とを決定する権利と自由が保障されなければならず、どのような形式によっても、どのような口実によっても、これに干渉を加えることは許されない。異なった政治制度と異なった生活方式の国々は平和に共存できる」と強調した。郭はまた朝鮮、ベトナム、ラオス、カンボジア、マラヤなどにおいて戦闘を終結させ、「話し合いによる公正かつ合理的な解決をもたらすこと」を要求した。(1) 郭のこうした「平和共存」の呼びかけは、建国当初中国が朝鮮半島に対してとってきた急進路線と明らかに異なり、中国の対外戦略の転換を示したものと思われる。

これより早く、一九五二年四月三十日、周恩来は外交部の第一回使節会議で、「平和外交政策は我々の長期的な任務である」、「外交工作とは、国家と国家の関係を対象とするものであり、国家と国家との関係を通じて展開するものである」と強調している。(2) このことから、すでに「平和外交路線」が中国対外政策の長期方針になっていることがわかる。このような中国の政策転換のプロセスを示す直接的かつ具体的な資料はないが、中国は一九五二年から新たな方向性を志向し始め、五四年になって新しい対外政策、すなわち平和統一戦線政策という対外戦略を形成したものと思われる(3)。

中国の政策転換の背景の一つには、ソ連との協調があった。一九五二年春にスターリンが以下のような談話を発表した。「世界戦争は二年前予想したより、緊迫したものではなくなり」、「資本主義陣営と社会主義陣営との平和共存は完全に実現できるものである」(4)。すなわち、一九五二年以降、ソ連が平和共存を主張するようになったため、中国が対英関係を発展させても、中ソ関係を損なう危険性がなくなったのである。もう一つには、国際環境を整えて国内建設に打ち込めるようにし、自国の安全保障を確保した上で対外関係を発展させようという中国指導部の発想の転換があった。さらに、アメリカが中国に与える脅威の水準が下がりつつあると中国指導部が判断したことも重要である。アメリカは依然として中国にとって最も危険な敵ではあるが、以前よりその危険性は減少しているというのである。周恩来も「アメリカが戦争を惹起するかもしれないという懸念が、アメリカと欧州諸国の間の溝を深めており、アジア・中東諸国および北アフリカの国々も、アメリカに追随したがらない」と述べている(5)。中国指導部のこのような対外認識が、政策の転換をもたらす要因になったと考えられる。一九五二年半ばから、中国は対外政策を調整するようになったが、朝鮮戦争が停戦するに及び、中国は西側諸国との関係改善に踏み出した。国家と国家との関係を重視するようになり、積極的に「平和外交政策」を展開し始めたのである。

同じ時期に中国指導部は、アメリカとその同盟国との間に対立が存在していることを再確認し、対資本主義陣営外交は「個別に対処しなければならない」ことを改めて強調した。具体的には、「国際統一戦線の形成と同盟軍の間接的利用」(6)を明確化し、対資本主義闘争においては対立する西側諸国の分裂を企図するという方針を決定したのである。ただしその際、資本主義諸国の民衆との連携を基本とする点には依然変わりなく、周恩来も、中

国対外政策の基本は民衆との連携であり、中国外交の着地点は各国人民に影響を与えることにあると、述べている。(7)

朝鮮戦争停戦以後、中国はさらに柔軟な対外政策を展開した。朝鮮問題に関する政治協定の締結をきっかけに、中立の立場に立つ国々と連携することによって、国連加盟問題や禁輸政策を緩和させ、中国承認の方向につなげようと動き始めたのである。(8) この時期から中国は、中国と国交のない国を単純にアメリカと同一視せず、西側諸国に対し積極的な関係改善策を展開することによって、アメリカと西側諸国との関係を切り崩し、中国の国際社会における存在感を高め、中国承認を勝ち取ることを目指すようになった。ジュネーブ会議休会期間中、周恩来は帰国途上にインドを訪問し、一九五四年六月二十七日、インドのジャワハルラール・ネルー（Jawaharlal Nehru）首相と平和共存五原則を発表した。次いで同月二十八日、周はビルマ（現ミャンマー）を訪問し、ウー・ヌー（U Nu）首相と共同声明を発表し、平和共存五原則に基づいて両国関係を発展させていくことに合意し、(9) 同原則は当時の中国外交の主要原則になった。この時期に中国の対英政策が積極的に展開されたのはこのような背景があったためと思われる。

二、中英国交樹立の見通しと対英政策の転換

朝鮮戦争の間、中国はイギリスの動向に注目し続けた。一九五一年六月二十三日、ソ連の国連大使のヤコフ・マリク（Yakov Malik）はラジオ放送を通じて朝鮮戦争の休戦協定締結を提案したが、停戦条件をめぐって協議は難航し、五三年まで断続的に休戦交渉が行われた。交渉の過程では国連軍を率いるアメリカが協議の主役であったが、イギリス政府も、交渉をめぐって影響力を発揮した。五二年十一月、膠着状態に陥った戦争捕虜問題打

開に向けて、中国が受け入れ得るとしたインド提案にアメリカは反対を表明したが、イギリスは支持を表明した。[10]また、韓国の圧力を受けた国連軍交渉代表が、北朝鮮戦争捕虜は返還せずという考えを示したのに対し、イギリスはインド、カナダとともに反対を表明した。そしてさらに、停戦後開催予定の国際会議にインドを招くべしという中国の提案にも、イギリスは賛同したのである。[11]こうしたイギリスの動きは、停戦条件などの諸問題を政治的解決によって処理したいと望む中国の利害と重なる部分があった。

中英国交樹立に向けた交渉は朝鮮戦争の勃発によって中断していたが、朝鮮戦争の停戦協定が結ばれる可能性が高まるにつれ、中国は再び国交樹立問題を検討するようになった。イギリスとの国交樹立の意義についての中国の考え方を以下で検討してみたい。

外交部檔案資料 No. 110-00235-10「イギリスとの国交樹立問題（原文：与英国建交的問題、一九五三年五月八日）」は次のように記載している。

イギリスと我々との国交樹立交渉は、朝鮮戦争発生後はほとんど停止していたが、現在、朝鮮戦争の停戦交渉は協議達成が可能となりそうな情勢であり、そのためイギリスとの国交樹立問題は、もう一度考慮する必要があるようである。現在に至るまで、イギリスは蒋介石一味と表面上は外交関係を絶ったように見えるが、しかし台北に領事館を置き、しかも国連では至るところでアメリカに追従して我々を非難しており、我々が資本主義国家と国交を結ぶ原則と食い違っている。ただ最近、イギリスのわが方に対する態度はやや変化し、朝鮮の停戦協議が達成されれば、国連問題でイギリスは我々の側に傾くだろう。こうした点から、現在イギリスとの国交樹立を考慮することは、当時我々が提出した国交樹立についての原則を妨げるものではない。[12]

その上で、イギリスと国交を樹立する意義と影響について、中国は次のように分析した。

ソ連の主張する平和政策は、すでに資本主義国家陣営に重大な影響を与えている。ソ連の平和政策が英米の対立を深め、アメリカを孤立させたのは明らかな事実だ。したがって、中英両国間に国交が樹立されれば、ソ連の平和政策に呼応できると同時に、中国の外交にも新しい局面が創出できる。……戦後の政治会議が開催される以前からイギリスとの間に外交関係を持っていれば、台湾問題、国連問題、禁輸問題に対するイギリスの態度を中国に有利になるよう変えることができる。英米間の対立をさらに深めてアメリカを窮地に追い込むことができるであろう。……その上で中英国交を締結すれば対外活動の拠点を増やすことができる。すなわち、ロンドンに中国の大使館が出現したならば、それが国際政治に与える影響は極めて大きい。中国はイギリスに、駐在員の派遣だけでなく、マレーやシンガポールにおける総領事館の設立、さらには香港問題などに関しても駐在員の派遣を要求できる。また中国がイギリスと国交を結べば、当時国交締結に向け交渉を行っていたオランダとノルウェーも次々と中国との国交締結に踏み切り、結果、ヨーロッパにおける中国の外交拠点は増えるだろう。……英連邦諸国にも大きな影響を与える。特にカナダは朝鮮戦争前にすでに中国との国交締結への意思を示していたため、中国がイギリスと国交を締結したならば、カナダとの国交締結に向けた交渉も再開できる可能性が十分ある。中国はこの機会を摑んで北アメリカに外交拠点を置くことができる。そして、オーストラリアやニュージーランドとの国交締結の可能性も大きくなる。(13)

このように、中国はイギリスとの国交樹立のもたらすメリットを分析し、イギリスとの国交樹立によって、台湾問題、国連問題、対中禁輸問題を打開し、国際社会における中国承認のブームを引き起こそうとしたのである。ここには極めて楽観的な要素が満ちあふれている。

以上のように、朝鮮戦争停戦協定が締結されていないにもかかわらず、中国は対英政策における次のステップを準備し始めた。中国から見れば、「対英関係の打開」は米英関係のさらなる悪化をもたらし、台湾問題を含め、中国が新しい外交局面に踏み出すための最も重要な一歩となる。中英国交樹立という重要な一歩を踏み出す時期としては、朝鮮戦争の停戦協定が締結された時こそふさわしいのであり、中国の方から積極的に行動をとるべきであると考えた[14]。そこで中国は、対英関係の改善に満を持して踏み切ったのである。

この時期、積極的に対英政策の検討に踏み込んだ背景には、やはりソ連と協調するという側面もあった。ソ連のメディアにおける米英対立に関連する報道の増加を中国は注意深く見守っていた[15]。一九五二年六月、ソ連は第一外交次官のアンドレイ・グロムイコ（Andrei Andreevich Gromyko）を、駐英大使としてイギリスに派遣した。この派遣は資本主義国の間に波紋を呼び、ソ連の目的は米英対立をさらに拡大させることにあると囁かれた[16]。五三年六月、エリザベス二世の戴冠式が行われたが、その二カ月前、ソ連が巡洋艦一隻を派遣し、式典のための英国海軍のパレードに参加することが報じられた。これは外交的に極めて友好的な姿勢であり、特に国際情勢が新しい局面を迎えようとしている際に、ソ連の行動は極めて重要な意味を持つと中国は考えた[17]。

外交部檔案資料 No. 110–00235–10「わが方のイギリスに対する態度をいかに適切に転換させるか（原題：我対英態度如何作適当的扭轉、一九五三年四月二十八日）」は次のように分析している。

現在の情勢では、ソ連はイギリスを勝ち取ろうとしているようであり、またイギリスを勝ち取ることは、それによってアメリカを孤立させることになり、わが方に有利となることが予測できる。そのため、我々のイギリスに対する態度をいかに適切に転換させるかも、考慮に値する[18]。

ソ連との協調はもちろん中国の国際政策の基本だが、それに加えてソ連の意図が「イギリスを勝ち取り、アメリカを孤立させる」ことだったのが、アメリカの孤立を望む中国にとって、利害が一致する点だった。このアメリカの孤立化という動機が中国の対英政策を転換させた最大の要因だったと思われる。中国はこのような考え方を踏まえ、次のような提案を考えていた。

（第一に）メーデーの式典には、慣例では交渉代表とその夫人を招待するだけであったが、今回はイギリスの交渉代表以外に、何人かのイギリス側スタッフ（随員以上の身分の者）を招待し、一般の外交官と同等の待遇にしてもよい。……（第二に）イギリス女王の戴冠式では、交渉代表はかならずパーティーを開くので、その時は章漢夫副部長のような、本部（外交部）の比較的地位の高い幹部も出席させる。[19]

中国は、メーデーを祝う行事には、それまでイギリスの交渉代表とその夫人しか招聘しなかったが、この時期になって、より多くのイギリス駐在員を招くことを決め、またイギリス側が主催するエリザベス二世の戴冠式を祝うパーティーには外交副部長章漢夫を出席させることなどによって、イギリス側に友好的な態度を示そうとしたのである。外交部のこうした提案は受け入れられ、一九五三年六月二日、エリザベス二世の戴冠式が行われた日に、周恩来総理はイギリスのチャーチル首相に宛て祝電を送った。[20]

朝鮮戦争が終結すると中国は対英関係の改善にさらに積極的になった。一九五三年八月、章漢夫はイギリス交渉代表ハンフリー・トレベリアン（Humphrey Trevelyan）と会見したが、両国の外交関係樹立問題には触れなかったものの、以前に比べ柔軟な対応となった。[21] トレベリアンは中国側の対応について、「丁重かつ友好的であって、わずかながら政府間関係は改善した」とイギリス政府に報告している[22]。

中国は、イギリスとの関係強化を皮切りに、アメリカ以外の西側諸国との関係を拡大することで、アメリカとその同盟国との分断を図り、アメリカの対中国政策を覆そうとした[23]。イギリス政府が必然的に中英関係を推進することになるだろうと予測した中国は、「西側との関係改善はイギリスから始めるべきだ」との方針を決定したのである[24]。

第二節　ジュネーブ会議と中英関係の進展

一九五四年四月から、インドシナ問題を解決するために、ジュネーブで国際会議が開かれた。ジュネーブ会議は国際社会における新中国の初舞台であり、中国はインドシナ問題の解決においてその存在感を示す一方で、「西側との関係改善はイギリスから始める」という方針のもとに、イギリスとの関係を前進させるという目標を掲げ、積極的にこの会議に臨んだ。

一、国連加盟問題をめぐる中国の方針転換とその背景

（一）ジュネーブ会議をめぐる中国の行動方針

ジュネーブ会議に先立って、中共中央政治局は次のような方針を決定した。第一に、朝鮮問題とインドシナ問題の解決を目指し国際情勢の緊張緩和を促す。第二に、ジュネーブ会議を通じて中国の影響力を拡大させる。そして、外国との経済・貿易交流を発展させることによって、禁輸政策を打ち破り、イギリスおよび西ヨーロッパ

諸国との関係を改善する。[25]

また、ジュネーブ会議に参加するにあたって、具体的な行動方針、すなわち「場内方針」「場外方針」を定めた。場内では朝鮮戦争問題やインドシナ問題について激しく議論を展開するが、場外では穏やかな交流活動を行うということである。そして中国はイギリスを場外活動の重要な標的とし、イギリスと「（国交樹立をめぐる）交渉代表を交換する」ことをジュネーブ会議における対英関係の最大の切り札とした。その上で、イギリスとの交渉方針を以下のようにさらに具体的に決定した。

第一に、事を急がず、かといって交渉を絶ってしまうわけでもない。

第二に、一気に前進させることはせず、かといってとどまって前に進まないというわけでもない。

第三に、同を求め、異を残す。同意できる部分を見つけ、同意できない部分はそのままにする。すなわち、同意できる部分については、譲歩が可能なところは多少譲歩し、また同意できない部分については、譲歩不可能なところは決して譲歩しない。

第四に、小さな問題を解決することによって、相手の興味をかき立てる（中国とイギリスの間には様々な問題が膨大に存在していた）。

第五に、態度を軟化させ、きつい言葉で手厳しく責めるのではなく、穏やかに道理を説くことにする。[26]

このような綿密な方針を立て交渉に臨んだことを見れば、中国がいかにイギリスとの交渉を重視し、成功を期待したかがわかる。またここから、中国のプラグマティズムの特徴である柔軟性を見て取ることもできる。「場内方針」と「場外方針」の使い分けは、中国が原則の堅持と現実の利益を得るための行動を見事に使い分けていたことを示している。外部から見れば、このような行動は理解に苦しむものであったに違いないが、以上の方針に基づき、ジュネーブで中国は積極的にイギリスと接触するようになるのである。

(二) 国連加盟問題をめぐる中国の姿勢の変化

これまで中国は、イギリスが国民政府との関係を完全に断絶しておらず、国連加盟問題においても依然として国民政府を支持しているとして、その中国政策を一貫して批判してきた。しかしこうした中国の姿勢には、ジュネーブ会議をきっかけに変化が現れる。

それまで北京にはイギリス政府の代表が駐在していたが、ロンドンには中国政府の代表がいなかった。中英関係を改善すると決めた以上、中国は積極的に動かねばならなかった。そこでジュネーブ会議において周恩来は、イギリスの国会議員ハロルド・ウィルソン (Harold Wilson) とロブソン・ブラウン (Robson Brown) に対し、「まもなくイギリス国民は、中国が中英外交関係を改善させるための措置をすでにとったこと、そしてさらなる措置がとられることを知るだろう」と述べ、中国側の意思を明らかにした[27]。

その意思は、これまで中国が強いこだわりを見せていた国連の中国代表権問題に対する姿勢の変化となって現れた。国連の中国代表権問題をめぐっては、英米間で常に対立と妥協とが繰り返されていた。アメリカは中国を国連に加盟させることは、米国の世論の怒りを招くだけでなく、世界各地における反共運動の勢いを弱めることにもつながり、ひいてはアメリカの中国封じ込め政策に悪影響を与えるとして、強く反対していた。中国加盟を阻止しようとするなら、イギリスの助力は絶対に欠くことはできない。イギリスはアメリカの最も親密な同盟国であるばかりでなく、その行動は英連邦諸国および西ヨーロッパ諸国の立場に影響を与える。中国問題をめぐるイギリスの態度はアメリカにとって極めて重要であった。

そのため、イギリスは困難な立場に立たされた。中国の国連加盟問題をめぐって、中国に対して敵対的な態度をとれば、中国の報復によって中国におけるイギリスの利益は脅かされる。しかし戦後間もないこの時期、軍事・経済両面でアメリカに大きく依存しているイギリスは、アメリカの立場に配慮せざるを得ない。イギリスは板ばさみになっていた。

ところが、ジュネーブ会議においてこれまでの国連加盟問題をめぐる中国側の姿勢に変化が現れた。周恩来は「国連代表権問題の解決は時間のかかる問題であると中国側は理解しており、中英関係の改善はこの問題の完全な解決に基づくものではない」ことを表明した(28)。この発言は、たとえイギリスが国連で中国の主張を完全に支持しなくても、対英関係自体の改善は望むという中国側の意思を表していた。

(三) 国連加盟問題をめぐる中国の政策変化の背景

それでは、国連加盟問題に関するこの中国の変化をもたらした要因は何であろうか。それは以下の三つである。第一に、中国がイギリスの国民感情に対する配慮を迫られていたことである。イギリス政府が中国を承認してから三年経ったにもかかわらず、中国が積極的な反応を示さなかったため、イギリス国内では中国に対する不満が高まっていた(29)。

中国のやり方はイギリス共産党を含むイギリス国民にとって理解しがたいものであった(30)。それまでイギリス政府は国民に対し、自分たちは積極的に中英関係改善を望んでいるにもかかわらずその進展が見られないが、その原因はひとえに中国側の消極的な態度にある、と説明していた。それ以前にもイギリス共産党の幹部が「中国側からもイギリス政府代表と同数の駐在員をロンドンに派遣駐在させればイギリス政府の口をふさぐことができる」と中国側に提案したことがあるが[31]、中国はそれに対しても積極的な反応を示さなかった。ここに至って中国は、国連問題に拘泥して中英関係を進展させない事態がこれ以上続けば、一般国民だけでなく、イギリスの親中団体の不満をも招くに違いないと危惧するようになったのである。

第二に、米英両国間の対立を深めようという狙いがあった。中国は、アメリカからの圧力とイギリス保守党内部の親米派からの反対によりイギリス政府が難しい状況に置かれており、国連加盟問題をめぐってこれ以上譲歩を引き出すことは難しいと判断していた[32]。むしろ中国側から積極的に中英関係の改善に踏み出したならば、英米の対立を深めることができるであろうと考えたのである[33]。

第三に、中国は、自国から派遣される政府代表をイギリスが拒否する可能性は低いと判断した。たとえイギリス政府に拒否されても「イギリス政府の真実をイギリス国民に対して明らかにし、労働党の左派議員を国会における戦いで奮起させることができる」と考えた[34]。

以上が、ジュネーブ会議において中国が中英関係の改善に積極的に踏み切った諸要因である。

二、ジュネーブ会議における中英関係の進展

ジュネーブ会議において中英関係は大きく進展した。以下ではいくつかの側面から具体的にその進展を検討する。

（一）中英両国の外交関係の進展

まず、外交関係の前進である。東アジア地域の緊張緩和がなければ、中英関係の大きな進展は期待できないと考えていたイギリスは、ジュネーブ会議によって中英関係が進展するとは期待していなかった[35]。ところが、ジュネーブ会議における中国側からの接触は予想外に積極的で、中国代表団メンバーで外交部西ヨーロッパ局長の宦郷、商業部副部長の雷任民が、イギリス外相イーデンに同行したトレベリアンに頻繁に接触してきた。ジュネーブ会議における中英関係は、その後以下のように展開していく。

新中国成立後、外国人の中国出国は制限された。中国国内での犯罪歴、債務問題の有無など、中国政府による厳しい出国審査を受け、中国当局の許可がなければ、自由に中国を離れることができない状態にあった。また、イギリス商社が中国国内で公平に扱われていないと不満を抱くイギリス人も多かった。一九五四年五月三日、イギリス交渉代表トレベリアンは、宦郷と会談した際、イギリス人がスムーズに出国できるよう、中国駐在の貿易関係者を公平に扱うように中国側に要求した[36]。その四日後の五月七日、宦はトレベリアンと再度会談し、在中イギリス人の出国問題および英国商社の待偶改善問題について、イギリス側の要求に基本的に応じる姿勢を示すとともに、イギリスとの関係を改善する用意があると伝えた[37]。結局この会談を通じて、イギリス人の出国問題、中国におけるイギリス商社閉鎖問題などは順調に解決することができた[38]。

一九五四年六月一日、イーデン外相は、交渉代表として北京に派遣されているトレベリアンと同等の地位・権利を持つ中国側の代表をロンドンに派遣するよう中国に要請し、周恩来は中国の既定方針に基づいてその求めに応じた[39]。六月二日、周とイーデンは再び両国関係について会談し、北京に駐在していたトレベリアンが有する外交官としての特権について意見を交換した[40]。六月四日、宦はトレベリアンと会談し、「ロンドンに派遣する中国代表の地位と権利はトレベリアンが北京で有している地位および権利とすべて同等である」と伝えた。[41]

十七日にイギリスは、中英関係に関する声明を同日中に発表する用意があると中国側に伝えた。[42]中国側は、この時期に声明を発表するのは自国にとって有利であると判断し、イギリスの提案に賛成した。[43]中国は十八日、代理大使をロンドンに派遣することを『人民日報』で発表し、「その地位と業務は北京に駐在するイギリスの代理大使の地位と業務と同じである」とした。[44]それまで中国政府はトレベリアンを外交関係樹立のために交渉するイギリス側の代表としてしか認めてこなかったが、[45]中英両国の関係は以上のように代理大使レベルの外交関係にまで発展したのである。

中国側は今こそ、中英関係を確実なものにし、米英間の対立を拡大する好機であると考えていたのかもしれない。こうした中国側の考えは、キャセイパシフィック航空の民間機墜落事故への対応からもうかがえる。一九五四年七月二十三日朝、キャセイパシフィック航空の民間機が、中国の海南地域で中国空軍パトロール機の誤射によって墜落した。それについて駐中国イギリス代理大使のトレベリアンは、イギリス政府を代表し中国政府に強く抗議した。[46]七月二十六日、北京放送がこの事故について放送した直後、中国外交部の副部長はトレベリアンに覚え書きを渡した。その覚え書きには次のような内容が含まれていた。まず、事故の背景について「中国人民および世界の人々は、インドシナ地域の平和回復や、ジュネーブ会議がもたらした国際情勢の緊張緩和を歓迎している。ところがその一方で、蔣介石当局による、海南島を含む中国大陸沿海地域とその周辺諸島に対する嫌がらせ、工作員の破壊活動、および中国に向かう各国商船妨害が拡大しているため、アジアの緊張情勢は高まっている」。[47]また「事故当日、大陸沿海地域とその周辺諸島で戦闘があり、国民党軍との空中戦が発生した」とも述べている。事故の原因については、次のように主張している。「イギリス政府の報告を受け、中国政府が調査した結果、中国のパトロール機がイギリスの民間機を、楡林（Yulin）軍用港を攻撃しようとしていた国民党当局の戦闘機と間違えて撃墜したのは事実である」[48]。さらに事件の性質について、「この不幸な出来事は偶然起こった事故にすぎない」と述べる一方で、「中華人民共和国中央政府は、今回の不幸かつ偶発的なイギリス民間機の事故について、遺憾の意を示すとともに、事故の犠牲者、負傷者、およびその家族に、哀悼と同情の意を表したい。また人命や財産の損失に対する賠償策も検討している」とも述べ、謝罪と賠償の意思を表明した[49]。中国政府のこのような対応は、ジュネーブ会議直後のこの時期に、中英両国の良好な関係を壊したくないという意思の表れでもあった。

（二）　野党労働党との関係強化

ジュネーブ会議での中英関係の進展は外交にとどまらず、これをきっかけに、中国は親中派イギリス議員との関係を強めた。

一九五四年五月三十日、ジュネーブにおいて周恩来は、イギリスとの関係を改善する意思をイギリス政府の代表ではなく、親中派労働党議員のウィルソンと保守党議員のブラウンに伝えた。また、周恩来は同議員らに対し、アメリカの影響力について強く非難した上で、国連議席問題について「イギリスが役割を果たせると我々は信じている。アメリカは半数以上の加盟国を支配しているため、この問題の解決にイギリスが決定的な役割を果たすことを（中国は）望んでいないが、イギリスはアメリカと意見が異なることを世界に示すことによってアメリカに影響を与えることができる」とイギリスへの期待感を表明した[50]。そして、周はイギリスの東南アジアにおける利益を認めるとともに、「中英両国は相互の利益を尊重しあうべきだ」と述べ、アジアにおけるイギリスの利益を侵さないことを暗にイギリス側に示唆した[51]。

ジュネーブ会議期間中、労働党議員のウィルソンと保守党議員のロブソン・ブラウンは、イーデンと会った直後に雷任民を訪れ、ロンドンでの中国の商務事務所設立に歓迎の辞を述べた上で、この提案は根拠があるもの（すなわちイーデンが賛成したもの）で、個人の意見ではないことを示唆した。ジュネーブ会議に出席した周恩来は、この提案を積極的に受け入れるべきであるという電報を中国国内に送った。

外交部檔案資料 No. 110-00023-07「ジュネーブ会議期間における中国とイギリスの公式および半公式接触の状況（原題：日内瓦会議期間中国英方官方和半官方接触情況、一九五四年六月一日）」によると、その電報の内容は次のようなものである。

> ウィルソンとブラウンの提案を利用して、ロンドンに常設の商務代表機関を設立する問題をイギリス側に正式に提出すべきである。この機関は完全な外交的権利と地位を享受しており、ソ連初期に資本主義国家において設立された商務代表所と同じく、実際には外交機関である[52]。

このように、イギリス政府と直接に交渉しにくい状況下で中国は、イギリス政府に伝えたいことをイギリスの議員に託した。中英両政府間の接触ルートが少ない時期に、それらの議員は中英政府間のパイプ役を果たした。中国はイギリス政府内においても中国に味方する議員との連携を図ろうとしたのである。

（三）　中英貿易関係の進展と禁輸政策への抗議

また、ジュネーブ会議では、中英間の民間レベルでの交流も強化されるようになった。ジュネーブ会議の間に両国代表団のメンバーは多くの交流を持った。一九五四年五月六日、中国対外貿易部の雷任民副部長はイギリス工業連合会理事の関係者と会談した。イギリス側より、中英貿易を拡大させるために中国から貿易代表団を派遣してほしいとの要望があったのに対し[53]、雷は「イギリス政府と商工業界の対中国貿易発展への希望はわかっている。中国も同じような考えを持っている」と述べ、「中国は経済建設の時期に当たっており、中英貿易の展開を過去のレベルにまで回復させ、さらにそれ以上に発展させる可能性が十分にある」と述べた[54]。また、イギリス商社の取り扱いやイギリス貿易関係者の出国問題などについても幅広く交渉が行われ、その上で中国の国営輸出入公司の訪英とイギリス貿易代表団の訪中も決められた[55]。周恩来は社会主義諸国との貿易発展に積極的に取り組んでいた労働党議員のウィルソンに対し、直接貿易を含めすべてのルートを通じて貿易を行うよう呼びかけた[56]。以上のようにジュネーブ会議では中英両国の政府間関係が大きく進展しただけでなく、両国の貿易関係者の交流も深まったのである。

さらに、中国はジュネーブ会議においてアメリカの禁輸政策に対して批判を行った。一九五四年五月十五日、ジュネーブ会議に出席した雷任民・外貿部副部長は、約百五十名の外国人記者を前に中国の経済建設や対外貿易の発展状況について紹介した際、「アメリカの禁輸政策が存在しているにもかかわらず、中国と資本主義国家との貿易額は上昇している。人為的障害がなくなれば、中国とヨーロッパ諸国との貿易関係はさらに進展するであろう」と述べ[57]、アメリカの禁輸政策が中国と西側諸国との貿易発展の障害になっていることをほのめかした。このように、西側諸国との貿易関係の発展とアメリカの禁輸政策の打破を結合させようという考えが中国側にあったことは明らかである。

一九五五年以降、中国のメディアはアメリカの外交政策に対する非難をいっそう強めていった。この時期の中国メディアは西側陣営内部の相互関係を分析することに重点を置き、その中にはアメリカの外交政策とその目的を指摘したものが少なくなかった。中国のメディアによれば、禁輸政策とは、アメリカが冷戦を推し進めるための一つの手段、つまり力の政治であり、ソ連をはじめとする東側諸国の経済発展を遅らせ、西側諸国の市場を独占することによって、西側諸国が経済的によりいっそうアメリカに頼らざるを得ない状況に追い込んでいくものであった[58]。中国はアメリカ禁輸政策へのこうした批判を一九五〇年代末まで続けたのである。

中国はなぜこの時期西側諸国との貿易に積極的になったのであろうか。その理由には、以下の二点が考えられる。一つは中国自身が発展するために必要だったからである。一九五三年から第一期五カ年計画を実施した中国にとっては、経済建設において資本主義国家との貿易が必須であった。この時期中国は国家再建を本格化させていたが、その一方でソ連からの援助は不十分なレベルにとどまっていた。そのため経済発展に必要な物資や技術などを西側諸国との貿易を通じて獲得しようとしていたのである。

もう一つは、西側諸国との経済関係の構築を政治的関係の強化にもつなげていきたいと考えていたからである。イギリスとの政治的関係改善の勢いに乗って、さらにアメリカと西側諸国の間に楔を打ち込み、アメリカが率いる西側陣営を分裂させようとしたのである。

しかし、その一方で中国は中英関係の進展に一定の戸惑いも見せていた。例えば、英国国会議員のウィルソンとブラウンが、中国もソ連のように事実上の外交機関である商務機関をロンドンに設立すべきだと中国に提案したところ、中国は一時的に積極的な姿勢を見せたが[59]、その後ソ連からの賛成があったにもかかわらず、その提案を見送り、結局ロンドンに駐在する中国の政府代表機関がその商務代表機関の役割を果たすことになった(60)。中国がその提案を受け入れなかったのは、北京にもイギリスの商務代表機関が設立されるのではないかと恐れたからであると思われる(61)。西側諸国との関係の発展を目指すこの時期になっても、中国は常に資本主義の中国進出を警戒し、先延ばしを望んでいたことがうかがえる。

中国代表のロンドン派遣により中英双方は、互いの代表が持つ外交上の地位と権利を相互に認め合うようになり、中国は、これを両国関係が正常化に向けて動き始めたしるしであると認めた。しかしその一方で中国は、大使交換が実現するまで中英両国の関係は依然として正常な状態にないこと、中英関係がまだ国交樹立の交渉段階にあって外交関係が代理大使レベルにとどまっていることを、ソ連と相談した上で、イギリス側に伝えることにしたのである(62)。

第三節　ジュネーブ会議後における中国の対英認識

中国はジュネーブ会議で得た成果を拡大しようとし、対英関係改善をその後さらに加速化した。米英間の対立はさらに深まったという中国の認識が、そのような試みを支えていた。では、こうした中国側の認識とはどのようなものだったのであろうか。そしてジュネーブ会議後、中国はどのような対英政策を展開したのであろうか。

一、毛沢東の国際情勢に関する分析とアメリカを孤立させる方針

毛沢東はジュネーブ会議後の国際情勢を分析した際、「アメリカは相当孤立させられて」おり、インドシナ問

題の解決に伴い、その孤立はさらに進むだろうと予測し、資本主義陣営は社会主義陣営と対立しているが、その結束は決して強固ではなく、「四分五裂」していると強調した。[63] 西側諸国とアメリカとの関係について、毛は、「イギリスにも、フランスにも、インドにも、ビルマにも、どの国にも親米派はいる。……その中には、非常にアメリカに近いものから、そうでもないものまでいる。例えばチャーチルやイーデンは後者に属するといえる」と述べ、[64]「反米の立場のものと、こうした親米の中の非積極派との団結を図らなければならない」との方針を打ち出した。

一九五四年七月八日、全国政治協商会議において、毛沢東は中国外交に関して十一項目からなる所見を述べた。その要旨は以下のとおりである。

アジア地域においては、インドシナ地域の平和を確保することで東南アジア平和地域を創出し、相互不可侵条約の締結あるいは集団平和条約の締結を目指す。ヨーロッパにおいては、イギリスとの関係を改善し、正式な外交関係を樹立する。フランスとも関係を改善し、国交樹立を目指す。そしてアメリカ政府との関係も一定程度の改善を目指す。資本主義諸国の政府を含め、すべての平和勢力と連携し、アメリカを孤立させ、資本主義陣営を分裂させる。国際社会においては国際平和統一戦線を形成する。[65]

以上のような認識に基づき、中国のアメリカ孤立化政策はその後さらに具体化され、強化された。同年十月、周恩来は外事幹部会議において演説した際、資本主義国家をその戦争と平和に対する態度から下記の三つに分類した。

第一類型は「平和共存を受け入れず、戦争に活路を見出す主戦派」で、その代表はアメリカである。アメリカは世界が社会主義へと発展していくことを恐れ、民族解放運動を恐れ、各国人民が自らの道を歩むのを恐れ、平和共存と平和競争を恐れているため、戦争に自らの活路を見出そうとしている。第二類型は「現状が変わらないことを最良とする現状維持派」で、その代表はイギリスとフランスである。現状維持派は、現状が変わらないことを望んでいるため、大規模な戦争を望まないのと同時に、アメリカの力で現状を維持しバランスを保つことを望んでおり、その立場と態度は変動している。そして第三類型は新しく独立した国々、あるいは独立を獲得するために戦っている植民地およびその付属国である。これらの勢力は「民族独立の獲得と維持に努力し、侵略戦争に反対し、世界平和を求める平和中立派」である。周恩来は以上のように分類した上で平和外交政策の立場から「平和中立派」と団結し、「現状維持派」を味方に引き入れ、「主戦派」を孤立させることによって、「世界戦争を阻止する」という中国の方針を示した(66)。

中国は資本主義国家の中国進出を警戒し、イギリスやフランスなどの国との関係改善に一定程度のためらいを見せたが、以上のような経過をたどって、イギリスに対する働きかけを強めるようになった。

二、「アジア版ロカルノ協定」をめぐる中国側の認識

一九五三年五月十一日、チャーチル首相は演説の中で、ヨーロッパにおいてロカルノ精神を回復しようと呼びかけ、続けて五四年六月二十三日にイーデン外相がイギリス国会での演説の中で、東南アジア各国が参加できるロカルノ式の協定を結ぶ案に触れた。ロカルノ条約とは、一九二五年十月にスイスのロカルノで行われた協議を受けて、同年十二月一日にロンドンで正式調印された七つの協定の総称であり、国際紛争を軍事によらず仲裁裁判で解決することもその規定に含まれていた。これらの動きから、中国はイギリスのアジア政策に変化が生じたと感じた。こうしたイギリスの政策変化は偶然の産物ではなく、近年の国際情勢の変化および国際社会における

力関係の構造的変化によってもたらされたものであると中国は考えていた[67]。

その変化の原因について、外交部檔案資料 No. 110-00244-03「イギリスのいわゆるアジア・ロカルノ計画（原題：英国的所謂亜洲洛迦諾計画、一九五四年七月四日）」の中で、中国は次のように分析している。

第一に、ソ連が率いる社会主義陣営は強大化しつつある。特にソ連が核兵器を持ったことで、イギリスは核戦争に巻き込まれることを恐れている。それまでイギリスはアメリカに追随したことで多くの損失をこうむったが、イギリス自身の利益を優先すれば中ソなどの国との緊張緩和が必須であり、社会主義国家との貿易発展の必要性も高まるであろう。

第二に、近年国際社会においては平和勢力が拡大している。イギリスが平和志向の政策をとることは、国内情勢を安定させるだけでなく、国際社会での孤立を避けることにも役立つ。そうしなければイギリスは国内を安定させ、平和を望む英連邦諸国の国民を安心させることができない。

第三に、アメリカは侵略政策と戦争推進政策に失敗したため、国際社会において孤立している。資本主義国家の中にもアメリカから離れようとする傾向が増大しつつあり、また中立勢力も発展してきている。アメリカ発の経済危機を防ぐためにも、イギリスはアメリカと距離をおかなくてはならない。

第四に、イギリスの国際的地位、特に経済上の地位が向上したことにより、アメリカへの依存度が弱まり、独自の政策を展開する余裕がよりいっそう出てきた[68]。

このように、中立性と現状維持を盛り込んだアジア版ロカルノ協定を持ち出した背景には、イギリスがヨーロッパの安定や東西両陣営の緊張緩和を望んでいることがあると、中国は考えた。イギリスのこの政策はアメリカの主張した政策と明らかに異なっていたため、中国は「米英の対立が深まった」と感じた。一九五四年四月三十日にチャーチルが演説の中で英ソ関係の改善を呼びかけたこと、そして六月二十三日にイーデン外相が再びロカルノ協定に触れたことは、イギリスが徐々にアメリカから離れ、独自の政策をとるようになったことの表れに違いなかった。そこに中国は、イギリスの国際問題に対する考え方の変化を読み取ったのである。

前掲の檔案資料によると、イギリスの東南アジアにおける利益について、中国はこう分析している。

イギリスのアジア・ロカルノ計画は、その中に明らかに我々と対立するものを含んでいる。特に、我々の影響の拡大と東南アジアの民族解放運動の拡大に反対している。しかし同様にアメリカ勢力の侵入にも反対しており、勢力均衡と現状維持の考えに基づいて、制度の異なる国家を平和共存させようともしている。中国はかつての帝国主義ドイツと同じではなく、いわゆる中国の侵略なるものは虚構に過ぎないが、アメリカの侵入の防止については実際的な意義がある。そのためイギリスの出発点がどうであれ、一定の条件のもとでの平和共存と、東南アジア情勢の安定の保持を主張することは、アメリカの侵略政策と戦争政策にとって不利であり、客観的には国際関係の緩和に利するものである。この点において、我々とイギリスには一定程度の共通性が存在している。そのため、イギリスのこうした態度を適性に利用すれば、アメリカをさらに孤立させ、アメリカの東南アジアにおける戦争推進政策に打撃を与え、侵略集団の陰謀計画を押さえ込むのを助け、さらにいくつかの問題について暫定的な解決を得ることができるかもしれない[69]。

中国から見れば、イギリスが提案したアジア版ロカルノ協定は、東南アジアにおける中国の勢力拡大を牽制し、民族解放運動に反対する狙いがあるが、同時にアメリカの侵入に反対する意味合いも含まれていた。イギリスの提案の目的は、表向き中国侵略を防ぐためであるが、その本音は、中国よりもむしろアメリカのアジア進出阻止である。目的はどうであれ、イギリスが社会制度の異なる国同士の平和共存、各国間の勢力均衡の維持、東南アジアの安定維持を志向していることは、アメリカによる戦争推進政策の展開に不利になる。中国はこのような分析に基づき、イギリスをうまく利用すれば、東南アジア地域でアメリカを孤立させ、ひいてはアメリカの東南アジア政策にも打撃を与えることができると考えたのである。[70]

中国は、イギリスの変化は確実なものではなく、かつ限定的であると考えたが、それでも米英間の対立は根本的なものであり、それは今後いっそう拡大していくだろうという見解に傾いていた。中国はこの動向を、イギリス中立化に向けての動きとして重視すべきものであり、「第二次世界大戦後の国際社会の重大な事件」とさえとらえた。[71] イギリスがアメリカ依存から脱却し、これまでにも増して独自の政策をとるようになれば、米英間の対立はさらに深まり、アメリカは西側陣営において一層孤立し、ひいては世界大戦が起こる可能性もさらに低くなるというのが中国の分析であった。[72] これは過度に楽観的な見解であろう。かつて最も強欲な帝国主義国家だった、イデオロギー的には決して和解できないはずのイギリスを、利用できると確信した瞬間に、一切の留保あるいは悲観的見解は一気に後景に退き、楽観的見通しのみが中国外交部の脳裏に浮かんだのであった。

三、「東南アジア条約機構」をめぐる米英対立に対する認識

ジュネーブ会議に出席した周恩来はイーデン英外相に対し、アメリカによって組織された「東南アジア条約機構」(SEATO)について、「西側諸国は東南アジア諸国を二つの反共産主義同盟に分割しようとして」おり、「こうした準備活動はジュネーブ会議の成功を妨害する」ものだと述べ、[73] 早くも警戒感を示した。

しかし同時に中国は、SEATOをめぐっても米英間に対立が存在していると見た。イギリスは、ジュネーブ会議終了までは東南アジア条約機構に参加しないこと、そして東南アジア条約機構を創設するにあたってはイン

ドなどの態度を重視しなくてはならないことを、繰り返し表明した[74]。
イギリスが「東南アジア条約機構」加入に戸惑いを見せた背景を、中国は以下のように分析している。外交部檔案資料 No. 105-00626-01「アメリカによる『東南アジア防衛集団』寄せ集めの近況（原題：美国拼凑『東南亜防禦集団』近況、一九五四年六月三十日）」の中に次のような記載がある。

（アメリカの主張する「東南アジア条約機構」は――引用者）東南アジア地域へのアメリカ勢力の拡大を狙っており、そうなればこの地域における英仏の利益を侵すことになるため、米英、米仏間の対立は深まっている。一方アジアではインド、インドネシア、ビルマなどの国々がアメリカから離れ、中立傾向を強めている。……イギリスはアメリカの率いる東南アジア集団に加入し、アメリカにコントロールされることを望まず、また、朝鮮戦争の経験から、再びインドシナに戦争が起きた場合、その東南アジアにおける政治・経済利益を損なうため、それに巻き込まれることを恐れている。アメリカのアジア地域における勢力が日々増長するのに対抗して、イギリスはインドを中心に、インドネシア、ビルマ、セイロンなどの南アジア諸国とともに南アジア集団を結成しようとし、東南アジア地域における自らの利益を守ろうとしている[75]。

東南アジア条約機構に明確に反対を表明しないまでも、再び戦争が起きて東南アジアにおける自国の政治的・経済的利益が損なわれるのは困るというのが、イギリスの本心であり、インドシナ問題をめぐり米英間には明らかな温度差が存在し、溝はかなり深いと中国は見ていた。中国はイギリスに働きかけることによって、イギリスの「東南アジア条約機構」加入を阻止し、米英間の対立をさらに拡大させ、アメリカの中国封じ込め政策を打ち破ろうとしたのである。

以上の国際情勢、およびイギリスに対する中国側の認識と分析からわかるように、この時期における中国の対外認識には現実的というより楽観的な要素が多く、アメリカとその同盟国の間に存在する対立を過大視する傾向があったことは、明らかである。ジュネーブ会議の直後から、イギリスは、国連加盟問題や禁輸政策において、中国がアメリカ政府に圧力をかけようとし、イギリスに期待を抱いたことをすでに認識していた。[76]ジュネーブ会議中、イーデン英外相は、イギリスがSEATOに参加する用意があることと、英米同盟を継続させていくことを周恩来に説明したにもかかわらず、中国国内ではジュネーブ会議においてアメリカが完全に孤立したことが繰り返し強調されていたことに、イギリスは困惑したのである。[77]イギリスを利用して西側陣営内部の矛盾を拡大させることができると確信した瞬間に、英米を強力に結びつけていた冷戦構造を中国は冷静に観察できなくなった可能性がある。ジュネーブ会議において、新政権として初めて重要な国際会議の舞台に登場し中英関係を前進させたという実績が、中国にこのような対外認識をもたらしたのかもしれない。

第四節　ジュネーブ会議以降における野党労働党との関係

議会制民主主義国家であるイギリスで野党の果たす役割の重要性について、中国指導部はよく認識していた。代理大使の交換が実現したジュネーブ会議以降も、野党労働党との関係を重視し、それを強化していった。

一、野党労働党の中国にとっての重要性

ジュネーブ会議後の対英政策の特徴の一つは、親中派労働党議員への働きかけを強めたことにある。イギリス

労働党は一九五一年まで与党であった。香港や中国における経済的利益を考え、イギリス労働党政権は五〇年一月六日、新中国を承認した。第三章ですでに述べたように朝鮮戦争勃発直後の七月十七日、労働党の首相クレメント・アトリーが率いるイギリス政府は、アメリカに同調して台湾を保護するという約束はしていないことを表明した(78)。こうしたイギリス労働党政権の態度は中国に、米英の立場は台湾問題をめぐって一致していないと認識させた(79)。その後、朝鮮戦争をめぐる国連決議において、アメリカが「中国は侵略者である」と言明したことに対し、イギリス労働党政府は反対する意思を表明した。五一年十月にイギリス労働党は選挙で敗北を喫し野党に転落したが、党内には中国とは平和的な関係を維持すべきだという主張が常に存在しており、五三年の労働党大会において、ソ連と中国に親善訪問団を派遣する決議を可決するに至ったのである(80)。

中国はイギリス労働党の役割を重視していた。一九五四年五月、中国はイギリス労働党に対し、外交学会の名義で訪中するよう要請した(81)。それに対し労働党全国執行委員会(Labour Party National Executive Committee)はすぐに、労働党党首のアトリーを団長とし、総書記のモーガン・フィリップス(Morgan Phillips)、国会議員のウィルフレッド・バーク(Wilfred Burke)、イーディス・サマースキル(Edith Summerskill)、アナイリン・ベヴァン(Aneurin Bevan)などの労働党要人を含む代表団を中国に派遣することを決めた(82)。また、アトリーが率いる労働党代表団が五四年八月に中国を訪問することも、ジュネーブ会議中に正式に公表された。

労働党代表団の訪中について、外交部檔案資料No. 110–00023–07「ジュネーブ会議期間における中英公式および非公式の接触状況(電報)(原題:日内瓦会議期間中国英方官方和半官方接触情況、一九五四年六月一日)」は次のように分析している。

労働党によるアトリー、アナイリン・ベヴァンなどの中国訪問の公表は、すでに各方面から注目されている。アメリカは極めて不満である。このような重大な決定はおそらくチャーチルやイギリス政府の黙認を得たものであろう。とにかく、アトリー、アナイリン・ベヴァンの中国訪問は、非公式でありながら、イギリス側が示した、中国との関係をさらに発展させたいというメッセージであろう。(83)

このように、中国は、労働党員訪中の裏にはイギリス政府の支持があると考えていた。アメリカの反対を押し切ってまで訪中を実現させようという決意の裏に、中英関係を積極的に改善しようというイギリス政府の真意があると読み取ったのである。また、中国はイギリス労働党との関係を強化することによって、イギリス政府の対中政策に影響を与えようとした。SEATOへの加入をめぐっては、イギリス国内に様々な意見が存在していた。オーストラリアやニュージーランドなどの国では、朝鮮戦争とその後の中国のインドシナ地域における活動を見て、共産主義の拡大を阻止すべきであるという声があがった。一方インドなどの国では、SEATOの結成が、せっかくジュネーブ会議がもたらした緊張緩和を、再び緊張に導くのではないかと懸念する反対の声が多かった。(84)イギリス保守党が、アメリカやオーストラリアの主張に同調したのに対し、労働党はインドの主張に賛成した。イギリスのSEATO参加を阻止すれば、アメリカの中国封じ込め政策に打撃を与えることができる。ジュネーブ会議の成果を固め、SEATO結成を阻止しようとする中国は、労働党のSEATO反対の論調を極めて重視し、労働党への働きかけを強めてイギリス政府のSEATO参加の牽制に乗り出した。イギリス労働党員の訪中を成功させようと、中国は各国駐在の中国大使館にイギリス労働党に関する情報を集めるように指示した。(85)

二、中国の労働党政策の目的と関係強化の背景

一九五四年七月に周恩来はイギリス労働党総書記モーガン・フィリップスと会談した際、中国政府がロンドンに代理大使を送ったことにより中英関係は進展したと述べ、「中国政府と人民は中英関係のさらなる発展を望んでいる。イギリス政府および人民とともに努力し、両国の経済・文化交流を深めていくことで両国人民の友好関係を発展させていきたい」と表明し(86)、イギリスとのさらなる関係発展への意思を、労働党側に改めて示した。

一九五四年八月、イギリス労働党代表団の中国訪問が実現した。中英両国の間に正式な外交関係がなかったため、中国政府は外交学会に訪中団の接待を担当させた。また訪中団に関する報道や訪中団への接待も大々的に行われた。代表団到着後開かれたいくつかの宴会に周恩来自ら出席し、また周自身も代表団のために宴会を開き、中国政治協商会議、労働組合、大学、教会、婦人団体の代表らを参加させ、訪中団との交流を深めた。イギリス労働党代表団が明らかに中国政府の賓客として受け入れられたこと、また中国の目的は統一戦線の形成にあることを、イギリス政府は把握していた(87)。

代表団は中国の東北地方などを訪問し、新中国の問題点を指摘しながらも、その発展を認めた。労働党全国執行委員会に提出する報告書の草案の中で、フィリップス総書記は、中国についての印象を次のように述べている。「中国は自身がアジアの大国であること、外交の中心にあることを知っており、そこに存在し続ける意思を持っている。新政府は知識人・中間層・労働者階級などによって支持されているが、この状況は継続していくであろう。それゆえ、自由世界は現実的な政策を構成し、中国理解をさらに深め、対中貿易を大いに推進することが重要である。……中国が共産世界にとどまることは間違いないが、よりいっそう独立した道を歩み、アジアの主導権を獲得するために努力するであろう(88)」。中国はイギリス労働党の訪中を実現させることによって、同党との関

係を深めただけでなく、イギリスを含めた国際社会におけるその影響力を拡大させもしたのである。

イギリス労働党との関係強化の目的は何であったのだろうか。中国指導者と労働党訪中団との談話から、こうした中国側の目的をうかがい知ることができる。

毛沢東と周恩来は自ら労働党代表団と会見した。八月十五日、周は労働党訪中団と会談した際、中国の台湾に関する立場について説明した。会見での周の発言は、外交部檔案資料 No. 110-00027-05「周恩来総理がイギリス労働党代表団に接見し招待をした際の談話記録（原題：周恩来総理接見并宴請英国工党代表団時的談話記録、一九五四年八月十五日）」の中に次のように記載されている。

台湾問題は中国人民の感情に触れやすい問題であり、その現状は中国人民にとって耐えがたいものであるので、賢明なイギリスの友人らに中国人民の感情と意思を理解してもらいたい。……台湾問題で中英の間に新しい論争が起こらないよう、労働党の友人は引き続き努力してほしい。ジュネーブ会議から中英関係はすでに発展し、労働党代表団の訪中は両国の友好をさらに深めることになると信じている。[89]

周恩来は以上のように述べ、台湾問題や中英関係の促進における労働党の役割に期待を寄せた。また彼は相互訪問促進を求める代表団の意見に賛成し、「両国政府の間、党派の間、民間団体の間で相互訪問を行うべきだ」と積極的な姿勢を示した上で、中英関係のさらなる発展、および国連加盟問題について次のように述べている。

これは初めの一歩に過ぎず、労働党の友人にはっきりと言わせてもらえば、イギリスが国連で票を集め、国民党の代表を追い出し、中国代表の国連への参加に賛成しさえすれば、中英両国は大使の交換をすることができる。これは中国の大使交換における唯一の条件である。[90]

これは中英関係をさらに発展させる用意があるとする立場を示したものである。その上で、周恩来は次のようにも述べている。

我々はイギリスが責任をもって我々を国連に送りこんでくれることを望んでいない。なぜなら、たとえイギリスが賛成票を入れてくれても、イギリスは依然として少数派だからである。[91]

国連から国民政府の代表を追い出し、中国代表の国連参加に賛成することを大使交換における唯一の条件にしたことから、対英政策における台湾問題の重要度の高さをうかがい知ることができる。また、中国の国連加盟それ自体より、この問題に対するイギリスの態度の方がより重要であるとする中国の姿勢も読み取れる。すなわち、イギリスがアメリカと異なる姿勢を世界に示すことが中国にとって意味があった。台湾問題をめぐってイギリスがアメリカと異なる立場をとったならば、多くの西側諸国に与えるイギリスの影響力は大きいに違いない。中国問題、特に台湾問題をめぐる西側諸国の足並みを乱すことこそ中国の真の目的だったのである。

一九五四年八月二十四日、イギリス労働党訪中代表団と会見した際、毛沢東は労働党に対しアメリカの中国政策を変えさせること、アメリカに圧力をかけ、台湾海峡から第七艦隊を撤退させること、イギリスがＳＥＡＴＯに参加しないことを求めた。[92] また、ソ連側に歩み寄るようイギリスを説得した。毛はイギリス労働党のソ連に対する認識は適切ではないと述べ、イギリスが主張する中国のソ連離脱よりも、「イギリスがソ連に歩み寄るべきだ」という提案を代表団に示した[93]。そして、「大国アメリカが平和を望まないと、我々は平穏な生活が得られない」と述べ、英仏と中ソが一致協力してアメリカを説得することを提案した。その上で、毛沢東は、イギリスは米中関係の緊張緩和に役割を果たせると述べ、アメリカを台湾海峡から撤退させるよう協力を要請した[94]。

以上のことから明確になったことは、中国のこの時期の一連の行動は、イギリスの協力によってアメリカを台湾地域から撤退させ、国際情勢、特に台湾海峡情勢を緩和させたいという思惑が背後にあったという点である。

また、労働党代表団に対して毛沢東は「我々はあなたたちを打倒するつもりはない。たとえそういうことがあったとしても、それはイギリスの労働者階級のやることである。イギリス労働者の大多数はまだあなたたちを信じている」と述べた[95]。毛は「私たちは二つの道を歩んでいるが、友だちになろう。経済面だけでなく、政治面でも協力しよう」と平和共存を呼びかけた[96]。同じ日に周恩来総理も同代表団と会見し、「イデオロギーの相違と政治協力とは別々に対処すべきで、イデオロギーが異なる国同士でも、政党同士の協力を妨げてはならない。双方に一定の共通認識さえあれば、政治的に協力する基礎は存在している」と指摘し[97]、改めて平和共存を呼びかけた。

このように、中国側がイギリス労働党に求めたものは、実際にはイギリス政府に求めたものと同様である。イギリス政府と直接に交渉しにくい状況下で中国は、イギリス政府に伝えたいことを労働党議員に託した。中英政府間に接触ルートが少ない時期に、それらの議員は中英間のパイプ役を果たしたのである。中国のイギリス労働党に対する働きかけが、中国の対英外交の一環として展開されたことは明らかだといえる。

中国の指導者たちがイギリス労働党と会談した内容から、この時期における中国の対英政策の重点は以下の二つにあると思われる。一つはイギリスから中国の全面承認を獲得することである。イギリスをヨーロッパ方面での突破口とし、国連加盟問題や台湾問題においてアメリカと異なる言動をとらせるよう働きかけることで、中国問題をめぐってアメリカを孤立させ、最終的にアメリカの中国不承認政策を失敗させることを目指したのである。もう一つは、イギリスが米中の仲介役になるよう仕向けることである。中国は、「アメリカが台湾海峡から撤退する以外に台湾問題の解決はない」と繰り返し強調してきたが、これについて中国はイギリスに対し、台湾海峡からの撤退をアメリカに説得するよう要請した。

実は、九カ月前の一九五三年十二月にイギリス労働党総書記のフィリップスが労働党代表団の正式訪中を中国側に打診した際[98]、中国側は積極的な回答をしなかった[99]。だが、翌年夏以降、イギリス労働党に対する中国からの接触は積極的なものに転じたのであった。この変化の背景には次のようなことがあると考えられる。

第一に、国際社会に登場するようになった中国が、自国の立場に同情する労働党の支持を獲得することがいかに重要であるかを、より強く認識したことである。イギリス労働党は一貫して蔣介石率いる国民政府に対して懐疑的な態度を保ち、一九四三年のカイロ宣言に基づき、台湾と澎湖諸島を中国に返還すべきであると主張してきた。五三年九月のラジオ番組においてアトリーは、蔣介石国民政府の国連の議席を人民政府に譲るべきであると表明した[100]。労働党の中には「中英関係の改善に力を尽くす」と表明した労働党議員も存在し、彼らの主張こそ中国にとって有利であることを、中国は再認識したのである[101]。

第二に、ジュネーブ会議で中国が、イギリスとの関係に手応えを感じていたことである。中国は、対英政策を全面的に積極化していくことにより、それまでの中英関係を維持し、よりいっそう促進させようとしていた。アメリカの影響力のせいで、英政府との直接交流が困難な状況下における労働党の訪中は、まさにイギリス政府の意思を反映したものであると考えたがゆえに、中国は対英政策強化の一環としてこの訪中団に積極的な働きかけを行ったのだと考えられる。中国はイギリス労働党の訪中団を好意的に受け入れることによって、中英関係をさらに前進させ、ジュネーブ会議の成果を強固なものにしようとした[102]。

第三に、この時期は、アメリカがイギリスを東南アジア条約機構（ＳＥＡＴＯ）に参加させようとしていたが、イギリス議会において労働党の支持を獲得しない限り、イギリス政府がその条約に参加するのは困難であると中国は考えていたことである[103]。一九五四年七月、イギリス議会において、アトリーはアメリカに対し、蔣介石政権を復活させるための戦争をしないよう勧告した[104]。中国は、イギリス野党との関係を強化することによって、親中派労働党議員にイギリス議会で力を発揮させ、アメリカの中国封じ込め計画を阻止すると同時に、イギリス政府の対中政策に圧力をかけようとしたのである。

一九五四年十月、労働党代表団は中国から帰国後、イギリス国民に対し中国の現状を紹介したが、そこで彼らは、中国の国家建設には機関車・船舶といった交通機関のほかに化学肥料も必要であると伝えただけでなく、中国の国民生活が向上したことなどにも触れ、新中国の成果を強調した[105]。このように中国は労働党との関係を強化することでイギリス政府の対中政策に圧力をかけ、それとともに中国の影響力をイギリス政府内において拡大させたのである。

禁輸政策の打破を目指して、ジュネーブ会議後も中国はこの政策に対する非難を続けた。イギリス、フランスなど西側諸国の多くは第二次世界大戦で経済的に大きな打撃を受けたため、対中貿易解禁に比較的積極的な態度を示していた。そこで中国は、イギリスに対し貿易の再開を呼びかけ、アメリカ主導の禁輸政策に揺さぶりをかけようとした。

ジュネーブ会議後、中国政府は自ら発行する英文雑誌の『人民中国（People's China）』で、アメリカの禁輸政策を批判した。一九五四年六月十六日に掲載した「平和と貿易のために（For Peace and Trade）」と題する論文は、「資本主義諸国との貿易関係は大きな発展を遂げたものの、アメリカの禁輸政策の存在でその発展が十分に達成されてこなかった。そのため、アメリカの禁輸政策は中国と西側諸国との貿易関係における最大の障害になっている」と述べ、アメリカの禁輸政策は貿易関係の発展をはばんでいるとした[106]。また「イギリスがアメリカに追随して禁輸政策をとった結果、すでに輸出に頼っていたイギリス経済は困難な状況に陥り、イギリスの商社、メーカーおよび国民に多大な損失をもたらした。中国は、対外貿易の促進がイギリス製造業の輸出に利益をもたらすだけではなく、国内経済の促進にもつながると考える」と指摘し[107]、アメリカの禁輸政策をその点からも批判した。八月一日に同誌に掲載された「中英貿易における巨大な潜在力（The Vast Possibilities of Sino-British Trade）」という論文で、中英のさらなる貿易の展開を呼びかけた。同論文は、「ソ連・中国の経済発展に伴い、イギリスとの貿易活動の将来性は高まるであろう。その上で忘れてはならないのは、中国市場をめぐる資本主義諸国間の競争が激しくなっていくであろうことである」と指摘し[108]、中国市場の魅力を強調した。その上で、「イギリスが直面している困難な状況は、イギリス自らが招いたものである。イギリスおよびその他の資本主義諸国は民主主義諸国という大きな市場から切り離され、その製品をアメリカにしか売れなくなった。そのためアメリカは最大のバイヤーとして値段を下げさせ、関税を高めることで、輸出に依存する国に大きな経済的損失をもたらした」と指摘した[109]。さらに、八月二十日、中国国際貿易促進委員会事務総長の冀朝鼎は、自らの論文の中で中英貿易の発展の事実に触れながら、「この傾向を維持していくことは、中国の第一次五カ年計画の完成にも、イギリスの経済復興にも有益なことである」と述べ、中英貿易のさらなる拡大を呼びかけた[110]。

一九五四年夏、中国はイギリスに貿易代表団を送り、それまでイギリス側が提案していた決済方法に対し積極的な態度を見せた[111]。その年の秋、ロンドンに中国の連絡事務所が開設され、商務事務所も置かれた。イギリス側も中英貿易委員会（Sino-British Trade Committee）を設立した。同年十一月に同委員会は代表団を中国に送り、翌年の三月にも再度代表団を送った。この時期の中英貿易の展開にはイギリスの非政府機関が重要な役割を果たしたのである。

その後、中国のメディアはアメリカの外交政策に対する非難をいっそう強めていく。この時期の中国メディアは西側陣営内部の相互関係を分析することに重点を置き、その中にはアメリカの外交政策とその目的を論じたものが少なくなかった。

一方、こうした中国の動きは、西側諸国との政治的関係改善の勢いに乗って、アメリカと西側諸国の間に楔を打ち込み、さらにアメリカの禁輸政策を攻撃することで「非共産国に存在する、戦略物資制限に不満を持っている勢力を結集し、最終的には西側の全体的な防衛計画を切り崩そうとした」ものである、という認識がイギリス側にすでに現れていた[112]。

このように、ジュネーブ会議後、中国は米英間の対立が高まったという認識あるいは願望に基づき、対英関係改善を加速化させたのである。イギリス政府との正式な関係を持っていなかったこの時期に、中国は野党の労働党との関係を強化することによって、イギリス政府の対中政策に影響を与えようとしたのである。その一方で、貿易関係の発展を呼びかけることによって、アメリカの禁輸政策に打撃を与えようとした。労働党との関係強化であれ、禁輸政策への非難であれ、いずれも最終的にはアメリカの中国に対する敵対的意図を挫折させることを目的として展開されていたことは、明らかである。

(1) Arthur Doak Barnett, *Communist China and Asia*, New York: Vintage Books, 1961, pp. 97–98.
(2) 「我們的外交方針和任務（一九五二年四月三〇日）」、中華人民共和国外交部、中共中央文献研究室編『周恩来外交文選』、北京：中央文献出版社、一九九〇年、五二頁。宋恩繁・黎家松『中華人民共和国外交大事記』第一巻、北京：世界知識出版社、一九九七年、一〇〇頁。
(3) 牛軍「新中国外交的形成及主要特徴」、『歴史研究』第五期、一九九九年、三九頁。
(4) Barnett, *Communist China and Asia*, p. 96.
(5) 「今天国際上的主要矛盾是戦争与平和問題（一九五三年六月五日）」、『周恩来外交文選』、六二頁。
(6) 同右、一〇〇頁。
(7) 同右、六二頁。
(8) Humphery Trevelyan, *Living with the Communists*, Boston: Gambit, 1971, p. 70.
(9) 宋・黎『中華人民共和国外交大事記』第一巻、一四八—一四九頁。
(10) Evan Luard, *Britain and China*, London: Chatto & Windus, 1962, p. 101.
(11) *Ibid.*, pp. 101–102.
(12) 「与英国建交的問題（一九五三年五月八日）」、外交部檔案資料 No. 110-00235-10。
(13) 同右。
(14) 同右。
(15) 中共中央党史研究室編『張聞天年譜１９４２−１９７６』下巻、北京：中共党史出版社、二〇〇〇年、九三〇頁。
(16) 同右。
(17) 「我対英態度如何作適当的扭轉（一九五三年四月二十八日）」、外交部檔案資料 No. 110-00235-10。
(18) 同右。
(19) 同右。
(20) 宋・黎『中華人民共和国外交大事記』第一巻、一二二頁。

（21）Peking to OF, 25 August 1953, FO371 105225 FC1051/22.
（22）Trevelyan to Scott, 27 August 1953, FO371 105225 FC1051/29.
（23）「推進中英関係、争取和平合作（一九五四年八月十二日）」、『周恩来外交文選』、八二頁。
（24）同右、八〇頁。
（25）熊向暉『我的情報与外交生涯』、北京：中共党史出版社、二〇〇六年、九二頁。
（26）徐京利『解密中国外交檔案』、北京：中国檔案出版社、二〇〇五年、二八〇―二八一頁。
（27）「周恩来会見英国議員威尓遜・羅伯遜談話記要（一九五四年五月三十日）」、中華人民共和国外交部檔案館編『中華人民共和国外交檔案選編　1954年日内瓦会議』第一集、北京：世界知識出版社、二〇〇六年、四一二頁。
（28）同右、四一三頁。
（29）「駐英使館関於与英国建交問題的分析的電報（一九五四年一月二十二日）」、外交部檔案資料 No. 110–00023–01。「周恩来関於代表団与英方接触情況致毛沢東・劉少奇並報中央的電報（一九五四年六月一日）」、『中華人民共和国外交檔案選編　1954年日内瓦会議』第一集、四一五頁。
（30）「駐英使館関於与英国建交問題的分析的電報（一九五四年一月二十二日）」、外交部檔案資料 No. 110–00023–01。
（31）同右。
（32）「周恩来関於代表団与英方接触情況致毛沢東・劉少奇並報中央的電報（一九五四年六月一日）」、『中華人民共和国外交檔案選編　1954年日内瓦会議』第一集、四一五頁。
（33）同右、四一五頁。「中国英国建交関係情況総結（電報）（一九五四年六月九日）」、外交部檔案資料 No. 110–00023–13。
（34）「駐英使館関於与英国建交問題的分析的電報（一九五四年一月二十二日）」、外交部檔案資料 No. 110–00023–01。
（35）Allen to Trevelyan, 24 February 1954, FO371 110245 FC1051/1.
（36）「宦郷会見杜維廉談話記録（一九五四年五月三日）」、『中華人民共和国外交檔案選編　1954年日内瓦会議』第一集、四〇二―四〇七頁。
（37）「宦郷会見杜維廉談話記録（一九五四年五月十七日）」、同右、四一〇―四一二頁。

(38) 同右。

(39) 「周恩来就与艾登談我派代表駐倫敦事致毛沢東・劉少奇並報中央的電報（一九五四年六月三日）」、中華人民共和国檔案館、人民画報社編『解密外交文献―中華人民共和国建交檔案１９４９-１９５５』、北京：中国画報出版社、二〇〇六年、四八五頁。

(40) Smith to State Department, 2 June 1954, *FRUS*, 1952–1954, Vol. XVI, p. 1011.

(41) 「宦郷会見杜維廉談話記録（一九五四年六月四日）」、『解密外交文献』、四八六頁。

(42) 六月四日に中国側は、中英協議の結果を共同声明で世界に公表すると提案した。しかし、アメリカ国内においてイギリスがジュネーブ会議でとった態度および東南アジア条約への態度に対し不満の声が上がったこと、イギリス政府内の親米派からチャーチルとイーデンに対し圧力がかかったこと、もとよりアメリカを刺激したくないこと、などの理由からイギリスは中国の提案になかなか回答しなかった。その結果、六月十五日には朝鮮問題に関する決議は採択できなかった。その直後、チャーチルとイーデンの訪米が発表された。中国への刺激を避けるため、十七日の朝イギリスは、中英関係に関する声明を同日中に発表する用意があると中国側に伝えたのである。「周恩来関於発表派外交人員駐倫敦事致毛沢東・劉少奇並報中央的電報（一九五四年六月十七日）」、『中華人民共和国外交檔案選編　１９５４年日内瓦会議』第一集、四二八―四二九頁を参照。

(43) 「周恩来就発表我派外交人員駐倫敦公報事致毛沢東・劉少奇・中共中央及外交部的電報（一九五四年六月十七日）」、『解密外交文献』、四八八―四八九頁。

(44) 「取得関於我国政府派遣代辦駐倫敦的協議」、『人民日報』、一九五四年六月十八日。

(45) Trevelyan, *Living with the Communists*, p. 83.

(46) FC 1386/8, Shooting down near Hainan of a Cathay Pacific Airways Airliner, Peking, 24 July 1954.

(47) FC 1386/12, Mr. Trevelyan to Mr. Eden. Peking, 26 July 1954.

(48) *Ibid.*

(49) *Ibid.*

(50) 「周恩来会見英国議員威尓遜・羅伯遜談話記要（一九五四年五月三十日）」、『中華人民共和国外交檔案選編　１９５４年日内瓦会議』第一集、四一三頁。

（51）同右。
（52）「日内瓦会議期間中国英方官方和半官方接触情況（電報）（一九五四年六月一日）」外交部檔案資料 No. 110–00023–07。
（53）「雷任民会見杜維廉・泰倫脱談話記録（一九五四年五月六日）」、『中華人民共和国外交檔案選編　１９５４年日内瓦会議』第一集、四〇八―四〇九頁。
（54）同右。
（55）Trevelyan, *Living with the Communists*, pp. 82–83.
（56）*Manchester Guardian*, 2 and 3 June 1954.
（57）宋・黎『中華人民共和国外交大事記』第一巻、一三八頁。
（58）蘇新「消除東西方貿易的人為障害」、『人民日報』、一九五五年九月二十八日。
（59）「周恩来関於代表団与英方接触情況致毛沢東・劉少奇並報中央的電報（一九五四年六月一日）」、『中華人民共和国外交檔案選編　１９５４年日内瓦会議』第一集、四一五頁。
（60）同右、四一八頁。
（61）同右。
（62）「周恩来関於発表派外交人員駐倫敦事致毛沢東・劉少奇並報中央的電報（一九五四年六月十七日）」、同右、四二九頁。
（63）中共中央文献研究室編『毛沢東伝一九四九―一九七六（上）』、北京：中共中央文献出版社、二〇〇〇年、五六〇頁。
（64）「毛沢東在中共中央政治局拡大会議上的講話（一九五四年七月七日）」、宮力「５０年代的台湾海峡緊張局勢及中国采取的対策」、姜長斌、羅伯特・羅斯主編『１９５５―１９７１年的中美関係』、北京：世界知識出版社、一九九八年、二九頁。
（65）『毛沢東伝一九四九―一九七六（上）』、五六二―五六三頁。
（66）宋・黎『中華人民共和国外交大事記』第一巻、一六六頁。
（67）「英国的所謂亜洲洛迦諾計画（一九五四年七月四日）」、外交部檔案資料 No. 110–00244–03。
（68）同右。
（69）同右。

(70) 同右。
(71) 同右。
(72) 同右。
(73) Anthony Eden, *Full Circle: The Memory of Anthony Eden*, London: Cassell, 1960, pp. 141–142.
(74) 「美国拼凑『東南亜防禦集団』近況（一九五四年六月三十日）」、外交部檔案資料 No. 105–00626–01。
(75) 同右。
(76) FC 1011/2, China: Annual Review for 1954, Mr. Trevelyan to Sir Anthony Eden, Peking, 10 January 1955.
(77) *Ibid.*
(78) 「朝鮮事件発生後英国対台湾的態度（一九五〇年六月二十八日—七月二十七日）」、外交部外交檔案 No. 110–00024–19。
(79) 「中国英国建交談判中我対英政策的意見（一九五〇年八月四日）」、外交部外交檔案 No. 110–00024–17。
(80) Tom Buchanan, *East Wind: China and the British Left, 1925-1976*, Oxford; New York: Oxford University Press, 2012, p. 149.
(81) 「推進中英関係、争取和平合作（一九五四年八月十二日）」、『周恩来外交文選』、七九頁。
(82) Buchanan, *East Wind*, p. 149.
(83) 「日内瓦会議期間中国英方官方和半官方接触情況（電報）（一九五四年六月一日）」、外交部檔案資料 No. 110–00023–07。また、「推進中英関係、争取和平合作（一九五四年八月十二日）」、『周恩来外交文選』七九—八〇頁および「周恩来関於代表団与英方接触情況致毛沢東・劉少奇並報中央的電報（一九五四年六月一日）」、『中華人民共和国外交檔案選編　１９５４年日内瓦会議』第一集、四一五頁を参照。
(84) Robert Boardman, *Britain and the People's Republic of China 1949–74*, London: Macmillan Press, 1976, pp. 65–74.
(85) 「為準備接待英国工党代表団請我駐外使館了解有関情況（電報）（一九五四年六月二十三日）」、外交部檔案資料 No. 110–00241–02。
(86) 宋・黎『中華人民共和国外交大事記』第一巻、一五一頁。
(87) FC 1052/14, Visit of British Labour Party Delegation to China, Peking, 16 August 1954.

(88) Buchanan, *East Wind*, p. 152.

(89) 「周恩来総理接見並宴請英国工党代表団時的談話記録（一九五四年八月十五日）」、外交部檔案資料 No. 110–00027–05。

(90) 同右。

(91) 同右。

(92) Trevelyan, *Living with the Communists*, p. 131.

(93) 「関於中間地帯・和平共処以及中英中美関係問題（一九五四年八月二十四日）」、中華人民共和国外交部、中共中央文献研究室編『毛沢東外交文選』、北京：中央文献出版社・世界知識出版社、一九九四年、一六一頁。

(94) 同右、一六一―一六二頁。

(95) 「毛沢東主席接見英国工党代表団談話記録（一九五四年八月二十四日）」、外交部檔案資料 No. 110–00027–01。

(96) 同右。

(97) 宋・黎『中華人民共和国外交大事記』第一巻、一五八頁。

(98) 「英工党擬派代表団来中国（電報）（一九五三年十二月四日）」、外交部檔案資料 No. 110–00026–01。

(99) 「英工党擬派代表団来中国（電報）（一九五四年一月二日）」、外交部檔案資料 No. 110–00026–01。

(100) *Daily Worker*, 21 September 1953.

(101) 「関於英中友協訪華団的情況彙報」第一号、外交部檔案資料 No. 110–00177–01。

(102) 「推進中英関係、争取和平合作（一九五四年八月十二日）」、前掲『周恩来外交文選』、八一頁。

(103) 「周恩来総理接見英国工党代表団談話記録（一九五四年八月十四日）」、外交部檔案資料 No. 110–00027–03。

(104) *House of Commons Debates*, vol. 530, 14 July 1954, cols. 483–488.

(105) "The China Trip" (Report by the Labour Delegation), *Socialist Advance*, October 1954.

(106) Yeh Chou, "For Peace and Trade", *People's China*, 16 June 1954, pp. 3–6.

(107) Ibid.

(108) "The Vast Possibilities of Sino-British Trade", *People's China*, 1 August 1954.

(109) Ibid.
(110) 冀朝鼎「拡展中英貿易的巨大可能性」、『世界知識』第一六期、一九五四年八月二十日。
(111) *Financial Times*, 10 June 1954.
(112) *House of Commons Debates*, vol. 495, 4 February 1955, col.639.

第四章

台湾海峡危機と中英関係——関係冷却化への対応

中国はイギリスとの関係改善を加速させたが、ジュネーブ会議直後に、両国関係のこれ以上の発展は難しいとする認識が、早くもイギリス側に浮上してきた(1)。そして第一次台湾海峡危機後、イギリスの対中国政策には微妙な変化が現れ、中英関係は徐々に冷え込んでいった。以下では、第一次台湾海峡危機から第二次台湾海峡危機までの中国の対英政策を考察していく。

第一節　「台湾地位未定論」の台頭と中英関係の冷却化

一、対米関係の行き詰まりと第一次台湾海峡危機

ジュネーブ会議は、新中国が正式に参加した初の国際会議であり、会議に出席した周恩来に、毛沢東はアメリカと接触するよう指示した(2)。朝鮮戦争停戦から一年も経たないうちに、中国はすでに対米関係の打開を模索して

いたことになる。アメリカは中国の安全保障を脅かし、人民政府の正統性を認めようとしないと認識した中国は、一方で米中の緊張緩和のためには、アメリカ政府のトップと定期的に対話する必要があるとも考えていた(3)。中国は、アメリカの賛成なしには国際社会から人民政府が承認を得ることが難しいと認識するようになり、米中関係改善に踏み出したと思われる。

ジュネーブ会議以降、毛沢東は平和五原則を唱えるようになった。当時ソ連は、核戦争を回避しなければならないという前提で、西側諸国との平和共存をその長期的外交方針としていた(4)。中国が平和共存を唱えた背景には対ソ協調の側面があったことは確かだが、アメリカとの戦争の回避を一貫して望んでいたこともある。毛は「十五年あれば、ソ連はアメリカを追い越し、中国はイギリスを追い越す」、「結局、我々は平和な時間を十五年間獲得しなければならない。……〔十五年後の〕その時、我々は天下無敵になり、敢えて我々と戦おうとする人はいなくなり、世界は真の恒久的平和を獲得する」と述べた(5)。しかしながら実際には中国は、自国の強化に相当の時間がかかると考えており(6)、この時期の中国にとっての平和共存とは、戦争に備えて経済を構築するための時間稼ぎであり、真に目標とするものではなかったといえよう(7)。

中国は一方で平和共存を唱えながら、台湾問題における強硬姿勢を変えなかった。朝鮮戦争の勃発によって台湾問題は一時的に棚上げされたものの、台湾問題を解決し、国家統一を実現することが中国がやり遂げようとした課題の一つであったことは一貫している。ジュネーブ会議前後、アメリカと国民政府との間に「米華相互防衛条約」を締結する可能性が浮上した。南北朝鮮の分断がほぼ固定化し、インドシナ戦争の停戦ラインも結局南北ベトナムの境界線となってゆく中で、大陸と台湾の分断も固定化されてしまうと考え(8)、中国指導部はアメリカによる「米華相互防衛条約」の締結を強く警戒した。そこでジュネーブ会議の直後に、毛沢東は周恩来に次のような電報を送った。「朝鮮戦争停戦後、我々がただちに『台湾解放』の任務を打ち出さなかったことは、適当でなかった。もしこの任務に今すぐ取りかからなければ、我々は深刻な政治的過ちを犯すであろう」[9]。また、一九五四年七月七日に行われた政治局拡大会議において、毛は米中関係に触れ、次のように述べた。「対米関係における具体的な問題の一つは台湾問題である。これは長期的な問題である。我々は米・蔣間の条約締結を打ち砕かなくてはならない。方法を練り、宣伝を強め、海外の中国人との接触を含め、外交面においてはっきりした態度を示さなくてはならない。このすべては米・蔣条約を締結させないためである」[10]。アメリカと国民政府が条約を結べば、米中の緊張関係は長引きこそすれ、緩和する可能性は小さくなる一方となる。そうなれば台湾問題解決はさらに先延ばしせざるを得なくなる。毛はそれを危惧していた。

ジュネーブ会議が終了した直後、毛沢東が台湾問題の解決はこれ以上先延ばしできないと述べたのを受け、七月二十三日の『人民日報』は「中国人民が必ず台湾を解放する」という一文を掲載した[11]。八月、台湾問題に対する揺るぎない立場を世界に示すために、中国は国内において凄まじい宣伝活動を行い、同年の九月三日、人民解放軍が金門島を砲撃して第一次台湾海峡危機が勃発した。

アメリカとイギリスには、中国が台湾海峡で砲撃を行ったことは、武力によって台湾問題を解決しようとしているように見えた。しかし中国の意図は別のところにあった。まず国内的にはそれによって国民の動員を行うとともに[12]、対外的には自分たちは「米華相互防衛条約」締結に反対で、台湾問題は中国の国内問題であると印象づけようとしたのである。金焰の研究によれば、毛沢東が「台湾解放」のスローガンを打ち出したのは、朝鮮戦争後しばらく台湾海峡での大規模な戦闘は行わないという中共中央の方針を覆したものではなく、主に政治的な意図によるものであったという[13]。さらに宮力の研究によれば、毛沢東は「アメリカに逆らう方がむしろ問題を解決しやすくできる」と考え、砲撃も中国の政治的・外交的な戦略に基づいており、最終的な目的は緊張緩和にあったという[14]。すなわち、砲撃は金門諸島を奪い取るためではなく、国民政府に打撃を与えることによって、中国は台湾問題に強い関心を持ち、自国の国内問題ととらえていることを国際社会に知らしめることで、その解決を進展させようとしたためだ、としている[15]。

しかし砲撃は、かえって「米華相互防衛条約」の締結を加速させることとなった。イギリスの東南アジア条約機構（ＳＥＡＴＯ）参加が確実になると、『人民日報』は「『東南アジア条約機構』は中国人民を敵視する侵略集団である」と論断し[16]、また条約の性質について、「（東南アジア条約機構の）メンバー構成、アジア諸国への内政干渉に対する容認方針、および経済援助手段から明確にわかるように、条約は侵略的かつ植民地主義的なものである」と強く非難した[17]。

二、台湾問題をめぐる中英の対立と「台湾地位未定論」の台頭

東南アジア地域の安定の維持が自国の利益につながるという立場から、イギリスは第一次台湾海峡危機が勃発した後も、この危機をエスカレートさせないよう米中を説得した。イギリスは台湾海峡において「危機的状況が形成されつつある」ことを認識し、米中関係が改善するよう仲介しようとした。一九五五年二月二十八日、イギリスの駐中国代理大使のハンフリー・トレベリアンは、もし中国政府が、「台湾地域に対する権利を主張する」が、「武力で台湾問題を解決するつもりはない」ことを表明するならば、イギリスは米中の間に立って関係改善を仲介する用意があること、そして、中国が以上のような条件を受け入れるなら、イーデン外相自ら香港に行き、そこで周恩来と台湾問題の平和的解決について会談する用意があるという、イーデンからのメッセージを中国側

に伝えた[18]。

イギリスのこの提案に対し周恩来は、検討すると表明したが、危機的状況はアメリカによるものであって、台湾問題の解決はアメリカが侵略政策をあきらめ、中国と交渉するほかにないと強く主張した。アメリカは戦争の脅威で中国を脅かしているのだから、たとえイギリスがアメリカのやり方を支持したとしても、中国は決してそれを受け入れないと断言した[19]。その上で周は、中国とイギリスの論争は主にアメリカに関する問題をめぐるものであって、中国政府はイギリスとの関係を改善したくないわけではないが、「中国の権益を犠牲にしてアメリカと取引をさせようとしている」イギリス政府の態度については批判した[20]。このように、中国が主張する台湾問題の平和的解決は、アメリカが台湾から自発的に撤退することを意味していたのであり、イギリスの主張する「武力放棄」という解決法とは根本的に対立するものであった。台湾問題は中国にとって原則の問題であるため、中国側は譲歩することはできず、一貫して相手から譲歩を引き出そうとし続けたのである。中国は台湾問題にこだわりすぎた結果、対英関係において選択肢が限られてしまい、中英関係をそれ以上発展させることが難しくなったのである。

イギリスは、台湾地域が中国の支配下に入った場合、日本も含む東南アジア諸国に政治的な混乱をもたらし、政治的安定を維持するのは難しくなると認識するようになった[21]。そこで、台湾を大陸侵略の拠点としないことを国際協定の形で取り決めるかわりに、中国に台湾統一を放棄させようと考えていた[22]。だが、駐中国代理大使のトレベリアンは、イギリス外務省への報告の中で、中国の台湾に関する立場は統一以外ないこと、台湾を支持するアメリカを脅威（中国の東南アジア進出に立ちはだかる障壁）ととらえていることを述べ[23]、中国に台湾統一を放棄させることが現実的に不可能であるとの考えを示した。こうした中、イギリスの対中政策に変化が起きたのである。

一九五五年一月、イギリス国会においてイーデン外相は台湾を他の中国大陸部と区別すべきだと主張した。イーデンは次のように述べた。

二十世紀以降、台湾は中国の一部になったことがない。一九四三年の「カイロ宣言」によって、第二次世界大戦後に台湾を中国に返還すると表明したが、中国の合法的代表であると主張する政治実体が二つ存在し、大国間でこの二つの政治実体に関する認識が一致しなかったため、いまだに中国への台湾返還は実現できていない。一九四五年に中国軍が台湾地域に進入したことは、台湾の主権帰属に何の変化ももたらしていないし、当該地域の状況改善も進んでいない。一九五二年四月の「日華平和条約」の締結によって、日本は台湾に関するすべての権利を正式に放棄したとイギリス政府は理解している。結論からいえば、台湾および澎湖諸島の主権は「未定」であり、「決定」されていないものである。[24]

台湾海峡危機の勃発後、中国に対するイギリス国内の世論は厳しさを増した。戦略的価値のある台湾を、共産政権に引き渡す理由はどこにもないという声がある一方、ジュネーブ会議以来緩和されていたアジア地域の緊張を再び高めることになるのではないかという懸念から、中国への慎重な対応を求める声もあった。[25] つまり台湾は中国の一部であることは認めるが、中国が武力で台湾を奪還しようとすれば、アメリカの武力介入を招きかねないという懸念である。このような状況に直面して、イギリス労働党の態度にも変化が起きた。一九五五年一月三十一日、クレメント・アトリー党主が、台湾が中米双方にとって重要な戦略的意義を持っていることに鑑み、「台湾の人々が自らの将来を決めるための公正な国民投票が実現できるようになるまで、中立的な組織に管理されるべきである」と台湾問題に関する野党労働党の立場を表明したのである。[26]

このように、「台湾は中国の一部である」という中国の主張に対し、イギリス政府内部では「台湾地位未定論」という主張が高まり、イギリス政府は武力で台湾問題を解決しようとする中国の姿勢を非難するようになった。[27]アメリカの反対によって、イギリスはかつて自ら提案したアジア版ロカルノ協定（これについては中国も支持していた）を放棄し、むしろ中国を牽制する意味合いを含む東南アジア条約機構をアメリカと締結した。[28]イギリスがSEATOに参加した背景には、朝鮮半島やインドシナ地域での中国の活動から中国共産主義勢力がアジア地域へ介入する能力は十分にあると認めざるを得ないというイギリスの観測があり、マラヤおよび香港でのイギリスの利益を守るためにはSEATO参加が有利であるとの判断があったのである。[29]

それまで中国は、アメリカ軍が台湾海峡から撤退しない限り同海峡をめぐる緊迫した情勢を緩和できないと考え、アメリカの撤退に向けイギリスが動くことに大いに期待していた。そのため当時のイギリスの言動は中国にとって受け入れがたいものであり、[30]イギリスに対する中国側の不満は高まった。

一九五四年九月二十三日、周恩来は第一回全国人民代表大会第一次会議で「政府工作報告」を発表し、さらに同年十二月二十一日、中国人民政治協商会議第二次全国委員会において「政治報告」を行ったが、その中で二度にわたって中英関係について触れている。すなわち、ジュネーブ会議後、中英両国の努力によって両国の関係が進展したことを評価しながらも、「近来、イギリス政府は重大な局面において侵略集団アメリカの危険な政策に懸命に追随しようとしている。特にアメリカが中国領土である台湾を侵略した問題において、イギリス政府はアメリカと蔣介石による『共同防衛条約（米華相互防衛条約）』を支持し、アメリカの台湾占領を助けている。…（中略）…これは中英関係に重大な損害をもたらしている」とイギリスを非難したのである。[31]

一九五四年十二月、アメリカと国民政府との間に「米華相互防衛条約」が締結されたが、イギリスがこの条約を支持すると表明したため、それ以降中英関係には険悪なムードが漂った。[32] 五五年二月にバンコクで開かれたSEATO設立の会議において、イギリスが再び主導的な役割を果たしたため、中国側の不満は高まった。同月、周恩来はイギリスの駐中国代理大使と会見し「イギリスはアメリカと共同で中国を脅かしている」と不満の意を伝えた。[33] 周は、台湾海峡をめぐる緊張はアメリカの侵略によるものであるのに、「イギリスはアメリカを恐れてその侵略行為を非難できず、中国だけを非難している」、「アメリカがこのように露骨に中国人を侮ることができるのはイギリスの支持があるからである」と述べた。[34] このように中国はイギリス国内において「二つの中国」政策が定着したと見るようになった。

中国はまずメディアを通じてイギリスに不満を伝えた。その矛先はイギリス政府だけでなく、野党労働党にも向けられた。それまでの中国メディアはイギリスとの関係を極めて重視していたためイギリスを比較的好意的に扱っていたが、この時期以降イギリス国内の台湾問題に関する議論を頻繁に報道し、「イギリスはアメリカの侵略者集団に加担している」と不満をあらわにするようになった。[35]『人民日報』は、「ネヴィル・チェンバレンがチェコスロバキアに圧力を加え、ズデーテン地方をヒトラーに割譲したように、イーデンは懸命にアメリカの台湾占領を既成事実として中国人民に認めさせようとしている」と批判した。[36]

このように、金門島砲撃自体は結局宣伝の役割しか果たせなかった。中国にとってこれによる宣伝効果は必要かつ重要なものではあったが、その一方で台湾問題は米中間の長期的かつ最も敏感な問題となってしまった。また、台湾海峡砲撃によって、中英関係も大きく損なわれた。台湾の中国への返還を主張してきたイギリスは立場を一変させ、アメリカの「二つの中国」政策に同調するようになった。台湾問題をめぐる中国の立場は、さらに孤立の度合いを深めることになったのである。

第二節　対英関係の再構築と対米関係打開の試み

第一次台湾海峡危機によって、中英関係は冷え込んだが、中国はすぐに対英関係の再構築とアメリカとの緊張関係の打開を試みた。では、中国はどのように対英関係の再構築を展開したのであろうか。また、どのように対米関係を打開しようとしたのであろうか。

一、対英関係再構築の試み

政府間の接触が難しくなったこの時点で、中国は台湾問題における中国側の立場をイギリス国民に訴えようとした。

第一次台湾海峡危機が発生した直後の一九五四年十月二十一日、イギリスからの訪中団と会見した際、周恩来は「アメリカは世界戦争の根源である」と断じた上で、台湾問題は中国側の主権問題であり、「アメリカと戦火を交えたいわけではない」ことを強調した。そして訪中団に対し、アメリカが台湾海峡から撤退しさえすればすべての問題が解決できると述べて、撤退するようアメリカを説得してほしいと要請した。他方、民間交流の拡大によって中英関係を前進させようとの意図から、代表団に対し記者や留学生の交換、文学代表団の派遣を提案している。[37]

訪中団から出された台湾問題の平和的解決への要望に対し、中国は改めてイギリスの協力を要請した。外交部檔案資料No. 204-0004-07「周恩来総理がイギリス各界人士による中国訪問団に接見した際の談話記録（原題：周恩来総理接見英国各界人士訪華団談話記録、一九五四年十月二十一日）」には、次のように記載されている。

我々はすでにアトリー、ベヴァンに説明した。あなたたちがアメリカに台湾から撤退するよう勧めることができるなら、それはもちろんすばらしいことだ。我々はどうして反対することがあろう（我們為什麼要反対呢）……これは決して容易なことではないが、私たち皆が一緒に努力してアメリカに対し、台湾地域からの平和的撤退を説得できれば、いつの日か実現できるであろう。(38)

周恩来は以上のように述べ、台湾問題の平和的解決はアメリカの台湾撤退にかかっていると強調し、改めてイギリス側に協力を要請した。また、周は「アメリカは国際関係の緊張の根源である。アメリカは世界各地で対立する軍事同盟を作り、他国の内政に干渉している」と改めてアメリカを非難した。その上で、中国が賛成したアジア版ロカルノ条約を、イギリスはアメリカの反対を受けてあきらめ、アメリカが率いるSEATOに参加することになったが、これは「中国を敵視するもので、賛成できない」と述べ、イギリス政府の政策に不満の意を表した。戦争を回避する方法については「主に人民の力で阻止する。各国人民が連携して戦争に反対するならば、戦争を阻止することができるであろう」と述べた。(39) このように中国は、イギリスの民間団体に対し、アメリカの政策に対する批判を行い、台湾問題解決の糸口はアメリカの撤退しかないと中国側の立場を繰り返し強調した。

その後も、中国はイギリスからの民間代表団に対して、台湾問題に関する中国の立場を訴え、中英関係の改善を呼びかけた。

外交部檔案資料No. 110-00279-01「陳毅副総理のイギリス中国訪問友好代表団との接見の際の談話記録（原題：陳毅副総理接見英国訪華友好代表団談話記録、一九五五年九月十四日）」によると、一九五五年九月十四日に陳毅は、イギリス訪中友好代表団と会見した際、台湾海峡情勢をめぐって次のように述べた。

現在存在している実際的で重要な問題は、アメリカが継続的に武装して台湾に駐留し、蔣介石を支持し、中国政府に台湾で主権を行使させないでいることである。これは極東の緊張状態を引き起こしている原因であり、中国人の願いとは合致せず、また緊張状態の緩和と平和を愛する人民の願いとも合致しない。米軍は台湾から撤収すべきなのだ。イギリスの中国訪問友好代表団は有利な立場に置かれており、帰国後この方面で公衆の与論に訴えて、アメリカの台湾撤収を促進できるよう望んでいる。我々は代表団がこの方面で行う努力に歓迎の意を表する。(40)

このように中国は、アメリカの台湾からの撤退を後押ししてくれるよう、イギリス政府に対しても、イギリス国民に対してもアピールしたのである。

また陳毅は、次のように中英政治関係のさらなる発展を呼びかけた。

周恩来総理がイーデン外相と会談を行った後、中英関係は一定の発展を見た。これは好ましい現象である。しかし中英関係はなお改善の必要がある。……まず、中国の国連復帰問題では、イギリス政府はアメリカ側に立っている。また、中国とイギリスはすでに相互に代理公使を派遣しているのにもかかわらず、イギリスは今なお台湾に領事を置いているが、これは正常な状態ではない。これらはいずれも中英関係の発展を妨げている。中国は耐えているが、イギリスに誠意があれば克服できることだ[41]。

さらに貿易関係をいっそう発展させるために、陳毅は次のように述べ、帰国後、状況改善のため努力するよう訪中代表団に求めた。

中国は現在第一次五カ年計画を進めており、またさらにいくつかの五カ年計画を今後進める予定である。我々は農業国から工業国に変わらなければならず、それには様々な技術的援助が必要である。特に海外製の機械設備が必要であるが、中英貿易では様々な物品の貿易が可能である。……我々はイギリスがたくさんの機械、電器機材、およびその他の技術設備を有しており、それらを中国に導入できることを知っている。また、中国は輸出できるものがないというのは誤りだ。……中国とイギリスは平等互恵の基礎のもとに、貿易を進めることができる。我々はイギリスの中国訪問代表団が、帰国後この方面で努力することを希望する[42]。

このように周恩来と陳毅は、イギリスの民間人に対し、台湾問題は中国にとって原則的な問題で、譲歩できないことを訴え、イギリス国民の理解を求めた。また、陳はこれまでの中英間の友好関係を振り返りながら、さらなる両国間の貿易関係の進展を呼びかけた。そこには、冷え込んでいた中英関係を改善するために、何とかして貿易関係を進展させたいという中国側の強い願望がうかがえる。このように、西側諸国との間に政府間関係がない、またはあったとしてもそれがこじれた場合、相手国の国民を通じて中国の考えを西側諸国の政府に訴えるというやり方は、この時期における中国の対西側外交の一つの特徴といえる。周恩来と陳毅が自らイギリスの民間代表団と会い、台湾問題をはじめとする中国の立場を説明したことを見ても、中国がいかに国民の役割を重要視していたかがわかる。イギリス政府との関係が難航した際、中国が積極的に民間交流を続けたことの裏には、イギリス国民との連携を強め、それによってイギリス政府の対中国政策の転換を促そうという意図があったのである。

中国は対英関係を修復するための具体的措置を講じた。バンドン会議をきっかけに、イギリスに対する中国側の態度に変化が起き、中国側の対応が再び柔軟なものに変わったのである。[43] 一九五五年五月に、中国側に拘留されていたイギリス人の最後の一人が釈放され、イギリス商社員に対する出入国許可も以前より容易に出されるようになった。五五年前半までに、二つのイギリス実業家代表団の北京訪問が実現し、そのうちの一つは中英貿易委員会が主催したものであった。代表団は中国側と接触し、いくつかのビジネス案件を手にすることもできた。[44]

中国がイギリスに対して柔軟な姿勢を示した背景には、何があったのだろうか。そこには第一次台湾海峡危機がもたらした緊張状態を緩和させたいという中国の考えがあった。[45] 中国が武力を放棄しないと表明したのは、「二つの中国」政策を牽制するためであった。武力放棄を宣言することで、「二つの中国」が既成事実化することを危惧したのである。しかしその一方で中国共産党は、自らが主導した民主革命を完成させ、大規模な階級闘争も終了したため、中国国内における主要問題は変化したという認識を持っていた。台湾の蔣介石も「大陸反攻」を掲げ、中国共産党と同様、一つの中国の立場を主張していた。こうした情勢に基づいて、毛沢東は国共交渉による統一問題の解決を指向していたのである。[46] これを受けて、中国は一九五五年の春に従来の南進方針を改め、緊張状態を緩和させる方針をとった。[47] 中国はまずバンドン会議でアメリカに交渉を呼びかけ、次に中米大使級会談直前の七月三十一日に、周恩来が人民代表大会で「できるなら、中国人民は平和的な方式で台湾を解放したい」と表明した。中国が対英姿勢を緩和したのも、イギリスとの関係の改善なくしてアメリカとの交渉は実現しないと考えたためであろう。またソ連の影響もあったと考えられる。折しも一九五五年四月、チャーチル首相が退任し、イーデンが新たに首相になったが、イーデン政権は東西問題の解決を探ろうとして、五月に、イギリスとアメリカ、ソ連による三者会談を行うことを提案した。ソ連がその提案に応じたことから、この三者会談は十月二十六日から十一月十七日にわたってジュネーブで行われたのである。大きな成果は得られなかったものの、この会談は米中関係を含め東西間の緊張緩和に一定の役割を果たした(48)。つまりソ連がイギリスに対して融和的な姿勢を示したため、中国はソ連と歩調を合わせたものと思われる(49)。

しかし中国側が関係改善に努めていたにもかかわらず、中英関係には実質的な進展がなかった。中国におけるイギリス人の状況とその商業利益は大きく改善されなかったが、中国は、イギリスが禁輸政策を撤回しない限り、新たに商業活動を行うことは難しいという姿勢をイギリス側に示す必要があったのである(50)。

二、イギリスの仲介と中国の対米直接交渉の試み

(一) 中国の対米直接交渉の試み

台湾問題解決の進展が見えない中、中国は再びこの問題を政治的手段で解決する方針に転じ、イギリスに対して米中間の対立を仲介するように求めた。一九五五年五月二十六日、周恩来は中南海の西花庁において駐中国イギリス代理大使トレベリアンと会談し、台湾問題およびアメリカとの関係に関する中国の立場を改めて説明した。

周恩来とトレベリアンとの談話内容は外交部檔案資料 No. 110–00141–03「周恩来総理のイギリス代理大使トレベリアンとの談話の概要(原題：周恩来総理英国代辦杜維廉的談話紀要、一九五五年五月二十六日)」に詳しく記載

されている。
まず、周恩来はアメリカと交渉したいという中国側の意思を示し、米中関係について中国の立場を次のように説明した。

中米間の交渉を実現させるためには、まず台湾海峡の緊張緩和実現に向けて米中双方の直接的および間接的な努力が必要である。これは交換条件ではなく、双方が誠意をもって示すものである。中国としては、バンドン会議声明を含め何回かにわたって声明を発表し、この地域の緊張緩和を望むと表明したが、これからもさらなる措置をとる予定がある。イギリスがアメリカに働きかけることによってアメリカも緊張緩和の措置をとることになれば、中国との交渉は実現可能だと信じる(51)。

そして、アメリカと接触する方法について、周恩来は次のような提案をしている。

緊張緩和および中米間の交渉実現のために、すでにインドの駐国連大使クリシュナ・メノン（V. K. Krishna Menon）氏と相談したが、中国は事前にアメリカと接触する用意がある。中米両国はソ連、インド、イギリスの仲介で接触してもよいし、あるいはこの三国政府の引き合わせで、現地の中米両国の使節を接触させてもよい。中国のこうした考えはすでにソ連とインドに伝えてある。イギリス政府にも考えを聞きたい(52)。

この談話のポイントの第三は中米交渉の主題に関することである。

中米交渉の主題は台湾地域における緊張の緩和と解消である。交渉形式として、ソ連が提案した十カ国会議にするか、他の国の政府の援助のもとで中米両国が直接交渉するかは、様子を見て決めたい。(53)

周恩来談話の第四のポイントは、米中交渉と蔣介石当局との交渉の性質について、中国側の考えを説明している点である。

蔣介石（の国民政府）はいかなる時、いかなる状況のもとでも、上記のような国際会議に参加してはならない。しかし、中国政府は蔣介石との直接交渉を決して拒否しないし、むしろ交渉を提案したい。台湾問題の解決方法は二つある。すなわち平和的な方法と武力による方法である。できるなら中国は平和的な方法による解決を望む。中米交渉は国際的な性格を持つのに対し、蔣介石との交渉は内政的なものである。両者は関係があるが、混同してはいけない(54)（カッコは引用者）。

その上で周恩来は、ソ連、インド、イギリスの仲介でアメリカと直接交渉したい旨を強調するとともに、「以上の四点については非公開であるが、しかし緊張した情勢を緩和させようとするイギリスの努力を助けるかもしれない」と述べ、上記の内容を公表しないようにイギリス側に要求した。(55) 以上のことから、非公式のルートを通じて、「中国承認問題」を含めアメリカとの「外交交渉」を行なうとした中国側の意図がうかがえる。

トレベリアンの求めに応じて、周恩来はさらに中米交渉問題の範囲について説明した。

一般的にいって、会議の主題は各方面から提出された問題をすべて包括すべきである。したがって「台湾地区における緊張の緩和と解消」という表現が妥当である。これ以外に妥当な表現を見つけるのは難しい(56)。

その一方で、周恩来は以下のように述べ、台湾問題に関する交渉を拒まない姿勢を示した。

外交的接触とは、主に国際的な交渉である。国内的な交渉となれば、それは中国内部のことであり、いつでも進めることができる。ただ、いかにして台湾問題を平和的に解決するかについては、外交的接触において交渉することもでき、我々もこの問題に言及することを拒絶はしない(57)。

また周恩来の言う「外交交渉」が「(中米)直接交渉」を意味するかどうかというトレベリアンの問いに対し、周は次のように答えた。

外交的接触は会議ではない。あるいは、公開の会議ではない、といえるだろう。外交的接触は外交ルートを通した接触であり、公開のものではないのである(58)。

ここからは、とにかくアメリカとの直接交渉を実現し、それによって中国承認問題の解決の糸口を探ろうとする中国の意図がうかがえる。

このように、中国は、中国承認問題をめぐってアメリカと直接交渉しようとし、その実現のためにイギリスに働きかけた。アメリカとの交渉内容について、台湾地域の緊張緩和に限らず、そのほかに交渉すべき内容があると暗に示したことから考えて、中国が台湾海峡に向けて砲撃した目的の一つには、アメリカを交渉に応じさせようとする思惑があったと思われる。つまり砲撃はアメリカにも向けられていたのであり、中国承認問題を含め、アメリカと交渉する用意があることを示唆していたのである。

中国は金門島を砲撃し、台湾問題では譲歩せず強硬な姿勢を示す一方で、交渉によって問題を解決しようという姿勢も貫いた。

（二）　イギリスの仲介による大使級会談の実現

イギリスは台湾問題をめぐる緊張がこれ以上高まらないように、[59]アメリカを後ろ盾とする国民政府、ソ連を後ろ盾とする人民政府に、行動を自制するよう呼びかけると同時に、台湾海峡の緊張状態について国連で議論するよう各方面に呼びかけた。

一九五五年一月三十一日、国連において、中華人民共和国代表を招き台湾海峡危機問題を議論しようというニュージーランドの提案が可決された。しかし中国は、ニュージーランドのこの提案には、親米・反ソという要素が含まれており、「アメリカの侵略の一部である」と判断し、[60]国連での議論への参加を拒否した。中国のメディアは、イギリスとニュージーランドが真に緊張緩和を求めるなら、アメリカの中国侵略をやめさせ台湾海峡から撤退するよう国連に訴えるべきだと主張し、[61]ニュージーランドの提案に反対する立場を表明した。

一方、一九五五年二月四日、中国と協議したソ連は、ソ英印三国を提案国として、中国、ソ連、アメリカ、イギリス、フランス、インド、ビルマ（現ミャンマー）、インドネシア、パキスタン、セイロンなどの十カ国が参加し、台湾海峡情勢を検討する国際会議を開くことをイギリスとインドに提案した。中国は、極東地域と台湾海峡で起きた緊張が中国の内政問題であるだけでなく国際問題でもあることを認め、国際会議でそれを議論することを妥当だとしてソ連の提案を支持した。しかし、米中間の隔たりが大きすぎたため、台湾海峡危機の解決は再び難航した。

この時期における中国の対米政策の主な目標は、台湾問題をめぐるアメリカの政策を緩和させ、米中間の武力紛争に発展させないことであった。ジュネーブ会議ではアメリカとの接触を実現できなかったものの、中国は対米関係改善の糸口を模索し続けた。一九五五年四月に開かれたバンドン会議において、周恩来は、極東地域情勢、特に台湾海峡地域情勢の緊張を緩和させるために、中国はアメリカと会談する用意があると表明した。ほぼ同じ時期に、中国はアメリカとの直接交渉を実現させるために、密かにイギリスに仲介を求めてもいた[62]。

イギリスの仲介では、中国が望むアメリカとの直接交渉は実現しなかったが、一九五五年八月に米中間の大使級会談が実現し、中国はこの会談に期待を寄せた。この会談での米中両国の狙いは、それぞれ異なっていた。朝鮮戦争で捕虜になったアメリカ人の引き渡しを実現する目的で中国との会談に臨んでいたアメリカに対し、中国は会談を米中間の唯一の直接対話の手段ととらえ、台湾問題を含め、アメリカ政府に影響を及ぼす場にしたいと考えていた。大使級会談を重ねることによって、両国の敵対関係を緩和させ、アメリカとの交渉をさらに現実的かつ確実なものにしていくことが中国側の目的であった[63]。会談前日の七月三十一日、周恩来は駐中国インド大使ネーディヤム・ラガワン（Nedyam Raghavan）と会見し、大使級会談に関する考えを示した。中国側の要望は主に以下の三点である。

第一に、中国に拘留されている十一名のアメリカ人パイロットを繰り上げ釈放する用意があるので、応分の措置をとるよう、アメリカを説得してもらいたい。

第二に、アメリカはジュネーブで中米大使級会談を行うことを提案したが、提案するレベルにとどまり、具体的な行動に移っていない。具体的な行動をとるよう、アメリカ側に伝えてもらいたい。

第三に、「ジュネーブで中米両国はより高いレベルの会談、すなわち外相会談を行うべきであるという考えがアメリカの世論および議会の中に存在している。アメリカ大統領と国務長官もそれに反対していないことが、メディアを通じてわかった。これに我々は非常に興味を持っている。ジュネーブ会談はこれに関して成果を出すべきである。中米両国の外相が同じテーブルに着き、台湾地域における緊張情勢を緩和させるための話し合いができるよう、準備を整えるべきである(64)」。

周恩来はこうした中国側の考えをネルー首相とインド国連大使のメノンに伝えるようラガワンに依頼した。中国側の誠意を見せるために、中国に拘留されていたアメリカ人パイロットは繰り上げ釈放された。大使級会談を実現することによって、より高いレベルの外相会談につなげ、ひいては米中関係を前進させたいという中国側の姿勢は明確であった。

一九五五年八月一日、大使級会談が実現した初日、中国は台湾地域を含め、米中間の紛争が武力などの力による威嚇ではなく、平和的交渉によって解決されるべきであると提案し(65)、外交交渉で問題を解決する姿勢を明確にした。その直後の九月に開かれた会合で、中国側は「台湾地域における緊張緩和と危機解消について、より高いレベルの交渉」、つまり米中外相会談を提案した(66)。大使級会談の当初から、中国の目的がアメリカ政府との直接交渉にあったことは明らかである。米中大使級会談においては、中国が台湾問題をめぐる外相級の直接会談や文化交流などを先行させるべきだと主張したのに対し、アメリカは中国に拘留されているアメリカ人の釈放や台湾への武力行使放棄を求めた[67]。中国は両国の記者交換を含め、双方の交流を増やすことも提案したが、いずれもアメリカ側から積極的な対応が得られなかった。米中間の隔たりは大きく、歩み寄る余地もなかった。それにもかかわらず、九月二十二日、米中大使級会談での協議結果に従い、中国にいるアメリカ人の帰国に協力する用意があると、中国はアメリカの依頼を受けたイギリス政府に伝えた[68]。アメリカの反応が鈍いことから、中国は短期間に対米関係を改善することは不可能だとの認識を持った。それにもかかわらず、中国は絶えずアメリカとの関係を模索し続けたのである。

さらに中国は、対米関係を打開するために民間のパイプも使おうとした。一九五六年六月二十八日に、周恩来は、第一回全国人民代表大会第三次会議で米中関係に触れ、「たとえ政府間の接触がなくても民間交流は有益だ」と述べており[69]、中国は民間交流レベルであれアメリカと関係を持つことを希望していた。米中両国の接触が少なかった時代、中国は訪中した外国人に対し、米中関係を改善したいという中国側の意思を表明し、米中間の不信感を軽減するために、アメリカ政府を説得するよう求めた。

外交部檔案資料 No. 111–00277–03「周恩来総理がイギリス公誼代表団と接見した際の談話記録（原題：周恩来総理接見英国公誼代表団談話記録、一九五五年十月二十六日）」には以下のように記されている。

台湾地域における緊張状態からの脱却、これは全世界の人民が期待していることであり、中国は中米両国がより高いレベル、すなわち両国の外相会談の段階に進むべきだとみなしている。それによって関係緩和について議論し、台湾地域の緊張状態を解消させるのである。……我々は決してアメリカを排除するわけではなく、……問題はアメリカ側にあり、我々は相互往来を主張しているのであって、アメリカに行くのは結構なことだ。我々の間に「竹のカーテン」とやらがあるのではなく、周りが我々を封鎖しているのだと、アメリカの友人にきちんと説明することができるからだ。我々は、アメリカのクエーカー教徒、芸術家、記者、作家、科学者が中国に来ることを特に歓迎する。もちろん、アメリカに行くことも希望している。(70)

以上のように、一九五五年十月二十六日のイギリス公誼代表団との会談の際に周恩来は、中国はアメリカとの直接交渉を望んでいるというメッセージを、改めて発信したのである。

一九五六年九月九日、周恩来はギリシャ訪中代表団と会見した際、「東西両陣営の国々は長期的貿易協定を結ぶ必要がある」。「中国はアメリカとの関係回復と貿易を拒否しない。我々はアメリカの製品を必要としている。問題なのは、いまでも禁輸政策が実施されていることだ。わが国の建設には外国の機械設備が必要であり、我々が必要としている一部の製品は、アメリカが持っている」と述べ(71)、アメリカとの関係を回復し、経済関係を発展させたいとの中国側の考えを表明した。ギリシャ代表団との会見にもかかわらず、周が多く語ったのは対米関係であった。対米関係のルートが極めて少なかったこの時期に、中国はこうしてアメリカに向けてメッセージを発したのである。五六年八月、中国共産党第八回大会の政治報告案を点検した際、毛沢東は「平和と建設のために、我々はアメリカを含め、世界のすべての国との間に友好的な関係をつくりたい。いつの日か、それを実現できると我々は信じている」と書き加えた(72)。このように、米中関係はなかなか進展せず、米中間接触の機会が極めて限られている中にあっては、中国には繰り返し関係改善を呼びかけるほかに道はなかったと思われる。五六年末まで、毛は米中関係の改善に対する期待を捨て切れなかったのである。

この時期、中国の対米政策には二つの側面があった。表向きは中国のメディアが台湾問題などをめぐって繰り返しアメリカを激しく非難したが、裏では様々な方策を考え対米関係改善に取り組んでいたのである。

三、対英認識をめぐる中国内部の対立

第一次台湾海峡危機の後、イギリスは中国と距離をおくようになり、アメリカとの協調を、より重視するようになった。中英関係はジュネーブ会議の時期より後退した。中国の駐ロンドン事務所がこうしたイギリス政府の動きを報告したにもかかわらず、中国政府はロンドン事務所の認識を受け入れなかった。

(一) 中国の駐ロンドン事務所の対英認識

一九五五年以降、中国の駐ロンドン代表部は、アメリカとの協調にいっそう傾いたイーデン内閣の動向を本国に何度も報告した[73]。外交部檔案資料 No. 110-00275-04「駐イギリス代理大使宦郷によるイギリスのイーデン内閣の内政・外交政策の分析報告（原題：駐英代辦宦郷関於英国艾登内閣内政、外交政策的分析報告、一九五五年四月十二日)」には、駐イギリス代理大使の宦郷による以下のような情勢分析がある。

> イーデンは内閣の人事を微調整した。アメリカや保守党内部の有力派閥のご機嫌をとるようになり、党内の右派勢力を強めるのがその人事調整の特徴になっている。外交面でも、英米同盟を強めるというスローガンを掲げ、ヨーロッパや極東地域において今後さらにアメリカの対外政策に追随していくであろう[74]。

一九五五年十月、宦郷は再びイギリスの内政と外交の動向を中国政府に報告した。外交部檔案資料 No. 110-

00275–08「英国イーデン内閣内政外交動向（電報）（原題：英国艾登内閣内政外交動向、一九五五年十月十三日）」には次のような記載がある。

（イギリスは）対外政策においてアメリカとの協力関係をさらに強化し、（西）ドイツには西側を離れ中立の立場をとることを許さないとしており……継続的な強権政治の必要性を強調し、ヨーロッパおよび極東地域における両陣営の緊張緩和には時間がかかると考えている。このことは、アメリカと同様イギリスも、ジュネーブ会議の精神を放棄し、国際情勢の緊張緩和を阻もうとすることを表すもので、イギリス国内では冷戦の継続を主張する勢力が優勢を占めている(75)（カッコは引用者）。

宦郷は以上のように分析した上で、イギリスの立場は「ジュネーブ会議から後退し、アメリカに依存する」ものとなり、「英米の連携が強まった」という結論を出していた。

さらに、一九五五年十二月、宦郷がイギリス労働党の変化について本国に報告した文書である外交部檔案資料No. 110–00275–12「イギリス労働党の状況（電報）（原題：英国工党情況、一九五五年十二月二十日）」も同様の結論に達していた。

労働党にも変化が起きている。アトリーが退いた後に右派と見られるヒュー・ゲイツケル（Hugh Gaitskell）が後継者になったことで党内部の分裂は激しくなっている。ゲイツケルは国内政治において反動的で、国際問題に関しては親米的であったため、彼が労働党党主に就任したことでイギリス保守政権は国内外で保守的な政策を行いやすくなった。

そのためイギリスの姿勢は大きく変化した。具体的には経済的にアメリカに依存し、中東地域および東南アジア諸国の支配階層と連携し、中ソと対抗していく傾向が強まっていくであろう[76]。

（二）　中国国内の対英認識

以上のような宦郷の見解は中国外交部の対英認識とは異なっていた。それは、本国から宦に送られた電報において示されている。外交部檔案資料 No. 110-00275-11「外交部研究室によるイギリス外交の動向についてのいくつかの問題の予測（電報）（原題：外交部研究室関於英国外交動向幾個問題的估計、一九五五年十一月九日）」には次のように記載されている。

朝鮮戦争やインドシナ戦争が停戦してから、アメリカの冒険的な政策は絶えず失敗し、政策上譲歩せざるを得なくなったため、同盟国のイギリスの主張をより多く取り入れるようになった。英米は台湾問題やパリ協定ではある程度接近したが、これによって英米の関係がよりいっそう緊密になったとは断言できない。むしろ英米の対立は依然として拡大し、市場競争の面でも英米の争いは日増しに激化している。東西貿易の問題においてイギリスはアメリカよりも積極的である。米英はヨーロッパ安全問題・軍縮問題についての態度が異なっているだけでなく、安保理の議席問題についてははっきりと食い違いを見せており、イギリスはアメリカよりむしろ中国に一定程度接近した態度を示している[77]。

これが示すように、北京の外交部とロンドンの出先機関の間には米英対立について異なる見解があった。一九五五年十二月七日、十五日、十六日と、中国外交部は三回にわたって、米英対立について討論会を開き、米英の対立について過大評価すべきではないが過小評価もすべきではないという見解をまとめた[78]。これは、世界の基本対立としての米ソ両陣営の対立が米英支配に直接に影響を与えない限り、米英の対立は発展していくであろうという結論に至っている[79]。

また、駐ロンドン代表部の宦郷からの電報の中にあった米英関係に関する見方は「正確ではない」と指摘し、特に「現在、米英の共通願望として不戦不和の現状局面を維持する」という宦郷の見解について、「米英の戦争と平和に関する認識上の相違を完全に否定したものである」と指摘した[80]。その上で「イギリスは内外の圧力を受けながらも、植民地を維持し、経済危機を緩和するため国際情勢の緊張緩和を望んでおり、その立場は揺るぎないものである。それに対し、アメリカは世界での覇権を求め、軍備を拡大し、戦争はできないことを知りながら平和を望んでおらず（不願意和）、戦争問題で動揺している」という認識を示した[81]。このように、中国国内の見解には、米英間の対立を過大視する傾向があり、冷戦状況に関する認識が欠けていたことは明らかである。

このようなアメリカ観の裏には、おそらく中国指導者らの多くが建国以前から抱いていた、アメリカとの戦争は回避できないのではないかとの危惧があったと思われる。このような危惧は、一九五〇年代における中国指導者の、外国要人との談話の中に常に現れていた。これは長年にわたり戦争を経験した彼らの、戦争に対する一種の敏感さから来たものであると思われる。ゆえにアメリカもイギリスと同じく「不戦不和の現状局面を維持」したいと考えているという宦郷の見解を受け入れがたいものとした。また、中国は、西側諸国間の対立はさらに発展していく可能性があり、特に米英間の対立は深まっていくであろうと考えていた。

それは、第三章第三節一で述べたように、中国が資本主義諸国を三つのグループに分類して理解していたことに基づいていた。それによれば、国際情勢の現状維持を望む第二類型に属するイギリスは、民族解放運動の高まりで植民地における既得権益を維持することができなくなり、第一類型に属し、民族解放を受け入れず戦争に活路を見出すアメリカの依存度を高めざるを得なくなった。アメリカも、第二類型である英仏の持っていた植民地利権を奪おうという目論見から英仏に接近し、両者は結びついたが[82]、両者の思惑は必ずしも一致していないため、植民地をめぐる利害対立が生じていると、中国は認識していたのである[83]。

以上からわかるように、この時期における中国の対英方針には、冷戦状況および米英同盟の本質への認識が足りず、依然として英米の対立を重視する姿勢が見られる。こうした中国の対英姿勢について、トレベリアンが次のように指摘している。「中国は米英を切り離そうとしたが、実はイギリスにとって中国における限られた利益より、米英同盟の方がはるかに重要であった。イギリスは米英同盟を捨て、米中の間に身をおいて中立的な立場をとるつもりはなかったのである。また、イギリスには中国の考えていたようなアメリカに対する影響力はなかった。イギリスには、アメリカを押し切って、国連において人民政府の代表を承認することや、中国への禁輸政策を緩和することを急ぐつもりなどなかったのである。中国はこのようなイギリスの立場を正確に理解できなかった[84]」。このように一九五五年以降、イギリスの対中政策に変化が起きているにもかかわらず、中国はその変化に対する配慮を欠いていた。この背景にあったのは、冷戦状況に対する認識不足のほかに、中国のプラグマティズムの特徴である楽観思考があろう。中国は当初は、アメリカとイギリスを切り離せると本気で考えてはいなかったかもしれない。しかしジュネーブ会議の結果を受け、米英を切り離すことができるかもしれないと判断すると、分離に向けて動き出し、その結果、英米を結びつけていた強い絆への配慮をほとんど失ったのである。このように、中国の政治文化には、情勢を分析した結果、将来に向けて有望な要素が存在すると判断すると、願望的思考が支配的になる傾向がある[85]。

第三節　一九五六年の諸事件と中英関係

一九五六年以降も、中国は冷え込んだ中英関係の修復に取り組んだ。関係を修復するために中国の平和志向を重ねて強調する一方で、英語学習を普及させる計画を立て、ソ連のほかにイギリスなどの国から学ぼうという姿勢を見せ、特にスエズ危機（第二次中東戦争）には慎重に対応した。

一、対英関係の再修復の試みとその取り組み

一九五五年、イギリスは、台湾海峡地域における緊張緩和のため、中国が、台湾は自国の領土であると主張するとしても武力行使を放棄すると表明するならば、米中間の仲介を引き受ける用意があると中国に申し入れた。しかし、中国は妥協せず、武力行使の権利は放棄しないと表明した。それに伴い中英関係は、ジュネーブ会議前後ほど良好ではなくなり、政府間の交流も減少していった。

一九五六年二月、イギリスの対中国政策はさらに変化した。その背景にはイギリスの中国認識の変化があった。イギリス側が、中国の対外戦略における最大の目標は、イギリスを含む西側勢力をアジア地域から締め出すことであると認識するようになったのである。[86] イギリスは、アメリカよりもアジア地域支配の歴史が長く、中英の間には香港という領土問題や経済権益が存在していたため、イギリスはこのことを憂慮した。またイギリス側は、イデオロギーという点からも中英関係を根本的に改善することは難しいと感じるようになっていた。確かに中国のイギリス非難はアメリカに対するそれほど激しくはなかったが、それは一方でアジア地域におけるイギリスの地位がアメリカより堅実であったためであり、また過剰なイギリス攻撃はかえって大きな害を中国自身にもたら

すとの考えが中国側にあったためであるとイギリスは考えた。中国の発展に伴い、アジア地域における権益をめぐって、中英両国が衝突する日が必ずや来るであろうと、イギリスは考えたのである[87]。

一九五六年五月、中国が中国人民代表大会の名義でイギリス国会代表団の中国訪問を要請したのに対し、イギリス政府はその要請を受け入れず、人民代表大会代表団の訪英も拒否する姿勢を示した[88]。そのため、イギリスの対中政策はジュネーブ会議の時期より後退したと、中国は認識せざるを得なかった。

中国はイギリスとの関係冷却化を見過ごしにできず、中英関係の修復に取り組んだ。まず、台湾問題の解決策の一つとして、武力行使の権利を留保するという自らの主張がもたらしたイギリス側の不信感を払拭するために、平和志向をイギリス側にアピールした。一九五六年十月十日、周恩来はイギリス国際貿易促進会会長のボイド・オール（Boyd Orr）と会見し、中国は強くなると侵略国家になるのではないかという西側諸国の懸念に対し次のように述べた。

まず、第一に、「強い中国になることは短期間に実現できることではない。東側諸国は、西側諸国と協力することで初めて強くなることができよう。我々にはアメリカ人の技術も必要であり、西側諸国を排除するつもりはない。お互いに助け合うことによって、初めて各国の経済が迅速に発展できるのではないか」と述べ、アメリカを含め、西側諸国との経済・技術交流を進めたいという中国側の希望を表明した。

第二に、「中国が強い国になったとしても、かつての日本のように勢力を拡大することは許されないであろう。なぜならば、我々は社会主義の国であり、植民地主義と帝国主義に反対しているからである。また、歴史の教訓から見てもそれは許されないことであろう。かつてドイツも日本も失敗したではないか。我々は勢力が拡大できる国際環境を生み出すことに反対する。我々が勢力を拡大したら、皆に反対されるであろう」と述べ[89]、たとえ強い国になったとしても、中国は平和志向で発展していくという意思を強調した。これは、武力をも辞さずに台湾問題を解決しようとした強硬姿勢が国際社会にもたらした不安を和らげようとするものである。

中国は台湾問題でアメリカと対立しながらも、西側諸国との関係改善を図り、問題解決の糸口を探っていた。スエズ危機の際、渦中のエジプトに対し、中国は、軍事的対抗が重要であるとしても、英米間の対立を利用するなど、外交の手段も使うべきである、と勧めた。[90]

イギリス側の中国認識と対照的に、一九五六年の時点で中国は、政治的関係はどうあれ、イギリスとの間で経済・文化関係をよりいっそう発展させようと考えていた。[91]一九五六年六月二十八日、周恩来は全国人民代表大会第三次会議において中国の外交政策について演説した際、アジア、アフリカおよびラテン・アメリカの反植民地主義運動に触れた後、タイ、フィリピン、マラヤおよびシンガポールとの関係回復を希望すると表明した。[92]その話の流れの中で、周恩来はイギリスがエジプトから撤退したことに賛辞を送った。[93]この時期、エジプト独立運動をめぐる中国メディアの社説には厳しいイギリス批判が溢れていたが、周の言葉はそれとは対照的に柔軟なものであった。その上周は、ヨーロッパ各国がアジア・アフリカ地域に保持しているいわゆる合法的利益には長い歴史的背景があると述べた。[94]この周の発言は、イギリスを厳しく非難するというより、イギリスなど西側各国の植民地支配の歴史を理解し、中国はイギリスのアジア・アフリカにおける利益を尊重しているのだと思わせるものであった。このようにこの時点で中国は、イギリスを含む西側諸国との関係模索を続けていたのである。

二、英語教育の普及の動き

それを裏づけるように、一九五六年夏、中国は中学校での英語教育の再開を決定した。[95]この決定は中国のメディアでは報道されなかったが、八月二十三日、駐中国ルーマニア大使館で開かれた建国記念祝賀パーティーにおいて、中国教育部部長の張奚若がイギリス代理大使のC・D・W・オニール（C. D. W. O'Neill）の顧問であったJ・M・アディス（J. M. Addis）に対し、明らかにした。張奚若によれば、中国は既定方針に従い、五八年までに全国の中学校において英語教育を実施することになっていた。[96] それまで中国ではロシア語が外国語として中学校、高校で教えられてきたが、それをおいても英語教育を普及させようとした背景には、バンドン会議などを経て、毛沢東や周恩来などの中国指導者が英語の重要性を認識するようになったことのほかに、五カ年計画を実施するために、科学者、技術者を含め、多くの知識人を育てる必要があったことがある。すでに五六年一月十四日、中国共産党中央委員会が開いた中国知識人問題に関する特別会議において周は、中国はソ連の援助を頼りに六七年までに中国の科学技術を先進国レベルにまで向上させることが必要ではあるが、いつまでもソ連に依存してはならないと述べていた。[97] そしてその周の発言を支持するように、同年五月、中国民主党派は「科学者はすべての国から学ぶ用意をしなくてはならない。中国共産党はソ連から学ぶように要求したが、それはソ連以外の国を無視してよいという意味ではない」との見解を公表した。[98] これは民主党派の見解であるとはいえ、中国政府の許可がない限り民主党派の主張を公表することが難しかったことを考えれば、中国政府の意思を反映したものに違いないであろう。新中国が成立してから、中国はソ連と同盟条約を締結することによって、自国の利益を追求してきたが、時間が経つにつれ、中国とソ連の間には徐々に対立が生じるようになった。五四年、中国を訪問したフルシチョフに対し、毛沢東と周恩来が、中国は自国で核兵器を製造するつもりだと伝えたところ、フルシチョフはソ連がすでに核兵器を持っているのだから、中国は独自に開発する必要性はないというソ連側の考えを示した。[99]
核兵器を持たなければならないと考えていた中国は、五五年に入ってから、自力で核兵器の研究に取り組んだのである。そして、五六年の後半から、周恩来は自ら主宰して、「中国十五年科学発展計画」を立て、その中で原子エネルギーを最重要の科学研究課題としたのである(100)。この時期に合わせて中国は英語教育を再開し、ソ連以外の国の技術を学ぼうとしていた。つまり、中国にとって、ソ連との関係を重視しつつも、西側諸国との関係を模索する重要性が高まっていたといえる。そのためにも中国は、イギリスとの良好な関係を維持する必要があったのである。

三、スエズ危機と中国の対応

一九五六年にエジプト大統領に就任したガマール・アブドゥル・ナセル（Gamal Abdel Nasser）は、七月二十六日にスエズ運河の国有化を宣言した。これに反対するイギリスとフランスが軍事行動を起こし、五六年の夏、スエズ危機が発生した。

（一）エジプトへの支援活動

この事件に対し、中国はどのような反応を示したのであろうか。事件発生後、中国の民主党派および人民団体から、エジプトを支持する声明が多く発表された。これらの声明はエジプト支持と同時に、英仏の行動を非難していた。一九五六年八月十六日、『人民日報』は中国政府の声明を発表した。この声明はスエズ運河国有化支持を表明しており、「事件が発生するまで、イギリスとフランスは、国際情勢の緊張緩和を意図して、いくつかの賢明な措置をとってきた。中国政府は英仏が緊張緩和の精神に基づいてスエズ運河の問題に臨むことを希望している。武力によるいかなる脅迫も干渉も、必ずアジア・アフリカ人民および世界の人民から断固とした反対を受けるであろう。そして、武力解決はイギリスとフランスにとって決して利益とはならないであろう」という、エジプトを支持する内容であった。[101] このように柔軟な内容であった中国政府の声明は、民主党派および人民団体の声明を踏まえて英仏政府と国民を「説得」せよという毛沢東の指示に従い、作成されたものである。[102] 事件発生直後、中国はスエズ運河のエジプト国有化運動を支持する一方で、「説得」という中間的立場をとることで、イギリスとフランスに対し、一定の配慮を見せたのである。

しかし、スエズ危機の深刻化に伴い、中国のエジプトへの支持は強化された。中国のメディアは一九五六年の九月末から十月末まで、スエズ運河問題をめぐるおびただしい数の報道と社説を通してエジプトを援護した。論調はいずれもアメリカ、イギリス、フランスを非難し、エジプトを支持するものであった。国連安全保障理事会で中東問題に関する六項目の原則が採択された後の十月十六日、『人民日報』は「観察員」という名義で評論を発表し、国連原則の採択はエジプトが持っているスエズ運河に対する主権が認められたことを示し、エジプト人民の勝利であると述べた上で、イギリスやフランスはそれを尊重すべきであると呼びかけた。[103] そしてイスラエルがエジプトに侵攻した後の十月三十一日、『人民日報』は再び「観察員」の論評を発表し、イスラエルの侵攻はイギリスとフランスの支持を受けたものであるとして、英仏を非難した。その翌日、英仏の介入について中国は政府声明を発表し、「中国政府はこうした侵略行為を強く非難し、エジプト人民の闘争を断固支持する」と自らの立場を表明する一方で、「英仏植民地主義者らは、このまま侵略政策を続ければ自業自得の窮地に陥るしかない」と改めて英仏を非難した。[104]

政府声明を発表した翌日、大規模な抗議活動が北京のイギリス大使館の前で行われた。イギリス代理大使のオニールをはじめ、イギリス大使館の職員が抗議者を迎え入れ、いくつかの抗議団体からの抗議文を受け取った。

抗議者らは大使館の外で叫び拳を振りながら抗議し、スローガンの書かれたポスターを大使館周辺に貼った。しかし、許可なく無断で大使館の敷地に入ることはなく、抗議活動は極めて自制的なものであった。中国政府は私服の警官を派遣し、秩序を維持していた[105]。十一月三日、『人民日報』の社員からなる抗議団はイギリス大使館を訪れたが、通常開いているはずの正門が閉じていたため憤慨し、一時的に敷地内に入ってしまった。しかし威嚇は行われたものの、敷地内の物を壊すようなことはなく、抗議は整然としていた。同日、北京天安門広場において、イギリスとフランスに抗議しエジプト人民を支持するために、四十万人が参加する集会が開かれた。集会に参加した民衆が、イギリス大使館の前でデモ行動をとったが、このデモも私服警官の厳しい監視のもとで行われ、大使館正門に掲げてあったイギリス国旗や国章を破損することもなかった。また同日、上海でも十万人規模のデモが行われたが、民衆はイギリス上海領事館に被害をもたらすこともなく、北京と同じく整然としたものであった。抗議活動に続き、十一月三日、中国外交部副部長が「イギリス軍とフランス軍はただちにエジプトへの攻撃を停止し、撤退するよう要求する」という内容が書かれた抗議文をイギリスの代理大使オニールに渡した[106]。

（二）　エジプトの軍事支援要請に対する慎重姿勢

この時期に中国のメディアは、アジア各国からエジプトのために戦う志願者が現れていると報じている。停戦を迎えた一九五六年十一月八日、中国のメディアは、停戦はエジプトと平和を愛する世界中の人々の勝利であり、ソ連が尽力した結果であると結論づけ、停戦を歓迎した。しかしその一方で、エジプトからの義勇軍および武器援助の要求に対しては、八日に公表された十一月七日付の政府声明の中で、「中国政府と人民は可能な限り、物資援助を含むあらゆる有効な措置をとり、エジプト人民の闘争を支持したい」と表明したにもかかわらず、エジプト援助委員会を立ち上げて援助物資を集めるにとどまった。エジプトからの義勇軍派遣要求については何ら具体的な行動をとらず、派遣しようとする意思も見られなかった[107]。

一九五六年十二月七日、駐中国エジプト大使は、「エジプト軍は人員の死傷は多くないものの、シナイ半島作戦での軍事装備の損失は深刻である。英仏軍は撤退したが、戦争の危険は依然として消えていない。長期的な戦いに備えるために、中国政府からの政治的および人道的支援のほかに、軍事装備面でも援助提供の可能性や援助条件などがあるか」と中国側に打診した[108]。当時国防部長であった彭徳懐がエジプトの申し入れを毛沢東に報告したところ、毛は中国が生産し輸出できる軽量兵器のサンプルをエジプト大使に見せることには賛成したが、具体的な援助事項については、国務院によって全面的に計画し斟酌した上で決定しなくてはならないと指示し[109]、実質的な支援は控えた。

事件初期と比べ、スエズ危機の深刻化に伴い、中国のエジプト支持は強まった。それはやはり中国がソ連と歩調をあわせようとしたからであった[110]。イギリスに対しそれまで平和共存を呼びかけてきたソ連は、スエズ危機が起きると、「武力を使って侵略者を押し砕く決意を持っている」とイギリスに警告を発した。また、モスクワではイギリスに抗議するデモも行われた[111]。中国メディアがイギリスに対して敵意に満ちた報道をしたり、抗議デモが行われたりしたのは、中国がソ連の行動に同調したことを示している。

中国の行動を検証すると、エジプトへの支持には「武力を用いる」という文言が見当たらず、言葉による支持や物資の提供にとどまっており、義勇軍を派遣してほしいというエジプトの要請に対しても、義勇軍の派遣を行う意思がなかったことは明らかであった。結局のところ、中国側の中東地域支援は、一九五〇年代初期に日本で起きた民衆運動に対する「声援」と同じく、単なる「声援」に過ぎなかった。中国はメディアを使って、自らの存在感を高め宣伝効果を最大限に発揮させた。ソ連に同調する行動をとるものの具体的なコミットメントはせず、複雑な状況の中で影響力を発揮しつつ中国の国益を追求したのである。中国は民族解放運動への支持を表明しながらも、朝鮮戦争時の軍事介入と異なり、中東地域に起きた紛争には深入りせず、軍事面での支援に慎重な姿勢を見せた。というのも、中東地域での紛争は中国の安全保障に直接に影響するものではなく、むしろ深入りすれば、イギリスとの関係をさらに悪化させることになる危険性もあったからである。

一九六五年一月、毛沢東はアメリカのジャーナリストのエドガー・スノー（Edgar Snow）と会見した際、中国の対外方針について次のように述べている。「中国は革命を支持する。そうしなくてはならないからだ。どこかに革命が起きたら、我々は民衆集会を開き、声明を発表し、その革命に声援を送る。我々はただ話をし、空砲を撃つのは好きだが、出兵はしない（我們喜歡説空話、放空砲、但不出兵）」[112]。世界各地の革命運動や民族解放運動への「声援」は五〇年代における中国外交の一つの特徴ともいえる。直接に中国の安全保障を脅かさない限り、中国の「支援」は「声援」にとどまることが多かった。ルシアン・W・パイ（Lucian W. Pye）が[113]、中国の政治文化においては言葉と実際的行動の間に常にギャップが存在すると指摘したように、中国的プラグマティズムの特徴がここにも見られる。

総じていえば一九五六年の半ばまでの中国は、イギリスに対し友好的姿勢を貫いてきた。中国のメディアは「平和共存に向かって現実的な道を歩んでいる」と、イギリスの対中政策を一時的に評価さえしていた[114]。また、周恩来総理は自ら北京のイギリス大使館が主催したエリザベス女王の誕生会に出席し、女王とイギリス国民に向けた祝辞を述べた[115]。中国は、イギリスの対中政策が消極的になっても、イギリスへの働きかけを続けたのである。

第四節　第一次台湾海峡危機以降の中国の香港政策

すでに述べたように、第一次台湾海峡危機が発生してから、中英関係は冷却化し、不安定になったが、中国はカシミールプリンセス号事件および九龍暴動に比較的冷静な対応を見せ、香港問題に対する現状維持の姿勢は変わらなかった。香港で起きたこれら二つの事件に対して、中国は厳しく抗議をしながらも、直接介入はせず外交交渉による問題解決に取り組んだ。この時期における中国の香港政策の目標は、国民政府工作員の排除である。香港政策には、反大陸の拠点にならない限り、イギリスの香港支配を黙認するばかりか、香港大学の訪問団を受け入れ、文化交流を通じて、中英関係の維持に努めるという中国外交に特徴的なプラグマティックな要素が見られる。

一、カシミールプリンセス号事件と中国の対応

一九五五年四月十一日、カシミールプリンセス号事件が発生した。バンドン会議に参加する中国代表団が香港で搭乗したインド航空のチャーター機カシミールプリンセス号が発火装置によって飛行中に爆発し、中国代表団のメンバーと同行記者が遭難した事件である。

事件発生二日前の四月九日、中国政府は事前に情報を得て、外交部から広州外事処（機関）に以下のような電報を送った。「蔣介石の工作員が、アジア・アフリカ会議に参加する我が方の代表団の主脳や幹部の暗殺を計画しているようである。代表団が香港を経由する際、彼らは搭乗している飛行機の破壊を準備しているもようだ。そのため、自分たちの日程・時間について外に漏らさないよう注意し、また空港や飛行機についても特に警戒す

るようにしてほしい。離陸前に、燃料タンクなど爆発物を設置できるような場所について、インド人パイロットに飛行機の厳重な検査をしてもらうように。インドネシアに着いた後は、すぐに我々に電報を打ち、無事を伝えてほしい」。さらに広州外事処を通じ、香港新華社社長の黄作梅と広東省委員会にも通告を行った[116]。翌日、外交部ヨーロッパ・アフリカ局副局長の張越は、駐北京イギリス事務所の参事官のジョン・M・アディス（John Mansfield Addis）と会見し、「我々は、アジア・アフリカ会議に参加する中国人記者に対して国民党特務（工作員）が妨害行為を計画していることを知り、この件に大きな関心を抱いている。香港当局に注意するよう伝え、また彼らの安全について配慮するよう言ってほしい」と述べた[117]。これに対してアディスは、記者に香港での宿泊予定の場所と搭乗するフライトについて尋ね、さらに香港当局に電報を打つことも約束した[118]。事件はこうした中で発生した。

事件発生翌日の四月十二日午後、新華社は「中華人民共和国外交部声明」を発表し、事件がアメリカと国民政府によるものであると述べた[119]。また、駐北京イギリス事務所が結局約束を守らず、事件を防止する努力を怠ったとし、イギリス政府と香港当局には重大な責任があると指摘した上で、事件の真相究明を求めた[120]。同日、外交部はイギリスの中国駐在事務所に外交部声明と同じ内容の覚書を提出するとともに[121]、外交部副部長の姫鵬飛がインドの駐中国大使ネディヤム・ラガヴァンと会見して飛行機事故の状況を伝え、事故は内部から破壊活動を行った者がいたことが原因だと指摘した[122]。さらに、外交部はイギリス駐在事務所の宦郷に電報を打ち、事件についてイギリス政府と交渉するよう指示した[123]。四月十三日、外交部副部長の張聞天はイギリス代理大使トレベリアンを呼び出し、「イギリス政府と香港当局は事件についての責任を免れ得ない」という内容の口上書を渡した。この口上書に対しトレベリアンは、四月十日に中国側がイギリスに連絡した際、国民政府の工作員が暴動を引き起こす可能性があるとは言ったが、破壊活動を企んでいるとは明言していないし、また香港当局は、それにもかかわらず十分な予防措置をとったと述べ、イギリス側の行動について弁明した。そして、中国側に証拠を提供するよう求め、イギリスに対する非難に抗議した。これに対し張は、トレベリアンの抗議は受け入れられないとしながらも、イギリス政府と香港当局にその意思があれば、事件の真相究明はそれほど難しいことではないと述べ、改めて中国側の立場を説明した[124]。四月十七日、イギリス政府は再び中国外交部に口上書を提出した。その中には、カシミールプリンセス号事件について、イギリス政府にはいかなる責任もないこと、調査する時間を与えないまま、一方的にイギリス政府を非難する中国政府に抗議すること、調査が終わるまで墜落の原因は断定できないこと、香港警察が事件を調査中であり、中国を含め各方面に情報提供を求めることなどが書かれていた。このように事件直後中国は、事件の発生を防止しなかったイギリスを非難したのである。

事件に関するイギリスの態度に対し中国は、イギリスが責任をとらず、真相を曖昧なまま済ませようとしているのではないかと懸念し、メディアを通じてイギリスに圧力をかけた。四月十九日、『人民日報』は蔣元椿の「英国政府は必ず責任をとらなければならない」と題する文章を掲載した。イギリス政府が事件の責任をとらないままでは、中国が詳しい情報を提供することは事実上不可能であること、また情報の収集は香港当局の責任であり、香港当局は調査の上、このような事件が二度と起こらないよう措置を講ずるべきことを主張し、イギリスの主張に反駁し、さらに事件は国民政府が起こしたものだという中国政府の判断が正しいことを、改めて強調した[125]。また、四月二十四日の『人民日報』は、新華社通信の報道を引用しながら、以下のように述べている。「香港当局はこれまで、啓徳国際空港（Kai Tak Airport）にいる国民党工作員の徹底的な調査と厳しい追及を行っておらず、中国の市民を殺害した犯人はいまだに法の制裁を受けていない。報道によると、墜落事件が公になった後、香港にいる蔣介石当局の工作員は逮捕されることを恐れていたが、香港当局が放任の態度をとっているため、安心しているようだ」[126]。なかなか動こうとしないイギリスに対し、中国は不満をあらわにしたのである。四月二十六日、イギリス代理大使トレベリアンは中国外交部部長補佐の何偉と会見した。トレベリアンは中国の政府高官や新聞・ラジオが相次いでイギリスを非難していることへのイギリス側の不満を伝え、事件の調査のため、中国政府に対し、墜落を国民政府の工作員の仕業と断定した証拠を提示するよう、改めて求めた[127]。

一方で中国は、外交交渉による問題解決にも積極的に動いた。バンドン会議に向かう途中、周恩来はヤンゴンでインドのジャワハルラール・ネルー（Jawaharlal Nehru）首相と会談し、中国とインドはともに事件の被害者であり、イギリス政府は香港当局に事件を迅速に処理するよう促すべきだと述べた[128]。そして、イギリス政府が中国に協力する意思があるならば、中国政府は情報を提供する用意があるという内容の電報をイーデン首相に送るよう、ネルーに依頼した[129]。四月二十六日、中国は再びネルー首相に対し、国民政府が香港空港の地上勤務員を使って飛行機を墜落させたという情報を得ているとして、空港の地上勤務員を調べる必要があるというメッセージを託した。こうした情報を受け取ったイーデン首相は、同日の夜、さらに詳しい情報を提供するよう、ネルー首相を介して中国側に求めた。二十七日に周恩来は、香港空港の地上勤務員が事件に関与したという中国側の情報に再び触れ、地上勤務員の中から犯人を探り出すべきであると主張し、イギリス政府に事件を解決する決意があるならば、中国政府はイーデン首相の求める情報を提供する用意があることを、ネルー首相に伝えた[130]。

バンドン会議後、中国はさらに外交活動を強化した。一九五五年五月九日、バンドン会議から帰国した周恩来は、陳毅、廖承志、張聞天、章漢夫、姫鵬飛、喬冠華、黄華を招き、事件への対応を検討した。その結果、カシミールプリンセス号事件の真相を明らかにして、アメリカと国民政府当局の関与を世に知らしめることは重要であり、そのためにはイギリスの協力が不可欠であるという結論に至った。イギリスはアメリカに対する配慮から事件の真相を明らかにすることを躊躇しているが、実は対中関係にも配慮していると認識していた中国は、イギリスに対しさらに、「圧力を与える（压）」と同時に「引きよせる（拉）」という方針を決定した。[131] 具体的には、これまでのようなメディアによる対英批判をやめ、「遺憾」という言葉を使わず、イギリスからの口上書にも返事をしない。その代わり、国民政府当局の香港での活動が保護されているのは、米英間ですでに密約が交わされている証拠ではないかと表明することによって、イギリスに圧力を与えることにした。特に、事件の真相を明らかにしないことは中英関係において不利であり、また、香港当局が国民政府当局の工作員をかばうことも中英関係において不利であるといった利害関係を、イギリス側に対し強調していくことを決めた。[132] こうした方針に従い、同日、周恩来は再びトレベリアンと会見し、以下のような見解を示した。「いままで国民党当局は、アメリカの援助を受け、香港で工作員を使って卑劣な行いをして香港当局に多大な迷惑をかけてきた。事件の真相究明は、香港政府にも有益」であり、「今のような状況が継続すれば、香港は中国大陸を転覆させる破壊活動の拠点となり、中英関係にとって障害となるだけでなく、世界情勢にとっても有益ではない。したがって、今回の事件で国民党当局の工作員を追放することは、香港当局にとってもためになる。中国政府は問題解決に貢献したいだけである」。[133] 中国政府の狙いは、事件が国民政府の仕業であることを暴露することにあり、香港内部における国民政府勢力を排除し、中国大陸部の安全を確保する点にあったのである。

こうした中国側の働きかけによって、イギリスは態度を変えた。一九五五年五月十五日の夜、トレベリアンは再び周恩来と会見し、イギリス政府は中国からの情報提供を歓迎し、誠意をもって中国に協力すると伝えた。[134] こうして、中英両国は協力して、カシミールプリンセス号事件の真相究明に乗り出したのである。そして五月二十七日、香港当局は、カシミールプリンセス号墜落事件について以下のような特別声明を発表した。「専門家が飛行機の残骸を調べた結果、カシミールプリンセス号墜落の原因は右翼に仕掛けられた爆発物によるものだという報告を香港政府は受けた。香港空港に停留中のカシミールプリンセス号に爆発物が仕掛けられたと思われる。香港政府は全力で事件を調査し、事件を仕掛けた者を逮捕し、法にしたがって裁く」。同日、イギリス外務省のスポークスマンも、イギリス政府はカシミールプリンセス号墜落事件について香港当局が発表した声明を支持すること、また声明にはイギリス政府の意見も反映されていることを発表した[135]。これに対して中国は、すぐに翌日の『人民日報』で社説を発表し、事件解決のために香港当局が示した態度を歓迎すると述べた[136]。

しかし、事件の解決は中国側が思うように進まなかった。香港当局は事件の進展に関する情報を中国側に伝えず、また中国が提供したリストにあった事件の関与者の多くは逮捕したものの、香港に滞在している主犯格の人物は依然として逮捕に至っていなかった。そこで周恩来は、七月十三日、事件の調査を進展させるために、新しく就任したイギリス代理大使のオニールと会見した。その際、事件に進展がないことに不満を示し、中国は引き続きイギリス政府と協力し、問題を解決するつもりであること、また事件を解決する責任は香港当局にあることを述べ、従来の立場を強調した[137]。

一九五五年九月三日、香港当局は四カ月の調査活動を経て声明を発表し、カシミールプリンセス号事件の主犯である周梓銘に逮捕状を出したこと、また周が台湾に逃げ込んだため、台湾当局に対して引き渡しを要請したことを明らかにした。そして五六年一月十六日、駐北京イギリス代表部は中国外交部に口上書を提出し、香港政府がすでに逮捕した三十一人を国民政府のスパイ活動を行った罪で国外に追放したほか、さらに十三人の容疑者を拘束したことを発表した。次いで六月二十四日、駐北京イギリス代表部は再び中国外交部に口上書を提出し、香港政府は拘束していた十三人を証拠不十分により国外に追放したと発表した。八月四日、周恩来は外交部長の名義で駐北京イギリス代表部に口上書を提出し、香港当局が重大な罪を犯した容疑者を釈放したことについて強く抗議し、事件は未解決のままであり、「イギリス政府は依然として、国際的な責任を負わなくてはならない」ことを強調した。[138] こうして、カシミールプリンセス号事件は一応の決着を見た。

カシミールプリンセス号事件をめぐって、中国はイギリスの対応を非難するという強硬姿勢を見せつつも、外交交渉による問題解決という態度を貫いた。中国は香港が国民政府工作員の活動の場にならないように強く要求する一方で、対英関係を悪化させないよう節度のある行動をとったのである。

二、一九五五年の香港大学代表団中国訪問と中国の対応

一九五〇年代には、中国は限られたルートを利用し、イギリスとの関係を維持しようとした。香港大学代表団の受け入れもその一つである。[139] 一九五五年十一月、新華社香港支社は、エドマンド・C・ブランデン（Edmund Charles Blunden）率いる香港大学代表団が十二月十四日から二週間にわたって北京を訪問することを広東省政府に報告した。中国訪問の主な目的としては、新中国の教育制度と大学教育の状況の視察、および中国の科学者・教育者と接し学術交流活動を行うことが挙げられた。代表団三十名のメンバーのうち、イギリス人は二十四名で、代表団の訪中実現に尽力した熊向暉によれば、その多くは新中国のことをよく知らず、また偏見を持つ者さえいた。

中国はこの香港大学代表団の訪問を重視した。かつて国共内戦中、イギリス政府が香港大学校長のダンカン・

スロス（Duncan Sloss）に命じて、駐香港中国共産党代表と連絡をとらせたことがあるなど、香港大学は特別な役割を果たすことができたからである。代表団による訪中の意義について、中国側は次のように考えた。中国はジュネーブ会議に続き、バンドン会議にも参加した。この間、中英間での代理大使の交換が実現し、また米中間でも大使級会談が始まった。こうした動きは国際情勢の緊張緩和と中国の国内建設にとって有益である。香港大学教授らの来訪をきっかけに、イギリスの教育界・科学界との交流を促進し、中英間の経済・貿易関係をさらに発展させ、ひいてはアメリカの禁輸政策を突き崩すことができる。また、香港大学代表団の中国訪問を通じて、イギリス政府が香港の地位に対する中国側の考え方を探る可能性もあるので、その対策も講じておかなければならない(140)。こうした考え方から見るとこのように中国側には明らかに、香港大学代表団の訪問をきっかけに、中英関係をさらに進展させようとする目論見があった。周恩来は以下のような細かい指示を出している。まず、香港を一つの「政治実体」とみなすことなく、代表団のイギリス人メンバーに対しては、中英両国間の友好関係および文化交流という点のみを考えて接する。また中国人メンバーに対しては、客として彼らの北京訪問を歓迎する一方で、ホストの立場を与え、中国政府とともにイギリス人の世話をさせる。香港の地位問題や複雑な外交問題に触れる話題はできるだけ避ける。中ソ関係・宗教問題・台湾問題などについては、政府の公式見解に沿う範囲なら発言しても構わない。中国政府と異なる意見を客人が示した場合、温厚な言動で対応して「大同」を求め、合意できる点を強調し、できないところはそのままにするという原則に従い、論争を避ける。客人の要求に沿って見学などを手配し、良い面・悪い面を含め、中国社会の現実を多く見てもらい、抽象的な理屈は語らない。客人が大学や研究所を訪問する際は、学問について自由に意見を述べさせる。英語で交流できるなら、通訳は介さない。客人が自分で外出する際、制限はせず、友人や親戚に自由に接触させ、自由に撮影させる。撮影できない場所がある場合は、事前に説明する。中国は、さらに熊向輝が率いるグループを作り、その下に事務局を設け、代表団の行事に合わせてそれぞれ責任を持ち、対応する態勢も整えた[141]。中国は訪中団を極めて重視し、こうした細かい受け入れ方針のもとで、香港大学の代表団を迎えたのである。

一九五五年十二月十四日、香港大学の代表団が北京に到着した。十五日付の『人民日報』第四面の「友好往来」というコラムにこのことはさっそく報じられた。「中国人民対外文化協会の招待を受け、ブランデン教授などのイギリス籍香港大学北京訪問団一行二十四人が十四日午後北京に到着した[142]」。背後で綿密な準備を行っていたにもかかわらず、表面的には、以上のような簡単なニュースとして報じただけであった。代表団の中には、かつて国民政府外交部長を務めた国民党左派・陳友仁の息子で弁護士の陳丕士、病理学の権威である候宝璋の夫人（候宝璋本人は広州まで来たが、用事のため香港に戻った）、香港文化界の有名人である陳君葆など、四人の中国人メンバーが含まれたが、上記のコラムはそれにも触れていない。また、代表団が北京に到着した際、中国人民対外文化協会副会長の陽翰笙、中共中央対外連絡部局長の唐明照、北京で対外報道に携わっていた陳丕士の弟の陳依范などが北京駅まで出迎えたこと、夜に歓迎の宴会を開いたことにも、触れなかった。

周恩来はちょうど東ドイツ訪中団の受け入れと重なり、多忙ではあったが、自ら香港大学の代表団と会見した。十二月二十四日、『人民日報』第一面の目立たないところに、「周恩来が香港大学のイギリス籍教授ブランデンらと会見」と題した以下のような記事が掲載された。「二十三日新華社の電信によると、中華人民共和国国務院総理、周恩来は、二十三日午後に中国人民対外文化協会の招待を受け、北京を訪問した香港大学のイギリス籍教授ブランデンとその夫人など十九人（五人が瀋陽に行ったため不在）、および同行した陳丕士、陳君葆などと会見した。ともに会見したのは、中国人民対外文化協会会長の楚図南、副会長の陽翰笙、中華人民共和国文化部部長の沈雁氷、副部長の丁西林と鄭振鐸、教育部部長の張奚若、外交部副部長の章漢夫、（外交部——引用者）西ヨーロッパ、アフリカ局局長の黄華、対外貿易部副部長の雷任民、鉄道部副部長の石志仁、高等教育部副部長の曾昭掄、新華社社長の呉冷西、清華大学副学長の劉仙洲、北京大学教務長の周培源、教授の愈大絪、中華聖公会会長の趙複三である」[143]。この記事はタイトル、内容、掲載位置などすべて周恩来が自ら審査して決定したものであった。一見するとごく普通のニュースのようであるが、政治的な意味は極めて大きい。沈雁氷、丁西林、鄭振鐸、張奚若、曾昭掄の五人は文化・教育を担当する部長ないし副部長であるが、共産党員ではないため、彼らに参加させることでイデオロギー的色彩を和らげ、文化交流の色合いを濃くしようとする意図がある。また章漢夫は、国共内戦期間中香港で『華商報』を発行していた経験を持つ、新中国外交の責任者でもあり、彼を会見メンバーに入れることで、文化交流活動を通じて、外交活動も展開することができるという計算もあった。そして、訪中したイギリス籍の教授が中英貿易問題について興味があるという情報に基づいて、雷任民を中国側の会見メンバーに入れ、これに対応できるようにした。さらに石志仁と劉仙洲は香港大学の卒業生であったため、母校の教授と会わせることによって親近感を持てるようにしている[144]。周恩来はこれだけの配慮をした上でメンバーを選定したのであった。

また、十二月二十四日のクリスマスイブに、中華聖公会（中国の英国国教会）会長の趙複三が周恩来の指示に従って、中国人クリスチャンとともに代表団のメンバーを食事に招待し、教会のミサに参加させた。また、やはり周恩来の指示で、対外文化協会会長の楚図南が代表団のために送別会を開いた。出席者は、二十三日に行われた会見に参加した部長・副部長をあえて外し、その代わりに共産党員ではない中国科学院の副院長や、北京にいる候宝璋の息子夫婦、および香港のことを熟知した芸術家や貿易関係者、中国作家協会副主席の曹禺、中国国際貿易促進会副主席の冀朝鼎、中央演劇学院院長の欧陽予倩、国民政府軍の元元帥の傅作義や衛立煌、アメリカから帰ってきたばかりの銭学森と夫人の蔣英などを招待した。侯宝璋夫人は北京にいる息子の候健存と会いたがっており、反革命分子として粛清の重点対象となっていたため、関係部門は反対したが、周恩来の指示でやはり招待された。また周恩来は駐北京イギリス事務所の職員も招待するよう指示した。この送別会をイギリス側への働きかけのよい機会だと考えたからである。もちろん周自らも出席し、瀋陽に行っていたため前回（二十三日午後）会えなかった五人のイギリス人教授とも面会し、積極的に交流を行った。二十六日、周恩来は再び陳丕士、陳君葆と会見し、香港の問題について話し合った。[145]周が自ら率先して綿密かつ周到な計画を立て、多くの政府高官が出迎えるよう計らったことから見て、中国が香港大学訪中団を非常に重視していたことは明らかである。

第一次台湾海峡危機の発生によって、中英関係は徐々に冷え込んでいったが、それにもかかわらず、中国はジュネーブ会議の成果を保持しようとしていたのである。中英関係が冷えこんでいたこの時期、中国はいかなる機会も逃さず、香港の役割を十分利用し、イギリスとの関係維持につなげようとした。

三、九龍暴動と中国の対応

一九五六年十月十日、香港の九龍で暴動が起きた後、荃湾（Tsun Wan）という工業地域でも暴動が起きた。これには労働組合の影響があった。この時期香港における労働組合は国民政府の影響を受けたものもあれば、人民政府の影響を受けたものもあった。[146]五〇年代の香港には両者の争いが常に存在し、イギリス支配の下にある香港が国民政府工作員の活動の場にならないよう、中国は常に腐心していた。

事件が発生した際『人民日報』は、香港政府が中国同胞を迫害する国民政府の工作員の行為を放任していると非難した[147]。九龍で起きた暴動は国民政府の工作員によるものであり、イギリスは香港における中国人の生命と安全を守る責任を果たせなかったと中国側は考え、十一日に外交部副部長の章漢夫がイギリス代理大使のオニールを呼び、イギリス側に抗議した。十二日、中国メディアは一斉に「香港と九龍は内陸のすぐ近くにあるため、中国政府と人民の生活の安全はその暴動によって大きく妨害されている」と事件について報じた[148]。その後、暴動に関する中国メディアの報道は厳しさを増していく。十三日には、「その責任は国民党当局の工作員にあり、責任を他人に転嫁するいかなる企みも卑劣な行為とみなす」とする中国側の認識を示し、同日付の『人民日報』は、「中国政府と人民は香港と九龍にいる同胞の苦しみを無視することはできない」と、香港の中国住民の安全を気づかう記事を載せた[149]。

中国政府はこの一連の暴動を重視した。十月十三日の夕方、オニールと会見した周恩来は、それまでの中国側の主張を繰り返した上で、今後類似した事件が起きた場合、香港当局は香港にいる左翼勢力が自衛団体を組織することを許可する可能性があるのか、オニールに尋ねたのである。五五年二月、中国政府は政府代表機関を香港に駐在させてほしいとイギリス政府に打診したことがあったが、イギリス政府は当時中国側の要求を受け入れなかった。周恩来はそのことに触れ、「国民党当局の代表は香港に駐在し、香港政府と定期的に連絡をとっているのに対し、中国政府に対してはいかなる政府間接触も許してもらえなかった」とイギリス側に不満を漏らした。暴動をなかなか鎮静化できなかったことに対し、周は、「秩序を保つために、人民解放軍を香港に派遣しなければならないのではないか（要不要派解放軍去香港維持秩序?）」と述べ[150]、「香港政府が今までの国民党当局の工作員を容認する政策を続ければ、中国の安全は脅かされることになるが、それよりまずイギリス政府の香港支配が脅かされることになる」として、「イギリスが中国と協力して初めて、香港は中国と平和共存できる」とイギリス側を説得した。[151] 翌日の十四日、周は、二時間にわたってイギリスの記者アラン・ウイニントン（Alan Winnington）と会談した。ウイニントンに対し、周は次のように指摘している。

第一に、イギリス・香港当局は国民政府工作員の活動を容認してきた。香港当局はこれらの工作員を利用し、香港における新中国の事業に打撃を与えると同時に、中国大陸を悩ませている（製造麻煩）。これまで香港当局は、国民党工作員を排除する気がなく、結果としてその勢力を拡大させ、コントロールできない段階にまで来てしまった。

第二に、暴動が始まった直後から、香港当局がそれを鎮静化させる措置をとらなかったため、略奪や暴動にまで事態が拡大した。これは香港当局の無能の現れであり、無責任の現れでもある。

第三に、香港総督アレキサンダー・グランサム（Alexander Grantham）の、事件の性質は「左派と右派の衝突」であるという発言は、明らかに妥当性に欠けている。この発言には、他人の争いを傍観し双方が損害をこうむるのを待ってから漁夫の利を得るという、従来からあるイギリスの心理が反映されている。イギリスは、植民地における反共産勢力が大きければ大きいほど、ソ連や社会主義諸国に対抗しやすいと考えているようだが、結局損失をこうむったのはイギリス支配下の地域であって、九龍暴動はまさに、こうした政策の結果である。

第四に、暴動の根源は根こそぎ取り除かなければならない。そうしなければ、よりいっそう大きな動乱が起こるであろう。[152]

ウイニントンはかつてイギリス共産党員であった人物で、同党機関紙『デイリーワーカー（Daily Worker）』の副編集長を経て、一九四八年に中国にやってきた新華社で初めての外国人職員であった。[153] ウイニントンの帰国後、イギリス国内で周恩来の談話が発表されたため、イギリス政府はそれを不満に思った。[154] 一方、中国メディアのイギリス批判は一向に和らぐことがなかった。十四日は、香港当局が国民政府の工作員に対しとってきた容認的態度について、十五日は香港当局が被害者の数を過少に発表したことや国民政府の工作員の責任者を逮捕しなかったことについて、繰り返し厳しく非難した。[155] また十五日、『大公報』は「暴動が発生して五日経ったにもかかわらず、香港当局は国民党工作員の暴行を阻止できないばかりか、宣伝文において中国人民を侮辱している。中国人民は我慢の限界に達している」と北京の特電を引用して批判した。[156]『大公報』は社説を発表することで人民政府に呼応してきたが、直接北京の特電を引用することは稀であった。

十月十六日、周恩来は再びオニールと会見し、「香港総督は国民党当局の工作員を恐れており、香港当局はわざと（国民党当局の）工作員に平和的な住民（peaceful residents）を襲撃させ、香港を国民党当局による大陸破壊活動の足場にしようとしている」と、イギリスの香港政策を強く非難した。その上で周は、「イギリスがこうした政策を続けるならば、国民党当局の工作員に利用され、さらなる多くの暴動が起きるだろう」と述べ、「今度暴動が起きたら、平和的な住民も自衛措置をとって対抗するだろう」、「香港政府が国民党当局の工作員による暴動を許せば中国大陸の安全は脅かされることになる。中国大陸の安全が脅かされた以上、中国政府はそれを容認することができない」と、中国にとってこの問題がいかに重要かを強調した。[157] イギリス側の記録によれば、会見の最後に、周恩来は英語で次のように語った。「我々は香港で多くのトラブルを引き起こすことができる。簡単なことだ。ただ我々はそういうことをしたくない（You know we could cause plenty of trouble in Hong Kong, easily. But we don't want to）」。[158] こうした周の発言に呼応するように、十八日付『人民日報』では、再度香港当局の対応を非難した。「香港当局は火遊びをしている。当局の行動は、国民党当局の工作員を鼓舞してより多くの騒乱を引き起こさせるだけで、まったく香港の利益にはならないであろう。中国人民は、香港を国民党当局による新中国に対する破壊活動の基地にする行為を、断固として容認しない」と表明した。[159]さらに二十三日には『光明日報』、二十四日には『人民日報』が、イギリス政府および香港当局の対応を非難し、中国政府の立場を繰り返した。こうして十月末まで、中国のメディアは、暴動をめぐり絶え間なくイギリスの香港政策に対し敵意に満ちた報道や論評を掲載し続けたが、十月が終わるとともに、こうした言論攻撃キャンペーンは急速に収束していった。イギリス側の外交資料によれば、香港暴動をめぐる中英政府間の交渉は、十月十九日にイギリス代理大使のオニールが外交部副部長の章漢夫と行った会見をもってすでに終了していた。[160]十九日に、イギリス政府の指示を受け、イギリス代理大使のオニールは、外交部副部長の章漢夫と会見し、暴動をめぐる中国側の報道内容は事実が誇張されたものだとして、中国政府に抗議した。しかし、会見では章とオニールの間に暴動をめぐるそれ以上の議論はなく、中国側からイギリスに新たな対応を求めることもなかった。また、九龍暴動が起きた翌日の十一日に中国軍が一時的に香港境界内に入ったことについて、オニールが中国政府に説明を求めたところ、章はその場では返事をせず、後に回答すると約束し、[161]新たな争いを避けている。

九龍暴動をめぐっても、中国側の対応は硬軟両面を巧みに織りまぜたものであった。表向きは中国メディアがイギリスに対し十月末まで厳しい非難を繰り返すことで「香港での国民党当局工作員の活動によって中国大陸部の安全と安定が脅かされることは断じて許されない」というメッセージがイギリス側に確実に伝わった。しかしその裏で行われた中英政府間の交渉では、すでに緊張状態にある中英関係が、香港の暴動によってこれ以上悪化しないように、早くこの問題を収束させようとする現実的な行動がとられていたのである。

中国と香港当局の間ではそれまでに、国民政府への飛行機返還問題、移民制限問題、カシミールプリンセス号爆破事件など、様々な問題が起きており、そのたびに中国はイギリス側に抗議してきた。しかし九龍暴動の場合のように、長期間にわたり連続してイギリスを非難することはまれであった。中国政府が強く反応した背景には、香港当局の対応に対する不満というより、国民政府の活動を容認する当局の政策に対する不安と不満があった。中国が最も危惧していたのは、香港当局が国民政府の活動を容認することによって、香港における国民政府の勢力が拡大し、中国大陸部の安全が脅かされることにあった。このような不安の増大には当時中国国内で進められていた粛反運動の影響があったと思われる。カシミールプリンセス号爆破事件が教訓となって、国民政府工作員の活動を拡大させてはならないという危機感が中国にはあった。メディアを利用して香港当局の対応を強く非難することによって、イギリス政府と香港当局に圧力をかけ、国民政府に対する政策を転換させようとしたのである。

中国メディアがイギリス政府と香港当局を激しく非難する一方で、中国政府は一貫して外交的解決を追求した。周恩来や章漢夫はイギリス代理大使のオニールと頻繁に会見し、政府間レベルの意見交換を継続し、常に意思疎通を図っていた。イギリス政府の香港政策を非難しながらも、中国政府はイギリスに「香港返還」を要求することもなく、中国メディアが「香港返還」を求めることもなかった。中国は自国の安全と国益を守るために、イギリスと衝突することがあっても、良好な関係を壊さないよう慎重にバランスを維持していたのである。

カシミールプリンセス号爆破事件と九龍暴動への対応には、中国の冷静さも現れている。中国にとって不本意な状況が出現したにもかかわらず、香港との間に起きた問題に対する中国の姿勢は「厳しい抗議表明」にとどまり、直接介入はせず外交交渉によって解決を図るものであった。では、この時期香港における中国側の政策目標はどこにあったのだろうか。五〇年代半ばに周恩来総理が、北京を訪問した香港総督グランサムと会談した際提出した三つの条件から、中国側の意図をうかがうことができる。それはすなわち「香港を国際的な反中国基地にしないこと、香港で中国を転覆する活動をしないこと、中国人の安全を守ること」であった[162]。周はさらに「第一点はアメリカを意識してのことであり、第二点は（国民党政権による――引用者）中国大陸の破壊活動を阻止するためであり、第三点は香港にいる中国の駐在員の安全保障である」と付け加えた[163]。中国の香港政策の重点は、依然として国民党の活動への警戒にあったのである[164]。

香港の安定が求められた背景については二つの側面から考察できる。一つは、経済的側面である。一九五五年以降、中国は香港を外貨獲得の拠点として利用し始め、香港からの輸入が大幅に減少したのと反対に、香港向けの輸出は顕著に増加した[165]。朝鮮戦争後、アメリカの封じ込め政策によって対外貿易を自由に展開できなかった中国にとって、唯一の貿易の窓口としての香港の役割は重要であった。もう一つは、対英関係の側面である。香港のイギリス支配の現状維持は、中国の大陸支配に脅威を与えない限り、中英関係の安定化につながると中国は考えた。香港の安定化をあくまでも重視したのは、結局イギリスとの関係を維持していきたいという中国側の考えがあったからだと思われる。

一九五六年四月二十五日、毛沢東は中央政治局拡大会議で「十大関係を論ず」として講話を行い、その中で「百花斉放百家争鳴」の方針を打ち出した。それによって各界から党と政府に対する不満や提案が出されるようになり、多くの国内外の問題が議論された。五七年以降も香港では国民政府の活動をはじめ、多くの問題が生じていた。同年六月二十二日、香港政府は、中国軍の追撃によって香港に着陸した国民政府軍の戦闘機を台湾に返還することを許可した。それについて、中国政府は、「イギリス政府と香港当局は、蔣介石当局が香港を利用し、中国の安全を脅かすことによってもたらされた結果に対し、すべての責任を負わなくてはならない」と述べ、イギリスに抗議した[166]。七月二十四日、中国外交部は、九龍に居住している中国系住民を強制的に移住させることに対し再度イギリス政府に抗議した[167]。

しかし、この時期における中国の行動は建国初期と変わらず、依然として抗議のレベルにとどまり、イギリスの香港支配にも極力触れず、自制に徹しており、香港の現状を維持するという中国の方針にも変化はなかった。一九五七年四月二十八日、上海商工界主催の座談会において、周恩来は香港問題に触れた。「我々はいつの日か香港の主権を奪還するつもりである。イギリス人もそう考えているであろう」。「我々は香港を内地と同一視してはならない。香港は大陸部と異なるのだから、大陸部のまねをすれば、きっと良い結果は得られないであろう。香港はまだイギリスの支配下にあり、純粋な資本主義市場であるから、社会主義化はできず、また社会主義化してはならない。資本主義の原理にしたがって運営して初めて香港は生存し発展できるであろう。また、それ（香港の生存と発展――引用者）は我々に有利である」[168]。「香港における我々の企業はその環境に順応しなくてはならない。我々のために香港に役に立ってもらうのだ」[169]。「経済面において香港を我々の役に立つような窓口にしなくてはならない。中国では社会主義革命が成功したが、社会主義建設も進めなくてはならない。そのために香港を、外国との経済活動を展開する基地とすれば、香港を通じて外資を吸収し、外貨を獲得することができる」[169]。以上の周恩来の発言からわかるように、中国の指導者は大陸部において社会主義を推し進めながらも、香港に対しては極めて現実的な対応をとっていた。国内政治は変動しても、中国の香港政策は建国直後と変わりがなく、現状維持を貫いたのである。

一九五七年半ば、中国を訪問したフランス元首相エドガール・フォール（Edgar Faure）と会談した際も、周恩来は香港問題について「我々は待つことができる」と述べ[170]、正面からこれを論じることを避けた。五〇年代の中国外交政策においては、矛盾した行動が常に存在していた。台湾問題は中国にとっては原則問題として認識されていたため、アメリカが台湾海峡から撤退するしか解決方法はないとして、中国は一歩も譲らない姿勢を貫いたが、その一方で、イギリスの香港支配をプラグマティックに黙認し続け、香港で起きた様々な問題に対し、柔軟性をもって対応したのである。

(1) FO371/120926, FI1051/2, O'Neil to Selwyn Lloyd, dispatch 61, 27 February 1956.
(2) 中共中央党史研究室張聞天選集伝記組編、張培森主編『張聞天年譜1942―1976』下巻、北京：中共党史出版社、二〇〇〇年、一〇九七―一〇九八頁。
(3) Kuo-Kang Shao, *Zhou Enlai and the Foundations of Chinese Foreign Policy*, Basingstoke: Macmillan Press, 1996, p. 187.
(4) 高橋伸夫『中国革命と国際環境―中国共産党の国際情勢認識とソ連 1937年―1960年』、慶應義塾大学出版会、一九九六年、一七六頁。
(5)「国際形勢到了一個新的転折点（一九五七年十一月十八日）」、中華人民共和国外交部、中共中央文献研究室編『毛沢東外交文選』、北京：中央文献出版社・世界知識出版社、一九九四年、二九六頁。
(6)「関於恢復中国在聯合国的合法席位問題（一九五六年九月三十日）」、『毛沢東外交文選』、二六八―二六九頁。
(7) 牛軍「毛沢東国際戦略思想探源」、『国際政治研究』、第一期、一九九五年、七頁。
(8) 金焔『金門之戦1949―1959』、瀋陽：遼寧人民出版社、二〇一一年、一一〇頁。
(9) 王炳南『中美会談九年回顧』、北京：世界知識出版社、一九八五年、四一―四二頁。裴堅章編『中華人民共和国外交史1949―1956』、北京：世界知識出版社、三三七頁。
(10)「毛沢東在政治局拡大会議上的講話（一九五四年七月七日）」、中共中央文献研究室、中国人民解放軍軍事科学院編『建国以来毛沢東軍事文稿』中巻、北京：軍事科学出版社・中央文献出版社、二〇一〇年、二一六頁。
(11)「一定要解放台湾」、『人民日報』、一九五四年七月二十三日。
(12) 福田円『中国外交と台湾―「一つの中国」原則の起源』、慶應義塾大学出版会、二〇一三年、四二―四三頁。

(13) 金『金門之戦1949—1959』、一二〇頁。

(14) 宮力「50年代的台湾海峡緊張局勢及中国采取的対策」、姜長斌、羅伯特・羅斯主編『1955—1971年的中美関係』、北京：世界知識出版社、一九九八年、三三一頁。

(15) 同右、二八—三二頁。

(16) 「必須撃敗美国拼湊東南亜侵略集団的陰謀」、『人民日報』、一九五四年八月六日。

(17) 「東南亜集団的侵略性質」、『人民日報』、一九五四年九月七日。

(18) 「周恩来総理接見英駐華代辨杜維廉的談話記録（一九五五年二月二十八日）」、外交部檔案資料 No. 110-00034-02。

(19) 同右。

(20) 同右。

(21) FO371/115046, FC1046/722g, JP（55）23, revised final, 29 April 1955.

(22) FO371/115051, FC1041/879, COS（55）104, 4 May 1955.

(23) FO371/115053, FC1041/921, Trevelyan to Macmillan, dispatch 133, 24 May 1955.

(24) *House of Commons Debates*, vol. 536, 26 January 1955, cols. 162–163.

(25) *Daily Telegraph*, 7 September 1954; *Manchester Guardian*, 4 September 1954.

(26) *Daily Worker*, 3 September 1954.

(27) 「堅持反対製造『両個中国』的陰謀（一九五五年一月五日）」、中華人民共和国外交部、中共中央文献研究室編『周恩来外交文選』北京：中央文献出版社、一九九〇年、九六頁。

(28) 同右、九七—九八頁。

(29) Anthony Eden, *Full Circle: The Memory of Anthony Eden*, London: Cassell, 1960, p. 93.

(30) 「堅持反対製造『両個中国』的陰謀（一九五五年一月五日）」、『周恩来外交文選』、九四—一〇五頁。

(31) 「在第一届全国人民代表大会第一次会議上的政府工作報告（一九五四年九月二十三日）」、「中国人民政治協商会議第二届全国委員会第一次全体会議上的報告（一九五四年十二月二十一日）」、同右、五一九頁。

(32) FC 1011/1, China: Annual Review for 1955, Peking, 6 January 1956.
(33) 「周恩来総理接見英駐華代辦杜維廉的談話記録（一九五五年二月二十八日）」、外交部檔案資料 No. 110–00034–02。
(34) 同右。
(35) Robert Boardman, *Britain and the People's Republic of China, 1949–74*, London: Macmillan Press, 1976, p. 118.
(36) 蔣元椿「在張伯倫的道路上」、『人民日報』、一九五五年一月二十九日。
(37) 「周恩来総理接見英国各界人士訪華団談話記録（一九五四年十月二十一日）」、外交部檔案資料 No. 204–00004–07。
(38) 同右。
(39) 同右。
(40) 「陳毅副総理接見英国訪華友好代表団談話記録（一九五五年九月十四日）」、外交部檔案資料 No. 110–00279–01。
(41) 同右。
(42) 同右。
(43) FC 1011/1, China: Annual Review for 1955, Peking, 6 January 1956.
(44) Ibid.
(45) 金『金門之戦1949—1959』、一三二頁。
(46) 同右、一三四頁。
(47) 同右、一三二頁。
(48) Curtis Keeble, *Britain and the Soviet Union, 1917–89*, London: Macmillan, 1990, pp. 251–252.
(49) FC 1011/1, China: Annual Review for 1955, Peking, 6 January 1956.
(50) Ibid.
(51) 「周恩来総理与英国代辦杜維廉的談話紀要（一九五五年五月二十六日）」、外交部檔案資料 No. 110–00141–03。
(52) 同右。
(53) 同右。

(54) 同右。
(55) 同右。
(56) 中国語原文：一般地説、会議的主題応該能包括各方面要提出来的問題、因此、「和緩和消除台湾地区的緊張局勢」的措辞是恰当的。此外就不容易找到其他的恰当措辞。
(57) 「周恩来総理与英国代辦杜維廉的談話紀要（一九五五年五月二十六日）」、外交部檔案資料 No. 110-00141-03。
(58) 中国語原文：外交接触不是会議、或者説不是公開的会議。外交接触就是通過外交途径的接触、不是公開的。
(59) Statement by Anthony Eden, *House of Commons Debates*, vol. 536, 7 February 1955, col. 1533.
(60) 「聯合国応要求美軍従台湾撤走」、『人民日報』、一九五五年一月三十一日。
(61) 「只有制止美国侵略、才能緩和遠東局勢」、『光明日報』、一九五五年二月一日。
(62) 「周恩来総理英国代辦杜維廉的談話紀要（一九五五年五月二十六日）」、外交部檔案資料 No. 110-00141-03。
(63) Shao, *Zhou Enlai and the Foundations of Chinese Foreign Policy*, p. 192.
(64) 中華人民共和国外交部外交史研究室編『周恩来外交活動大事記１９４９—１９７５』、北京：世界知識出版社、一九九三年、一二二頁。
(65) Shao, *Zhou Enlai and the Foundations of Chinese Foreign Policy*, p. 190, "Dulles News Conference Remarks on Red China, 2 August 1955," *New York Times*, 3 August 1955.
(66) Johnson to the Department of State, 14 September 1955, U.S. Department of State, *Foreign Relations of the United States, 1958–1960*, vol. 3, Washington, D. C.: G. P. O., 1986, pp. 89–90.
(67) 王『中美会談九年回顧』、四七頁。
(68) 宋恩繁・黎家松『中華人民共和国外交大事記』第一巻、北京：世界知識出版社、一九九七年、二二〇頁。
(69) 「関於目前国際形勢、我国外交政策和解放台湾問題—在第三届全国人民代表大会第三次会議上的発言」、『人民日報』、一九五六年六月二十九日。
(70) 「周恩来総理接見英国公誼代表団談話記録（一九五五年十月二十六日）」、外交部檔案資料 No. 111-00277-03。

（71） 中共中央文献研究室編、金沖及主編『周恩来伝（三）』、北京：中央文献出版社、一九九八年、一二三八頁。

（72） 「八月二十九日的批語和修改」、中共中央文献研究室編『建国以来毛沢東文稿』第六冊、北京：中央文献出版社、一九九二年、一四八頁。

（73） 以下のような資料がある。「駐英代辦宦郷関於英国艾登内閣内政・外交政策的分析報告（電報）（一九五五年四月十二日）」、外交部檔案資料 No. 110–00275–04。「英国艾登内閣内政・外交政策動向（電報）（一九五五年十月十三日）」、外交部檔案資料 No. 110–00275–08。「英国工党情況（電報）（一九五五年十二月二十日）」、外交部檔案資料 No. 110–00275–12。「英国艾登内閣内政・外交政策動向分析（電報）（一九五五年十二月二十四日）」、外交部檔案資料 No. 110–00275–15。

（74） 「駐英代辦宦郷関於英国艾登内閣内政・外交政策的分析報告（電報）（一九五五年四月十二日）」、外交部檔案資料 No. 110–00275–04。

（75） 「英国艾登内閣内政外交動向（電報）（一九五五年十月十三日）」、外交部檔案資料 No. 110–00275–08。

（76） 「英国工党情況（電報）（一九五五年十二月二十日）」、外交部檔案資料 No. 110–00275–12。

（77） 「外交部研究室関於英国外交動向幾個問題的估計（電報）（一九五五年十一月九日）」、外交部檔案資料 No. 110–00275–11。

（78） 『張聞天年譜１９４２―１９７６』下巻、一〇〇七頁。

（79） 同右。

（80） 同右。

（81） 同右。

（82） 「支持和平中立政策、争取和緩国際局勢（一九五六年六月十八日）」、『周恩来外交文選』、一六六頁。

（83） 『張聞天年譜１９４２―１９７６』下巻、一〇〇一頁。

（84） Humphrey Trevelyan, *Living with the Communists*, Boston: Gambit, 1971, pp. 131–132.

（85） Lucian W. Pye, *The Mandarin and the Cadre: China's Political Cultures*, Center for Chinese Studies, Michigan: University of Michigan, 1988, pp. 92–93.

（86） FC 1051/2, No. 10, Anglo-Chinese Relations, 14 February 1956.

(87) *Ibid.*

(88) Evan Luard, *Britain and China*, London: Chatto & Windus, 1962, p. 168.

(89) 劉武生・杜宏奇編『周恩来軍事活動紀事（１９１８—１９７５）』下巻、北京：中央文献出版社、二〇〇〇年、四〇一頁。

(90) 同右、四〇五頁。

(91) FC 1051/2, No. 10, Anglo-Chinese Relations, 14 February 1956.

(92) FC 1022/19, No. 37, Foreign Policy Speech by Mr. Chou En-Lai, 5 July 1956

(93) *Ibid.*

(94) *Ibid.*

(95) FC 1743/4, No. 49, The Teaching English in China, 31 August 1956.

(96) *Ibid.*

(97) *Ibid.*

(98) *Ibid.*

(99) 沈志華主編『中蘇関係史綱１９１７—１９９１』、北京：新華出版社、二〇〇七年、一七四頁。李連慶『冷暖歳月—一波三折的中蘇関係』、北京：世界知識出版社、一九九九年、三一九頁。

(100) 李『冷暖歳月』、三一九頁。

(101) 「関於援助埃及収回蘇伊士運河問題的批語（一九五六年八月）」、『建国以来毛沢東文稿』第六冊、一七二頁。

(102) 同右。

(103) VR 1091/964, No. 71, Chinese Reactions to Middle East Situation, 9 November 1956.

(104) *Ibid.*

(105) *Ibid.*

(106) *Ibid.*

(107) *Ibid.*

(108)「関於援助埃及軍事装備問題的批語（一九五六年十二月二十六日）」、『建国以来毛沢東文稿』第六冊、二八〇―二八一頁。
(109)同右。
(110)VR 1091/964, No. 71, Chinese Reactions to Middle East Situation, 9 November 1956.
(111)Keeble, *Britain and the Soviet Union*, pp. 255–256.
(112)「同斯諾談国際問題（一九六五年一月九日）」、『毛沢東外交文選』、五五八頁。
(113)Pye, *The Mandarin and the Cadre*, pp. 80–81.
(114)Luard, *Britain and China*, pp. 172–173.
(115)*Ibid*.
(116)「外交部致広州外事処的電報（一九五五年四月九日）」、中華人民共和国外交部檔案館編『中華人民共和国外交檔案選編　中国代表団出席１９５５年亜非会議』第二集、北京：世界知識出版社、二〇〇七年、一四四頁。
(117)「張越約与艾惕思談話記録（一九五五年四月十日）」、同右、一六〇頁。
(118)同右。
(119)「中華人民共和国外交部声明（一九五五年四月十二日）」、同右、一六一頁。
(120)同右。
(121)「外交部致英国駐華代辦処的照会（一九五五年四月十二日）」、同右、一六六頁。
(122)「姫鵬飛与頼嘉文談話記録（一九五五年四月十二日）」、同右、一六三頁。
(123)「外交部辦公庁関於我方人員被謀害向英国交渉事致宦郷的電報（一九五五年四月十二日）」、同右、一六七頁。
(124)「張聞天与杜維廉談話記要（一九五五年四月十三日）」、同右、一六八―一六九頁。
(125)蔣元椿「英国当局一定要負起責任」、『人民日報』、一九五五年四月十九日。
(126)「香港英国当局迄今没有認真査究」、『人民日報』、一九五五年四月二十四日。
(127)「何偉与杜維廉談話記要（一九五五年四月二十六日）」、『中華人民共和国外交檔案選編　中国代表団出席１９５５年亜非会議』第二集、一七九頁。

(128) 徐京利『解密中国外交檔案』、北京：中国檔案出版社、二〇〇五年、三四三―三四四頁。
(129) 熊向暉『我的情報与外交生涯』、北京：中共党史出版社、二〇〇六年、一四〇頁。
(130) 同右、一四一―一四二頁。
(131) 徐『解密中国外交檔案』、三五五―三五六頁。
(132) 同右、三五六頁。
(133) 中華人民共和国外交部外交史研究室編『周恩来外交活動大事記１９４９―１９７５』、北京：世界知識出版社、一九九三年、一一〇頁。「周恩来与杜維廉談話記要（節選）（一九五五年五月九日）」、『中華人民共和国外交檔案選編　中国代表団出席１９５５年亜非会議』第二集、一八二―一八五頁。
(134) 「周恩来与杜維廉談話記要（節選）（一九五五年五月十五日）」、『中華人民共和国外交檔案選編　中国代表団出席１９５５年亜非会議』第二集、一八六頁。
(135) 熊『我的情報与外交生涯』、一五〇―一五一頁。
(136) 「蔣匪特務謀殺罪行得到証実」、『人民日報』社説、一九五五年五月二十八日。
(137) 「周恩来与欧念儒談話記要（一九五五年七月十三日）」、『中華人民共和国外交檔案選編　中国代表団出席１９５５年亜非会議』第二集、一九八―二〇〇頁。
(138) 同右、一六五―一六六頁。
(139) 中国側の対応については、香港大学代表団の訪中業務に携わった熊向暉の回想録『我的情報与外交生涯』の中に詳しく書かれている。
(140) 同右、四四九頁。
(141) 同右、四四九―四五〇頁。
(142) 「友好往来」、『人民日報』、一九五五年十二月十五日。
(143) 「周総理接見香港大学英籍教授布兰敦等」、『人民日報』、一九五五年十二月二十四日。
(144) 熊『我的情報与外交生涯』、四五四―四五六頁。

(145) 同右。

(146) Hong Kong (conditions), *House of Commons Debates*, vol. 560, 8 November 1956, cols. 410–420.

(147) 胡菊人主編「香港・中共・英国」、『1997・香港―香港地位問題資料匯編』、香港：『百姓』半月刊出版、一九八一年、一一〇頁。

(148) FC 10415/94, No. 72, The Chinese Government's Reactions to End the Kowloon Riots of 10–12 October, 9 November 1956.

(149) *Ibid.*

(150) 周奕『香港左派闘争史』第四版、香港：利迅出版社、二〇〇九年、一五二頁。

(151) FC 10415/94, No. 72, The Chinese Government's Reactions to End the Kowloon Riots of 10–12 October, 9 November 1956.

(152) 周『香港左派闘争史』、一五二―一五三頁。

(153) アラン・ウィニントンは自らの著書の中で中国での活動を紹介している。Alan Winnington, *Breakfast with Mao: Memoirs of a Foreign Correspondent*, London: Lawrence and Wishart, 1986.

(154) 周『香港左派闘争史』、一五二頁。

(155) 「対於香港英当局未能制止国民党特務所組織的暴乱周恩来総理提出厳重抗議」、「香港英当局没有堅決制止九龍騒乱、国民党特務継続行凶搶掠焼殺」、『人民日報』、一九五五年十月十四日。「港九地区表面情況一度平静後、国民党特務又在九龍分頭発生騒乱」、「国民党特務分子策動的騒乱事件、使九龍軽工業受到重大損失」、『人民日報』、一九五五年十月十五日。

(156) 周『香港左派闘争史』、一五二頁。

(157) FC 10415/94, No. 72, The Chinese Government's Reactions to End the Kowloon Riots of 10–12 October, 9 November 1956.

(158) *Ibid.*

(159) *Ibid.*

(160) *Ibid.*

(161) *Ibid.*

(162) 施華「中共対香港的政策和認識」、『七〇年代』、一九八二年十二月号、二八頁。

(163) 同右。

(164) Steve Tsang, "Target Zhou Enlai. 'The Kashmir Princess' Incident of 1955", *The China Quarterly*, no. 139 (September 1994), pp. 775–776. Beijing to Foreign Office, No. 774, 13 August 1955, FC1383/244, FO371/115143.

(165) 外務省アジア局編『香港便覧』、日本国際問題研究所、一九六〇年、二二頁。

(166) 黎家松『中華人民共和国外交大事記』第二巻、北京：世界知識出版社、二〇〇一年、二一頁。

(167) 同右、六一頁。

(168) 中共中央文献研究室編『周恩来年譜１９４９—１９７６』中巻、北京：中央文献出版社、一九九七年、三七—三八頁。

(169) 同右。

(170) 胡編「一九九七面面観」、『１９９７・香港』、一〇七頁。

第五章

「中間地帯」論の一貫性と経済を中心とした対英政策——第二次台湾海峡危機以降

香港に対する中国の柔軟な政策にもかかわらず、一九五〇年代の半ばから中英関係は全体として徐々に冷え込むようになり、特に第二次台湾海峡危機の後、イギリスは国際社会で広まってきた「二つの中国」論に同調する動きをさらに強めた。

戦後のイギリスの対外関係において中国との関係は決して最重要課題ではなく、ヨーロッパの安全保障、ソ連の脅威、英連邦との関係などの問題には及ぶべくもなかった。しかし中国と良好な関係を維持することは、中国や東南アジアでの自国の利益のために重要であったことも確かである。そのためイギリスは、アメリカの反対にもかかわらず、一九五〇年代初期には比較的独自の対中国政策を採用してきた。しかし五〇年代半ばになると、アメリカの対中国政策がさらに強硬になったため、イギリスはアメリカと親密な関係を保ちながら独自の対中国政策をとるという以前のやり方を続けることが難しくなった。端的にいってイギリスにとっては、対中関係よりも英米同盟の方が大切であった。ハロルド・マクミラン（Harold Macmillan）首相やセルウィン・ロイド（Selwyn

Lloyd）外相からは、チャーチル首相やイーデン首相が持っていたような中国に対する熱心さが失われ、特にスエズ危機の後は、アメリカに対する依存度を強めたため、台湾問題や国連加盟問題でアメリカ寄りの立場をとるようになった。これが、イギリスの対中政策が変化した理由の一つであると考えられる。

中英関係が発展しなかったもう一つの理由は、両国が台湾問題や国連代表権問題で意見の対立を見たことである。中国は武力での台湾問題解決という選択肢を放棄せず、人民政府が中国の唯一の合法的な代表であることを国連の場で表明するようイギリスに求めた。しかしイギリス政府や国民は台湾海峡で武力衝突が起こることを好まず、イギリスがそれに巻き込まれることはさらに望んでいなかった。そのため第一次台湾海峡危機の後、イギリスはソ連とアメリカの間で奔走して影響力を行使し、人民政府と国民政府に自制的態度をとらせようとした。第四章第一節二で述べたように、中国が台湾を自国の領土であると主張する一方で、武力解決は行わないと宣言するのであれば、イギリスは調停に乗り出す用意があったのだが、中国はイギリスの提案を受け入れず、武力解決という選択肢を放棄しなかったため、イギリスはこれ以上対中関係を発展させることが難しいと感じるようになった。

それでも中国は、イギリスをアメリカと区別し、「中間地帯」の国とみなし続けた。では、この時期における中国の対英認識はいかなるものであり、また中国の対外戦略においてイギリスはどう位置づけられたのであろうか。

第一節　イギリスの「二つの中国」政策への警戒

一、中国の対英認識と「つかず離れず」政策

一九五七年に入り、イギリスは中国に対する禁輸政策をさらに緩和した。五月三十日、イギリスは対中国貿易を対ソ貿易と同じレベルに引き上げることを宣言した[1]。そして、六月六日、イギリス海軍は、イギリスの軍艦が中国と貿易を行うイギリス船を保護すると発表した。

中国は「イギリスのこの動きによって中英貿易関係はさらに活発化するだろう」と歓迎する姿勢を示す一方、「禁輸政策を完全に取り除かない限り、国際貿易の順調な発展は不可能だ」と釘を刺すことも忘れなかった[2]。イギリスが禁輸政策を緩和した背景について、周恩来が日本社会党代表団と会見した際の談話が、外交部檔案資料No. 105-00541-06「周恩来総理による日本社会党ソ連訪問親善使節団との接見の際の談話記録（原題：周恩来総理接見日本社会党訪蘇親善使節団談話記録、一九五七年九月十九日）」に記録されており、そこには次のような分析が見られる。

私はイギリスを疑っている。イギリスは対中政策を変えるつもりがない。イギリスは中国に対する禁輸政策の一部を取り除いたが、それはイギリス自身が経済問題に直面し、自らのために出口を見つけ出す必要があったからである。またイギリスのこの行動はアメリカの了解を得たものでもある。アメリカは経済面で介入したがっているし、政治面においても対中政策を変えるつもりはない。イギリスはアメリカに追随するしかないであろう[3]。

中国を最も悩ませたのは、台湾問題に対するイギリスの立場である。中国は「イギリスはアメリカとともに『二つの中国』を作ろうとしている」と見るようになった[4]。多くの国の間で中国承認の気運が高まる中、イギリ

スはアメリカと同様台湾を独立国家として認めようとしていると、中国は感じ取った。[5]「アメリカには中国に対する政策を変える可能性はない。そしてイギリスはアメリカに追随せざるを得ない」[6]。イギリスは本質的にアメリカと同じ対中政策をとっていると中国は改めて認識するようになったのである。

以上のような分析から中国は、イギリスに対し「正式な外交関係を樹立せず、半ば正式な外交関係を維持する。イギリスに対してはつかず離れず」の関係を保つ方針を決めた。[7] 一九五七年以降中国の対英政策は、中国の立場を支持するようイギリスに対し積極的に働きかける一方で、イギリスのアメリカ同調政策を非難するという二つの側面を持つようになった。つまり、イギリスが台湾問題に関してアメリカの政策を支持するようになったと確信していたにもかかわらず、中国はイギリスに自らの主張を訴え続け、中国を国際的に全面承認するよう求め続けたのである。[8]

一九五五年、労働党右派のヒュー・ゲイツケル（Hugh Gaitskell）が労働党の党首に就任し、右派が党内の主流派になった。しかし、労働党はイギリス国会において、中国への禁輸政策を緩和させるよう提案するなど、中国との関係を重視し続けた。五七年五月二十四日、周恩来はハロルド・デーヴィス（Harold Davies）を団長とするイギリス労働党代表団と会見した際、再び中英関係の改善を呼びかけた。両国の健全な関係に必要な条件として、周は「イギリスは中国を完全に承認すべきである。この承認は両国の首都に限定すべきでなく、世界規模の範囲で実現すべきである。国連においては蔣介石ではなく、新中国を承認すべきである」[9]、「私はかつて労働党の友人であるアトリーやベヴァンに話したことがあるが、我々は中国の国連議席を回復させることまではイギリスに求めない。イギリスが我々と友好的な関係を望んでいるなら、賛成票を投じてくれればよいのだ。そうしてくれれば、たとえ否決されても構わない。我々が望むことはそれだけだ」と述べ[10]、改めて国連問題におけるイギリスの中国に対する全面支持を求めた。「イギリスは、中国を完全に承認するべきである」。また、アメリカの「二つの中国」政策に同調するイギリスの動きを警戒し、「我々は『二つの中国』に断固反対する。イギリスが引き続きアメリカの『二つの中国』論を支持するなら、（中英）両国の関係はさらに悪化するであろう」と警告した。台湾問題をめぐっては「中国は台湾問題を含め、平和と対話的手段によって国際紛争を解決するつもりだが、外国による中国の内政干渉を許すことはできない」と中国の立場を表明した上で、台湾問題を解決する条件として、「第一に、アメリカは台湾から撤退しなければならない。第二に、『二つの中国』の出現は許さない」ことを挙げた。[11] さらに、「イギリスはアジア・アフリカ地域において長い歴史と将来性を持っているのであるから、アジア・アフリカ諸国と協力することによって、新たな経済効果をもたらすことができるであろう」と指摘し、[12] イギリスの工業国家としての科学・技術を賞讃し、イギリスとの経済・文化交流が深まることに期待を寄せた。こうして周恩来は、台湾問題に関する中国の従来の立場を繰り返し述べることで、イギリス労働党への働きかけを続けた。

一九五八年二月二十五日、すでに外交部長の職から退いた周恩来は、イギリス労働党議員のハロルド・ウィルソンと会見し、「一九五四年のジュネーブ会議での『この会議をきっかけに中英両国の関係をいっそう改善し、前に推し進める』との中英間の合意からすでに四年が経ったが、いまだにこの目標が実現できていない」と述べ、中英関係が停滞状態にあることに不満を漏らした。[13] さらに、中英関係に立ちはだかる障害について周恩来は次のようないくつかの指摘を行った。

第一は、中国の国連加盟問題についてである。周恩来は、イギリスがインドとともに国連において国民政府の代表を追い払い中国を支持する票を投じれば中英両国間で大使交換ができると四年前に提案したのに、いまだに実現されていないと述べた。中国の議席回復を保証しろとはいわないが、中国を承認した以上、イギリス政府は「国連で中国代表権問題を議論すべきだ」というインドの提案を支持すべきであり、国民政府に支持票を入れるべきではないと批判した。(14)

第二は、台湾問題に関してである。中国不承認の状態を長くは維持できないと考えるアメリカは、自らの支配下に置くために、台湾を独立させようとしている。イギリス政府・日本政府の一部の人間を前面に出し、アメリカは陰で彼らを操っている。中国がイギリスの友人に忠告したいのは、イギリスがアメリカの「二つの中国」構想を支持すれば、中国国民の感情を傷つけることになるということである。(15)

第三は、香港問題をめぐってである。中国はかつて香港総督に広州・九龍間の鉄道の開通を提案したが、香港政府に賛成してもらえなかった。中国の政府企業と銀行が香港に存在し、千人以上の駐在員が香港に住んでいる。香港の住民はほとんどが中国人であるため、香港政府（当局）と中国の間に、多くの業務関係が存在している。中国政府代表として一人を香港に駐在させたいとイギリス政府に申し入れたが、その回答はイギリス政府からいまだに届いていない(16)（この間、中国住民の合法的権利が香港当局によって侵害されたり、香港中華中学校を閉鎖するといった事件が依然多発しており、中国はイギリスに抗議していた）。

第四は、禁輸問題についてである。「中国が購入したい品目の九十五％は禁輸品目である。禁輸政策を完全に取り除かない限り、平等で互恵的な貿易関係を構築することは不可能である。たとえ政治制度が異なっても、各国間での経済交流を行うべきである」として禁輸政策を再度批判した。(17) 周恩来は、以上四つの問題は中国にとっては極めて重要な問題であり、アメリカに対し改善を働きかけるようイギリスに求め続けた。

このように、イギリス政府との関係が希薄になっていたこの時期、中国は自らの主張を野党労働党の議員に繰り返し訴えるしかなかった。この時点でも中国の主張は一九五四年ごろとほぼ変わらなかった。すなわち、中国は、台湾の国民政府との関係を完全に断絶し、中国を国際社会において全面的に承認することをイギリスに求め続けたのである。また、イギリスの中国問題に関する立場を後退させないように、ジュネーブ会議の成果を依然維持しようとしたことも、明らかである。このように中国は、中英関係が冷却化した後も戦略を変えず、従来どおりの対英政策を継続したのである。

二、「二つの中国」をめぐる中国の対応

一九五七年には、イギリス政府が対中国貿易制限を緩和したことにより、中英の経済関係の発展に勢いが見られた反面、両国の政治関係には依然として改善の兆しが見えてこなかった。中国の再三の呼びかけにもかかわらず、イギリスが「二つの中国」を支持する動きは止まらなかった。

国際社会において多くの国々が中国を承認する可能性が高まるにつれ、アメリカが「二つの中国」を既成事実として国際社会に押しつけようとしている、と中国は認識した。[18] アイゼンハワー政権が成立した時期から、アメリカは中国に対する政策を見直し、大陸中国と台湾それぞれが国連に加盟する案を考えていた。[19] バンドン会議において中国の近隣諸国に対する影響力が示されたことで、アメリカは中国をアジア地域における脅威と見るようになり、[20] アメリカの「二つの中国」政策はさらに強固になった。それに対し中国は「二つの中国」の実現を警戒した。毛沢東は「アメリカやイギリスなどの国々は『二つの中国』を作ろうとしている。彼らは我々を承認する一方で、台湾をも承認している。しかし我々の方針は、我々を承認する以上は台湾を承認してはならないというものだ」と述べた。[21] オリンピック委員会などの国際組織への加入の問題についても、毛は「もしこれらの組織の

中に国民党の代表が入っているなら、我々は参加しない。もし参加すれば、『二つの中国』を認めたことになるからだ」と述べ、すべての国際組織の活動に参加しないことを決めた[22]。そして「二つの中国」という条件下で中国が承認されるなら、むしろ中国承認自体を先に延ばした方がよいと考え、西側諸国との国交樹立を急がずもっぱら民間交流の発展を継続する方針を決定した[23]。「二つの中国」を自ら認めたという印象を国際社会に与えることを、中国は恐れていた。そこで国際社会に対して「一つの中国」の原則を表明するため、国民政府と同時には国際組織に加入しないことを決めたのである。一九五六年にオリンピック委員会は、大会を開催するにあたり人民政府に参加を要請した。その際アメリカは、台湾にも要請するよう提案した。しかも故意に人民政府を「北京政府」、国民政府を「台湾政府」と呼んだのである。中国は、それをアメリカの「二つの中国」政策のさらなる一歩と見て、強く警戒した[24]。五七年十一月五日、第十九回国際赤十字大会に出席した中国代表は、国民政府代表の参加を要請するというアメリカからの提案が可決されると、即刻退場したのである[25]。

この時期、香港政府による国民政府への対応から、イギリスの「二つの中国」政策の加速化がうかがえる。一九五七年九月、「台湾中国古典劇団」がイギリスにおいて公演することが明らかになると中国は、劇団の目的は「文化活動の名目で中国政府を中傷し、中英両国人民の友好往来を損なうことにある」と批判し、イギリス政府の一部の人間が今回の公演を通して「二つの中国」の宣伝を企んでいるという見方を示した[26]。また、五八年一月、イギリスの香港総督のグランサムは、香港で開催された第十五回工業展示会において国民政府の「中華民国工商代表団」と会見した。中国は、これは「中国政府と中国人民にとって友好的な行動とはいえず、中英両国の現在の関係とは相容れないものである」とし、二度とこうしたことが起こらないようにすべきだとイギリス側に抗議した[27]。同年四月には、中国からの強い抗議にもかかわらず、香港当局は中国が追撃した国民政府の戦闘機を台湾に返還した。これについて中国は、「イギリス政府と香港当局による中国政府と中国人民に対する非友好的かつ敵意のある行為は、必ず中英関係に悪い影響を及ぼすだろう」と述べ、イギリスを非難した(28)。

これまでは香港政府は国民政府との公的な接触が少なかったので、中国政府にとって問題のある行動も見逃されてきたが、国民政府との接触が増えたことで、香港の動きは中国を刺激した。中国は自らの立場をイギリスに粘り強く説明したが、功を奏さなかった。こうした一連の動きから中国は、イギリスの対中国政策がジュネーブ会議時よりも後退していることを再認識した。

一九五八年二月に開かれた人民代表大会において周恩来は、「中国政府と中国人民は『二つの中国』という陰謀に断固として反対する。どのような場面、どのような形であろうと、その陰謀が勝手に実現されるようなことがないようにする」と台湾問題に関する中国の立場を改めて表明した上で、「イギリスが中国に対する『両面派』（どっちつかず）という態度を変えないかぎり、中英関係に与えるマイナス影響は避けられないであろう」と指摘し(29)、イギリスの対中政策を批判した。

「二つの中国」論がこれ以上広がらないよう、中国は、様々なルートを探り、自らの立場をイギリス側に訴えた。まず、中国はメディアを通じて、自らの主張を伝えようとした。一九五八年一月六日、ロイター通信の記者と会見した際、周恩来は、イギリスがアメリカの「二つの中国」政策に同調しようとしていることについて、「イギリスはいかなる状況においても中国を承認すべきである。そうすれば両国は完全な外交関係を樹立することができる。中国を承認することができないなら、投票棄権の方法をとることによって、現在の（中英）関係を維持するべきであろう。中国を承認しながら、『二つの中国』を認めることは、中国人民にとって最も非友好的なやり方である」と述べ(30)、「二つの中国」を受け入れない中国の立場を重ねて表明した。イギリス側が台湾問題における中国側の主張を以前ほど重視していなかったにもかかわらず、中国は依然としてそれを対英政策における最も重要な課題と見て取り組んでいたのである。

ロイター通信記者との会見直後の一九五八年一月十二日、周恩来はインドの駐中国大使のラタン・ネルー（Ratan Kumar Nehru）と会見した。その際も、周は中英関係に触れ、「（イギリスは）中国政府の代表を香港に駐在させるべきである。イギリスが我々と貿易しようとするのはよいことであって、我々もイギリスと貿易をする考えがある。しかしその一方で、イギリスはまだ禁輸政策を緩和していない。これはまったく理不尽なことである。イギリスは新中国を承認しながら、アメリカによる『二つの中国』政策に傾き、その『二つの中国』の陰謀を実現するために尽力している」と述べ[31]、中英間の障害を取り除き、経済関係だけでなく政治関係をも前進させたいという中国側の立場を説明した。また「イギリスはアジアに多くの利害関係を持っている。新中国と良い関係を維持することはイギリスにとって損はなく利あるのみである。我々はイギリスが完全にアジアから撤退することを望んでいない。交渉によってイギリスに対する柔軟な姿勢とは反対に、アメリカに対しては、「アメリカの欲望はとどまることを知らず、弱者をいじめ強者の機嫌をとり、常に他人を侮る。世界には侮辱できない国家（中国）が一つ存在することをアメリカにわかってもらわなくてはならない」と述べ[33]、厳しく批判している。周恩来は中国政府の立場をインド政府に報告するようネルー大使に依頼したが、そこには中英両国間の接触ルートが少ない状況下で、比較的イギリスと良好な関係を持つインドを通じて、イギリスとの関係改善を図ろうという意図があったといえる。

インドのほかに、中国を訪問するイギリス民間人も利用し、中国側はメッセージを伝えている。一九五八年一月三十日、周恩来はケネス・カントリー（Kenneth Cantlie）と会見した。彼は、かつて孫文が医学を学ぶ際に師事したジェームズ・カントリー（James Cantlie）の息子である。一八九六年にロンドンで誘拐された孫文を助けたのも、ジェームズ・カントリーだった。ケネス・カントリーに対し周恩来は、イギリスが中国問題においてアメリカに追随し、また香港問題においても中国に対して非友好的な態度をとっていることなどを挙げ、イギリスへの不満を示しつつも、平等と互恵の原則のもとで、中英両国の貿易関係を発展させていきたいと表明し、さらにこうした中国側の考えをイギリスの国会議員に伝えるよう求めた。(34) ケネスはこうした中国側の考えをマクミランなどのイギリスの国会議員に伝えると約束した。このように、中国は様々なルートを通じて、経済関係だけでなく、イギリスとの政治的関係をも前進させたいという中国側の意思を繰り返しイギリスに伝えようとしたのである。

一九五七年以降、中国は対外政策においてアジア、アフリカ、ラテン・アメリカとの関係強化を図ったが、その一環として、スエズ危機発生後のイギリスの対中東政策を批判し、エジプトへの支持を表明した。しかし、こうした姿勢の裏にも、やはりイギリスとの関係を改善したいという考えが常に存在していた。先の周恩来の談話からも、アジアにおけるイギリスの利益を尊重する中国の立場は明確である。イギリスはアジア地域に多くの植民地を持っていたのだから、イデオロギーという観点では、中国はイギリスによるアジア支配を容認する立場をとるべきではないにもかかわらず、イギリスをアジアから追い出そうとする気配はまったく見られない。また、周恩来の談話からは、中国の対英・対米姿勢がそれぞれ異なるものであったことも明らかである。アメリカは人民政府を承認せず、中国の周辺諸国に軍事基地を置き、中国の安全を脅かす存在であるが、イギリスはアメリカと異なり、イデオロギー上の対立にもかかわらず人民政府を承認しただけでなく、台湾問題をめぐる軍事行動に消極的な態度をとっていた。これはアメリカとの戦争を回避したい中国側の思惑と一致していた。アジアにおけるイギリスの利益を尊重することによって、イギリスとの関係を改善していくことが国益につながると考えていた中国による対英関係の模索は、一九五八年以降も続いたのである。

第二節　第二次台湾海峡危機と中英関係

一、対米関係打開の挫折と第二次台湾海峡危機

進展がないにもかかわらず、一九五〇年代後半も、中国は引き続き対米関係の打開を模索し続けた。アメリカに対し関係改善を呼びかける一方で、両国関係を前進させるよう具体的な措置もとった。朝鮮戦争は停戦したものの外国の軍隊は撤退せず、引き続き朝鮮半島に駐留していた。五七年後半にはアメリカが原子爆弾やミサイルなどの武器を韓国に配備し、南北境界線の近くで原子爆弾を使用するための軍事演習を実施するなど、朝鮮半島と極東地域における情勢は引き続き緊張状態にあった。この膠着状態を打開するために、中国は、自発的に中国軍を朝鮮半島から撤退させることを決めた(35)。中国自らがまず撤退することによって多国籍軍の参加国に影響を与え、ひいてはアメリカ軍にも朝鮮半島からの撤退を促そうという意図が、そこにはあった。

一九五六年、中国は中米関係を打開するために、両国の記者交換をアメリカ側に提案した。アメリカ人記者をまず中国に招くことによって、アメリカにも中国人記者を招くように仕向け、中国人記者のアメリカでの取材を実現させることによって、中米間の交流を活発化させようとした。しかしアメリカは、中国側の提案をいずれも受け入れなかった。五七年に入り、アメリカ政府は、アメリカ人記者の中国訪問は承知したが、依然として中国

人記者の受け入れを拒んでいた。それでも中国はアメリカに対し、米中双方が互恵の条件に基づき、両国記者交換を実現するよう呼びかけ続けた[36]。五七年一月六日、アメリカ人記者の取材を受けた周恩来は、ジュネーブ会議とバンドン会議の後、アメリカ政府が中国の呼びかけに応ずる措置をとっていないことを指摘した上で、こうした状況が改善されることを望むと述べた[37]。さらに、正式な関係を樹立する前に、米中両国はまず貿易、文化などの分野で交流を展開すべきであると述べ[38]、米中間の関係改善を貿易や文化などの方面から始めるべきであることを示唆した。米中関係になかなか進展が見られないため、中国は民間交流を促進させることで、両国の関係を打開しようとしたのである。

米中大使級会談が進展しない状況の中、一九五七年三月五日、政治協商会議第二次全国委員会第三回会議において、周恩来は、「アジアおよび欧州十一カ国訪問に関する報告」という演説を行い、米中関係について次のように述べた。「中国人民はアメリカ人民と友好関係を結びたがっている。中米関係が長期的に改善されない責任は我が方にはない。アメリカ政府は中米間の争いを利用し、極東地域における緊張状態を高めることによって、両国の関係改善を阻んでいる[39]」。その上で周は、再び米中外相会談の実現を呼びかけた[40]。また、同年九月七日、周はアメリカ青年代表団と会見し、「中国人民はアメリカの友人の中国訪問を歓迎する。両国関係改善は外交官以外の人々によっても、つまり両国人民によっても直接行われるべきである」と述べ[41]、民間交流による両国関係の接近を呼びかけた。そして、「いかなる国も外界との往来を絶ち、自給自足のみに頼って国家建設をすることはできない。誰もがお互いに必要とされている。まず、貿易の往来と技術面の協力から交流を開始すべきであろう。中米両国もその例外ではない」と述べ[42]、米中間の経済・文化交流を呼びかけた。また「台湾は中国のものである。中国がどのように台湾問題を解決するかは中国人民の主権問題である」と説明し、中国が平和を望み、アメリカ政府の承認を望んでいるのに対し、アメリカは中国を承認しようとしないと述べ、台湾問題における中国の立場を訴えたのである。(43)

しかし、アメリカは対中国政策をなかなか変化させなかった。人民政府を正統な政府として認める意思がまったく見られず、むしろ「二つの中国」政策が強化されたように思われた。中米関係は中国側が望んでいた通りには進展せず、行き詰まったままであった。そのことに対し、中国の指導者らのフラストレーションは徐々に高まった。一九五七年一月に、各省、市、自治区の共産党書記会議において毛沢東は、アメリカは中国封じ込め政策を変えるつもりがないと見られるので、アメリカとの国交樹立は急がない方がよいと述べた。(44)また同年三月、毛は、アメリカが大使館を中国に置いた場合、そこを拠点に国内で様々な破壊活動を行うに違いないと考え、アメリカとの国交樹立を先延ばしにするという政策を再び表明した。(45)さらに九月には「アメリカはまたもや我々を脅かしている。たとえ台湾を回復しても、アメリカからの脅威は依然として存在する」と述べていることからも、(46)アメリカへの毛の不信感は徐々に高まっていったのがわかる。アメリカの対中姿勢に対し疑念を深めたことが中国指導者らをアメリカとの「闘争」に向かわせたのである。

一九五七年以降の中国対外政策の強硬路線は、国内政治の変化によるものであるとこれまでは強調されてきた。(47)確かに国内政治の変動は、この時期における中国外交に影響する要素の一つではあった。しかし、この時期の中国外交に現れた強硬姿勢は、国内政治の変化よりも、中国の指導者たち、とりわけ毛沢東の民族主義的感情に影響されたものであるように、筆者には思われる。すなわち、台湾問題、国連における地位の問題、禁輪問題について、中国はあらゆる機会をとらえて英米との接触を試み、譲歩を引き出そうとしたにもかかわらず、何ら奏効しなかったことから来るフラストレーションが、より大きな作用を及ぼしたと考えられる。以下の毛沢東の談話からも、こうした中国指導者の民族主義的感情を読み取ることができる。一九五八年六月十六日、中共中央政治局常務委員のほか、一部の中央政治局委員、外交部部長、副部長および一部の外国駐在大使が出席する会議において、毛は自ら司会を務め、外交問題について次のように述べた。「一九五四年、私はジュネーブでアメリカ人と接触するよう指示したが、それは私が従来持っていた考えとは一致しない。どうやら従来の考えの方がよかったようだ。すなわちアメリカとの闘争を続け、アメリカ政府とは関係を樹立しないことだ(48)」。「これは中国人民が立ち上がれるかどうかにかかわる問題である。わが国は帝国主義によって百年以上侵略された。それを忘れてはならない。我々はアメリカの対中国三原則を利用し(49)、ドアを閉ざし自力更生で社会主義を建設すべきである(50)」。ここからわかるように、一九五四年に開かれたジュネーブ会議の際、つまり朝鮮戦争が停戦して間もない時期に、毛沢東はすでにアメリカとの接触を模索しようとしていた。その後、バンドン会議などの場を借りて、中国はアメリカに対して、関係改善を呼びかけ続けた。しかし、こうした中国側の呼びかけをアメリカは無視する態度をとってきた。こうしたアメリカの姿勢が中国指導者の民族主義的感情を刺激したのである。

また、一九五八年二月二十五日、周恩来とイギリス労働党議員ハロルド・ウィルソンとの会談にも、こうした中国側の考えが反映されている。周は「中国軍が朝鮮半島から撤退したことに対するアメリカの態度は、友好的なものとはいえない。朝鮮戦争後、中国がアメリカ人捕虜を釈放したにもかかわらず、アメリカは中国人捕虜を台湾の国民党政府に引き渡した」と述べ(51)、まったく前進しないアメリカの対中国政策に苛立ちをあらわにした。中国はアメリカ人捕虜の釈放などの問題で譲歩することによってアメリカ側の協力を引き出そうとしたが、アメリカの反応は中国指導者らの思うようなものではなかったため、よりいっそうフラストレーションを高める結果となった。

台湾問題がなかなか進展しない中、中国の指導者たちの目には国際社会において「二つの中国」論が広まりつつあるように映った。一九五七年十二月、大使級会談のアメリカ代表アレクシス・ジョンソン（Alexis Johnson）のタイへの転勤によって、新たに格下の人物が交渉代表になった。アメリカが交渉代表のレベルを下げたことに納得しない中国は、大使級会談を一時的に中断し、五八年六月三十日、アメリカに対し大使級代表の派遣を求める政府声明を発表した。

こうした状況のもとで、中国指導部は「金門島砲撃」を決めた。一九五八年八月十八日、毛沢東は彭徳懐宛の手紙の中で「金門〔島〕砲撃は、直接的には蒋介石に対するものだが、間接的にはアメリカに対するものである」と述べた(52)。金門〔島〕砲撃の決定について、毛沢東は後年次のように説明した。「正直にいえば、これはアメリカ人を懲らしめるために、我々が故意に作り出した緊張である。アメリカは長い間我々を苛んできた。機会（中東危機——引用者）が来たのだから、懲らしめてやらない理由はない。アメリカが中東で火を付けたので、我々も極東で火を付けてみる。相手に何ができるか見てやろうではないか。しかし対外的には、我々はアメリカが台湾海峡で緊張を作り出したことを糾弾する、と宣伝しなければならない(53)」。この毛沢東の指示に従い、八月二十三日、金門島砲撃が開始された。周恩来はソ連側に対し、金門・馬祖両島の砲撃は「武力で台湾を解放するためではなく、国民政府軍に懲罰を与え、アメリカの『二つの中国』政策を阻止するためである」と説明した(54)。

砲撃開始当初、アイゼンハワー政権は中国の砲撃意図が不明だとして強硬な態度を表明し、ジョン・F・ダレス（John Foster Dulles）国務長官は金門島を防衛するために、必要とあれば核兵器を使用する用意があるとまで言明し、アメリカの立場を鮮明にした。ダレスの発言と対照的に周恩来は、ワルシャワでの米中両国大使級会談によって台湾危機の解決を望むという中国の立場を表明した(55)。また金門島砲撃直後の九月九日、毛沢東は周恩来、鄧小平、彭真、張聞天、黄克誠、米中大使級会談の中国代表である王炳南および喬冠華などを招き、中国側の提案を含め、対米交渉にあたっての台湾海峡危機解決策を議論した[56]。この時期毛をはじめとする中国指導者らは繰り返し会合を開き、米中大使級会談に取り組む中国側の方針を重ねて議論していた。五八年九月十五日、米中大使級会談がワルシャワで再開され、米中間の直接交渉が持たれた。そのころには、中国の金門島砲撃は当初に比べて激しいものではなくなり、また十月に入ると中国は期間を限って砲撃を停止するなど、第二次台湾海峡危機は安定状態へと移行した[57]。このような中国指導者らの行動からわかるように、金門島砲撃開始の直後からすでに、中国は米中大使級会談の再開に向けて準備に入っていたのである。米中交渉による中国側の態度から、中国側の目的は台湾問題の処理ではなく、米中外相会談の実現にあったと[58]、アメリカ側の資料にも示されている。これまで金門島砲撃は、アメリカの台湾政策と国民政府による沿海地域への破壊活動に対する対抗策であり、また中国による中東地域における民族解放運動支援の一環として展開されたと理解されてきたが[59]、以上述べたように、もう一つの目的は、台湾問題をめぐってアメリカとの直接交渉を実現させようとすることにあったといえよう。

このように、一九五七年以降、中国は対米関係の打開を模索する一方で、金門島を砲撃するという、一見矛盾した行動をとったのである。五八年十月二日、毛沢東はブルガリア、アルバニア、ルーマニア、モンゴル、ソ連、ポーランドの六カ国の代表団に対し、台湾問題について以下のように語っている。「文打（非武力で戦うこと）と武打（武力で戦うこと）という、二種類の方法がある。基本的には文打、すなわち平和的な方法で解決する。しかし我々は武打も準備している。我々はこれだけの軍隊を持っているのだから、軍隊があるのに発砲の準備はしないということがあるだろうか。それはもちろん、発砲の準備はするだろう。ただしこれは我々の最後の手段である。もし敵がこの方法で対処するというのなら、我々もこのやり方を持ち出すだけだ[60]」。「あなたたちは私の考えには自己矛盾があるといって、私を批判するかもしれない。これはあくまでも最後の手段だというのなら、どうして金門で砲撃を行ったのかと。そうすると私はあっという間に窮地に追い込まれてしまい、答えるのが難しくなってしまう(61)」。

中国はどういう心理的なメカニズムで金門島を砲撃したのか。これは、多くの外国人にとって困惑し、理解に苦しむ問題である。ここには中国人の伝統的文化思想の影響が見られるといえよう。新中国の指導者たちも中国の歴史文化の継承者であることは疑いなく、そこには領土の保全と国家統一への志向が存在するのである。

中国のプラグマティズムの特質として、ルシアン・W・パイは「民族の自尊心」を挙げている(62)。近代列強の侵略に悩まされた歴史から、その「民族の自尊心」は、主権を至上のもの（主権至上）とする考え方に現れている。台湾問題が主権問題であるということは、中国人の民族感情にかかわっている。中国共産党も中国国民党も、帝国主義との対決と民族の独立の実現を自らの責務と考える以上、台湾の分離は承認できず、また不可能となるのである。国家の主権を防衛できるかどうかによって、新政権は中国の人民全員から試されていた。

人民政府は「台湾を解放する」といい、国民政府は「大陸に反攻する」という。台湾問題を内政問題ととらえていた点で、両者は共通していたのであり、「一つの中国」の原則は、共産党にとって譲れない原則であっただけでなく、国民党にとっても譲れない原則であった。パイによれば、中国のプラグマティズムの第二の特徴は、原則性の重視である。外交問題において中国は、基本的に国益よりも原則を重視し、そのため往々にして立場は変えられないと主張する。毛沢東はかつて、「台湾は我々のものである。何があっても譲歩することはあり得ない、内政問題なのだ」と言った(63)。国際社会は、金門島砲撃を国際問題とみなした。なぜなら世界大戦の導火線になり得ると考えたからである。しかし、共産党の毛沢東も、国民党の蔣介石も、いずれも台湾海峡危機を内戦ととらえていた。[64] 毛沢東の談話からも、中国の指導者たちが台湾問題は内政問題であり、その解決も中国人自身で行うべきことだと考えていたことがわかる。中国は基本的には平和的方法での解決を望み、アメリカと衝突することは考えていなかった。このように中国は、軍事的示威行動によって政治的問題を解決しようとした。

二、第二次台湾海峡危機とイギリスの反応

一九五八年夏の第二次台湾海峡危機は、中英関係をさらに複雑にした。以下ではまず、この危機の発生後、イギリス政府がどのような対応策をとったかを検討する。

一九五八年十月二十八日、イギリス首相のハロルド・マクミランは「われわれは武力によって（台湾）地域の現状を変えるやり方について遺憾に思う。解決したいならば、政治的な手段をもって解決すべきである」と表明し、中国側の砲撃と武力解決に反対する姿勢を示した。マクミランは、米英関係が英中関係よりはるかに重要であるという認識を持ち、[65] 強引な手段で台湾問題を解決しようとする中国に対して強硬姿勢をとった。[66] また、三十日に、外相のセルウィン・ロイドはイギリス議会において台湾海峡情勢について「北京政府の態度はまったく柔軟性がなく、武力で解決しようとし続けているのに対し、アメリカ政府は平和的手段で解決しようとしている」と発言した。[67] 五〇年代前半、台湾海峡での戦争を回避するようにアメリカを説得し続けたイギリスは、第二次台湾海峡危機をきっかけにアメリカの立場を支持するようになった。[68]

イギリスがアメリカの中国政策を支持した背景には、一九五八年夏に起きたレバノン危機がある。この危機に直面したイギリスにとって、中東地域におけるアメリカの支持は欠かせない状況にあった。当時、中東地域においては民族解放運動が起こり、植民地支配が脅かされていたため、イギリスは利益維持のため、アメリカとの連

携を強化せざるを得なくなっていた。五六年に勃発したスエズ危機への対応では、米英両国の関係に不協和音が生じ、また五七年にイギリスがアメリカの反対を押し切って単独で中国への禁輸緩和を行ったことによって、両国の対立はいっそう深刻になっていたため、マクミランは首相就任後、対米関係をイギリスの最重要外交課題と位置づけ、その修復に力を入れたのである。そのため、チャーチルやイーデンの政権に比べ、マクミラン政権は、対中国政策においてアメリカと同調する姿勢を強めた。[69] イーデンの後に首相に就任したマクミランはドワイト・D・アイゼンハワー（Dwight David Eisenhower）米大統領と会見した際、彼が首相である限り、中国を国連に加盟させるいかなる行動にも反対することを表明し、[70] さらに「台湾地位未定論」を改めて強調した。

一九五八年のイギリスは、第一次台湾海峡危機の時期と比べ、明らかにアメリカとの協調の度合いが増し、アメリカに対する批判的な言論は抑えられていた。むしろイギリスは対米相互依存関係を強調し、武力行使によって台湾問題を解決しようとする中国側への批判を強め、[71] 各方面においてアメリカと歩調を合わせるようになった。

しかし、その一方で、イギリスは戦争の拡大を危惧してもいた。第一次台湾海峡危機が起きた後の一九五五年二月四日に、イーデン首相は台湾問題をめぐって、イギリス政府は台湾に対する中国の合法的権益を認めるが、武力行使によって台湾と周辺諸島を取り戻す行動には賛成しないと、表明した。[72] こうしたイギリス政府の見解が五八年時点でもそのまま維持されたことは、危機が発生した直後の五八年八月二十八日付の英連邦諸国の英国大使館員宛電報に示されている。[73] また、九月十二日、マクミランは、台湾情勢をめぐってイギリスはアメリカに軍事的協力を約束していないと述べた。[74]

かくして、イギリスは困難な状況に置かれた。まず、アメリカの軍事介入によって台湾と極東地域の緊張情勢がさらに高まり、特にアメリカが核兵器の使用をも辞さない強い姿勢を見せていることに、イギリスは懸念を抱いた[75]。軍事行動に反対するイギリスは、外交交渉の道を探っていた。中国が国際社会における地位の向上を強く希望していることから、周恩来・ダレス会談が大使級会談よりも有効だと考え、五八年九月十九日、ロイド外相は、より高いレベルの米中会談の可能性についてアメリカ国務長官ダレスに打診した[76]。またイギリスは、インドに頼んで中国を説得することも検討したが、当時の中国・インド関係に鑑み、効果が得られないと結論づけ断念した[77]。さらに、イギリス自ら中国と直接協議することも考えたが、冷え込んでいた中英関係に鑑み、得策ではないとして、結局実行には至らなかった[78]。

三、中国によるイギリス批判の激化

中国は、イギリス政府の対応に苛立ちをあらわにし、中国メディアはイギリスへの批判を強めた。一九五八年後半にロイド外相とその支持者が、アメリカの対中国政策を公に支持するようになると、中国メディアは「とうとうイギリスが本性を現した」とし、「長い間イギリス政府首脳の多くは『二つの中国』の構築に尽力してきた。近年、政権の陰にひそんでいたそうした人間たちが政権の主役となった。今のイギリス政府の行動は以前に比べいっそう露骨で険悪、悪辣になった」と痛烈にイギリスを批判した[79]。十月十四日の『大公報』は、イギリスは「侵略者アメリカの共犯者」であるとして、その対米協調姿勢を非難した[80]。また、十月三十日のイギリス国会における演説の中で、ロイド外相が中国共産党と国民党の争いは二つの中国の争いであると述べたことに対し、十一月三日の『人民日報』は社説で、ロイド外相は「アメリカの『二つの中国』の陰謀に加担している」と指摘した上で、イギリスが中国と外交関係を持っている事実に触れ、イギリス外相の言動は、「中国人民に極めて非友好的で、中国人民の憤慨を惹起している」とイギリスに対する怒りをあらわにした[81]。

中国のイギリスに対する非難は中国問題にとどまらず、対外政策のすべてに及んだ。一九五八年七月にイギリスは、ヨルダン政府の要請に応じヨルダンに派兵したが、イギリスがヨルダンに侵攻したことによって、中国メディアはイギリスに対する非難を強めていた。かつてイギリスがスエズ運河問題でエジプトに侵攻した際、中国政府は「エジプトの主権が脅かされたならば、中国人民は絶対に傍観することができない」との声明を発表し、北京のイギリス大使館の前で大規模な抗議デモが行われた(82)。イギリス軍がヨルダンに侵入した際も、中国はヨルダンを支持し、イギリスの占領を強く非難し、また占領に抗議するために、北京にあるイギリス外交施設の前で大勢の民衆によるデモ活動が行われた(83)。さらに中国政府はイギリスに抗議文を出し、「軍隊を撤退させないなら、重大な結果が待ち受けている」と警告し、「イギリスはヨルダンへの侵略行為を即時停止し、全イギリス軍をヨルダンから撤退させなければ、平和を愛する人々はそれを傍観できない」と改めて中国の立場を表明した(84)。

世界各地で起きている民族解放運動を支持すると表明した以上、中国はイギリスの軍事行動を非難せざるを得なかった。そこには中国の対英外交における二面性が見られる。すなわち中国は、中国の全面承認と国連における議席問題で、自国の国益を守るためにイギリスとの関係を重視し関係改善を図る一方で、民族解放運動への支持の一環として、スエズ運河などの問題でイギリスと対立せざるを得なかったのである。

一九五七年以降、中国国内では反右派闘争と大躍進運動が展開され、国内政治が急進的になり、同時に対外政策も強硬路線に転じ、アジア、アフリカおよびラテン・アメリカ諸国に対して「帝国主義と植民地主義に反対しよう」と呼びかけるようになった。しかしその一方でイギリスの香港支配は容認し続けた。台湾問題などの中国にとって原則的な問題では決して譲歩しなかった反面、香港問題には柔軟性をもって対応したのである。

一九五八年四月に、香港当局はその管轄下にある学校に対し、教育の中立性を維持するため、政治色を伴う旗を学校に掲げることを禁止した。ところが五月一日のメーデーに際して左翼系の学校、培僑中学校が中国国旗を掲げるという事件が起こったため、香港当局は校長に理由の説明を求めたが、これに対し中国は北京駐在のイギリス代理大使に抗議を行った。しかし香港当局はさらに、同校の経営方針が極めて政治的であるとして、八日付で学校長を追放しただけでなく、校舎を封鎖する措置を取ったため、中国政府は重ねて抗議を行った[85]。同年六月、中国政府はさらに、香港の中国系住民が中国の国旗を掲げたり中国の国歌を歌ったりすることを香港政府が禁止したのは「中国政府と人民に対する非友好的な行為である」と述べ、中止するようイギリス側に求めた[86]。また同年七月、イラク政変が発生したため、イギリス、アメリカはそれぞれヨルダン、レバノンに出兵したが、これに対して中国が、九龍半島と中国との国境地帯で数日にわたり数千人のデモ隊を組織し、反英スローガンを掲げて香港側の警備員を罵倒するという事件が発生した。中東問題発生後、イギリス軍飛行機の中国国境侵犯事件が三回も発生し、その都度中国は抗議をしていた[87]。

以上の例は、香港当局による中国政府に対する強硬姿勢を示しているといえるが、一方で比較的柔軟な姿勢を示したこともあった。一九五八年六月、親人民政府的な中華総商会と対立的立場にあった親国民政府的な九龍総商会が国際見本市を開催しようとして準備を始めたところ、親人民政府系の新聞が「この見本市は国民党政府の陰謀によるもので、香港当局は二つの中国を認めようとしている」と主張し、反対運動を起こした。中国政府もこの運動に賛同し、イギリスに対し抗議を申し入れた。これに対して香港当局は、政治的な関係を考慮した結果、九龍総商会に自発的中止の措置をとらせている[88]。

以下の例からわかるように、中国の香港政策は、一九五八年以降も比較的冷静に進められた。中国は香港当局に抗議しながらも自制的な態度をとり、過激な行動に走らないことで香港当局の譲歩を引き出すという態度を堅持したのである。同年夏、第二次台湾海峡危機が発生した際、毛沢東は「イギリス人を脅かしてはならないから、広東・深圳方面における軍事演習は停止する」よう指示し(89)、「金門砲撃」とは対照的に対英関係に対しては配慮を示している。こうした事実からも、この時期になっても中国が対英関係を重視していたことがうかがえる。危機が発生した際、イギリスは、シンガポールに駐在する海兵隊を香港に派遣しているが、こうした中国側の措置の結果、香港では格別の事件は発生しなかった。

一九五九年に入ってからも、香港では、当局と親人民政府的な団体および市民との間での小規模な衝突が数多く発生している。五月、香港当局は親人民政府系の団体である港九種植総公会に解散命令を出した上、幹部五人を香港から追放した。七月、九龍半島北部の国境地帯で、中国側住民が無断で香港側に越境し、道路修理のための工事を行うという事件が発生したため、イギリス側は警備を厳しくしたが、双方ともそれ以上の行動に出ることはなかった(90)。

一九五九年には、香港を急いで奪回すべきとの論調が中国共産党内に現れたが、その際に毛沢東は「香港はしばらく奪回しない方がいい。我々は急ぐ必要はない。目下我々にとって役に立っているのだから」と述べ(91)、従来の方針を改めて強調している。また、中国は香港の安定維持にも力を入れた。従来香港では副食(肉、魚など)のほとんどは中国内陸部から提供されていた。五九年一月二十二日付の『内部参考』に新華社香港支社の記者の記事が掲載されたが、その記事によると、五九年に入ってから、内陸からの提供品の激減によって、香港住民の間に不安が広がっていた。住民の中には人民政府を支持する層もあれば、国民政府を支持する層もあったが、提供品の激減について、中立の立場に立つか国民政府を支持する階層の間に恐怖と不満が蔓延する一方、人民政府を支持する階層にも、疑念を持ち心配する人々が出てきた。「国民党反動派はそれを大いに利用し、反新中国の宣伝活動をしている」との報道を受け、毛沢東はこれに素早く対応するよう鄧小平に指示した[92]。

大躍進の失敗によって、中国経済は困難な状況に直面していた。これは中国と香港との貿易額からも見て取ることができる。一九五八年の香港の対中国貿易は、約十二億香港ドル（二億四百万米ドル）の入超を示し、輸入総額において五七年に比べて二億六千万香港ドルの増加を見た。しかし、中国からの輸入は五九年初頭より極端な減少を示し、同年九月以降若干持ち直す傾向を見せたものの、五九年の年間の輸入額は五八年に比べて三億六千万香港ドルの減少、輸出額は四千万香港ドルの減少を示したのである[93]。こうした状況にもかかわらず、中国の指導者が素早く対応していることから、中国が香港の安定を重視していたことがうかがえる。

中ソ関係が悪化した後、ソ連は「十九世紀の欧州植民地主義の残滓が、依然として香港とマカオに残っている」と中国の香港政策を攻撃し、また、ソ連に味方していたアメリカ共産党も、「中国共産党は、帝国主義と外国勢力は占領したすべての地域から撤退すべきと主張しながら、イギリスとポルトガルの香港・マカオの占領を黙認している」と非難した[94]。このような挑発に対し、中国は「我々は、条件が熟すれば、交渉によって平和的に解決する。それまでは現状を維持すると一貫して主張してきた」と「現状維持」の立場を表明している[95]。このように、国内政治が急変しようと、社会主義陣営から非難されようと、最後まで香港問題に関する中国政府の立場は揺るがなかったのである。

一九四九年、北京から発信されたニュースは、アジアに存在する帝国主義への非難に終始し、北京のラジオ放送や各メディアは「台湾解放」のスローガンを掲げ続けていた[96]。それとは対照的に、北京のメディアが香港に触れたことは一度もない。五〇年代に香港で多発した中国に対する「権利侵害」と中国が呼ぶ事件は、軍隊を派遣し香港を奪回する好機であったにもかかわらず、中国は抗議のレベルにとどめ、香港の返還を求めることは一切せず、むしろ香港がアメリカや国民政府による反新中国の舞台にならない限り、あくまでも現状を維持しようと努めた。しかも、こうした中国の対香港政策には一貫性があったのである。

中国のこうした政策の裏側には、中国経済における香港の重要度の高さだけでなく、中国の対外戦略の一部としての重要な意味合いが隠されていた。中国の対香港政策は中国の対英政策に不可欠の部分として展開された。こうした対英政策は、中国の「中間地帯」に対する政策の一環として位置づけることができるといえる。

第三節　中英経済関係（一九五五―一九五九年）

一九五五年後半以降、中英の政府間関係が改善されなかったことから、この時期における中英間の外交関係について記述している文献は比較的少ない。しかし、中英間の経済関係を検証すると、この時期における中国の対英政策の本質を知ることができる。中国は、イギリスとの経済関係を維持することによって、アメリカの禁輸政策を打ち破ろうとするとともに、「中間地帯」に位置するイギリスを完全にアメリカ側に追いやることがないように、イギリスとの外交関係を保とうとしていた。

一、中国の働きかけとイギリスの対中貿易気運の高まり

建国直後から、中国はイギリスに対し貿易関係の発展を呼びかけ続けた。中国側の働きかけは、イギリスにおける対中国貿易気運を高めた要因の一つである。

イギリスはココムのメンバーであったため、中国への「戦略物資」の輸出は禁止されていた。一九五五年から

国際情勢に緊張緩和の傾向が現れ、特に中米大使級会談が実現したことで、西側諸国の間に対中国禁輸政策緩和の動きが強まった。ココムは中国を含め、共産圏諸国への輸出項目を厳しく制限していたが、例外規定もあった。すなわち、メンバー国にとって重要な利益になる場合には、例外として共産圏諸国に禁輸物資を輸出することが可能になっていた。この例外規定を利用して中国への輸出を実行する西側国が増えていく中、五六年五月、イギリスはココムの例外規定を適用し、中国へのゴム輸出を解禁した。

一九五六年の秋、国会議員を含むイギリス商工界代表団が中国を訪問した。代表団は瀋陽・北京・上海・漢口を訪れ、工業・農業地帯を見学し、工業・農業・商業などの分野における中国の発展に目を見張った[97]。当時中国の生産物はすでに六十八カ国に輸出されていた。また、中国国内において石油や鉄鋼、石炭、農産物の増産が見込まれていたことから、輸出はさらに拡大できる見通しであった[98]。中国政府の要人は、イギリス実業界の面々に対し、イギリスとの貿易を拡大したいとの希望を表明した[99]。もとより代表団は、滞在中に中国商業貿易部の部長や外交部の副部長らから、中国が東南アジアや中東地域の国々と貿易協定を結んだこと、ならびにこれらの国々が中国との貿易の進展を希望していることを説明されていた[100]。さらに代表団は、貿易協定を締結するために日本を訪問する直前の中国代表団も目撃している。こうした中国側の働きかけは、イギリス商工界に大きな反響を引き起こすとともに、強い危機感を生みだした。イギリスが迅速な行動をとらなければ、中国市場は日本などの他国によって奪われてしまうと危惧する国会議員が増えたのである[101]。イギリスから見れば、中国はかつてイギリスの伝統的市場であったばかりか、中国との貿易関係は当時の香港とマラヤの繁栄を維持するためにも重要であった。この代表団の訪中を通じてイギリスは、イデオロギーをめぐる対立が存在するものの、中国人は優秀なビジネスマンであり、また中国は六億人の人口を擁する市場として魅力的であることを改めて思い知り、中国の重要性を再認識したのである。[102] 中国は自らの経済発展をイギリス人に見せつけながら、イギリス以外の国との貿易が増大しつつある状況をほのめかし、イギリス商工界をはじめ、イギリス政府に揺さぶりをかけた。

この時期は中東地域の不安定化に伴い、イギリスは新しい貿易相手を必要としていた。中東地域における経済的・物質的状況の深刻化は、イギリスに年間約一億五千万ポンドの経済損失をもたらした。イギリス国内においては、その損失を補うためにも、ココムの制限を緩和し、中国市場を獲得すべきだと主張する声が高まった。[103] 中国の工業化が順調に進まない根本的な原因は中国への経済制裁にあるという中国政府の主張を受けて、多くのイギリス人は、経済制裁を緩和すれば中国はイギリスの大きな市場となり多くの製品を提供できると考え、中国との貿易を望む気運が高まっていった。[104]

一九五七年に入り、西ドイツが中国との貿易を拡大しつつあるという情報が流れた。他の西側諸国より出遅れることは経済的損失をもたらすという不安から、イギリス商工業者の政府に対する不満は高まった。イギリス政府は、アメリカを説得できないのはイギリス外交政策の失敗であり、そのためにイギリスの国家利益が犠牲になっているとの批判を受けた。[105] 六億もの潜在的消費者が存在する中国に対する禁輸政策を緩和することがイギリスの繁栄につながると主張する国会議員も多く、同盟国アメリカの意見を重視するイギリス政府との間で、禁輸政策緩和をめぐって激しい対立が起こった。[106] それまでは中国の国連加盟問題については、保守党か労働党かを問わず、人民政府の加盟を支持する議員の数は少なかったが、この時期になると、人民政府に国連加盟の権利を与えるべきだと主張する議員が増え始めた。[107] このように、中国のイギリス国会議員や実業界への働きかけは、対中国貿易を展開しようとする機運を高めただけでなく、イギリスの政界や商工界からの政治的な支持をも引き出したのである。

一九五七年四月以降、イギリス国内において禁輸緩和をめぐる声はさらに高まった。五一年に禁輸政策を実施するまで、イギリスは香港を経由して新中国と盛んに貿易を行っていた。五三年に香港総督のグランサムは禁輸政策が香港にもたらした影響について、次のように述べている。「中国との貿易には巨大な潜在力があるが、禁輸政策はナイフで香港ののどを切っているようなものだ。禁輸政策が緩和されれば、最初に恩恵を受けるのは香港であるに違いない。禁輸政策は香港経済に打撃をもたらしたが、それをおいても中国の工業化とその戦争実行能力を遅らせるのに有効的な措置ではない」[108]。禁輸政策を実施した六年間、香港上海銀行（Hong Kong and Shanghai Banking Corporation）やイギリス工業協会（Federation of British Industries）などの団体は、一貫してグランサムと同じ見解を表明していた。香港とマラヤは中国内陸部から多くの物資を輸入していたが、禁輸政策によって内陸部への輸出が非常に難しい状態にあった。同時期、日本を含め英貨で中国と貿易を行う国が増えたが、イギリスは日本の動向に特に注目した。『タイムズ』紙は、日本の岸信介首相は前政権の方針を継承して日中貿易の展開を積極的に支持しており、日本は中国との貿易を拡大していると報じた。中国が英貨を使って日本から機械を大量に購入すれば、中国ではイギリスからの輸入量が減少することになり、ひいてはイギリスの失業率の増加につながると、イギリス国会議員の間に不安が広がった。アメリカとの関係は重要であるものの、長期的な観点からすれば、中国との貿易を制限することは、イギリスの国益にそぐわないという認識がよりいっそう深まった[109]。

では、中国に対する禁輸緩和問題をめぐるイギリス労働党の態度はいかなるものであったのだろうか。一九五七年四月、イギリス国会において、労働党は中国との貿易拡大を支持する態度を表明した。すなわち、五一年に中国に対する制裁措置を採択した際は、朝鮮戦争の最中であり、禁輸政策の必要性もあったが、五三年の朝鮮停戦協定の締結により、その役目はすでに終わっている。しかも現実的に拘束力が完全でない禁輸政策は時代遅れの政策であるというのである。また同党は、中国を外交上承認した以上、中国との貿易は制限すべきではないと見ていた。[110]中国との貿易が国内雇用を生み出すというイギリス国民経済の事情があるため、禁輸政策継続を望む国民はほとんどいないと考えた労働党は、政府与党に対し、マクミラン首相がバミューダから帰ってくるのを待って、政府の立場を改めて説明するよう要求した。

実は、一九五六年後半からイギリス政府は、禁輸緩和をめぐってすでにアメリカとの交渉を進めていた。[111]しかし、その交渉には実質的な進展が見られず、イギリス政府は国内からの圧力に直面しながらも、禁輸政策緩和問題で同盟国アメリカと協調することの重要性を繰り返し主張していた。[112]五七年にバミューダで英米首脳会談が行われた際、イギリス商業界は、中国への禁輸レベルをソ連と同レベルまで下げるようアイゼンハワー米大統領に訴えること、またたとえアメリカの同意が得られなくとも、イギリス政府は単独で中国に対する禁輸を緩和することを、イギリス政府に強く要求していた。[113]こうしたイギリス国内の動きはイギリス政府の政策転換の後押しになったと思われる。

中英貿易拡大の要求が強まるのに伴い、一九五八年六月、イギリス国会で、中国を含む社会主義陣営との貿易についてさらに議論がなされ、禁輸政策をさらに緩和すべきだという提案が出された。東西両陣営の貿易発展が、イギリス国内の雇用創出にも、世界平和にも貢献するのであるから、貿易交流における人為的な障壁は取り除くべきであると述べた上で、イギリス政府に対し禁輸品目リストから迅速に戦略的品目を削減するよう要求する提案であった。[114]イギリス国会のこうした動きの背後には、次のような要因があったと思われる。

第一に、西側陣営内部の競争が激しくなったことである。一九五六年、イギリスから中国への化学製品輸出額は三百万ドルであったのに対し、西ドイツは二千七百万ドル、ベルギーは千五百万ドルであった[115]。イギリスには中国市場が他国に先取されることを危惧するムードが引き続き存在していた。

第二に、イギリス国会において、アメリカは現実的な対中政策をとるべきであると主張する議員が多くなったことである。イギリスにとって貿易は、アメリカと異なり、その生存において死活的な重要性を持っていた。イギリスの伝統である現実主義的外交とは異なるアメリカの対中姿勢は、現実性に欠けると考えられ、イギリスにとってそれに同調し続けることは難しかったのである[116]。しかもアメリカの態度はすでにイギリスの対中国貿易の障害になっていた[117]。「イギリスは『敵』と貿易を展開するのか」というアメリカの非難に対し、イギリス国会の中には「『敵』と貿易を行わないと、イギリスが生存できない」と、イギリスの置かれている厳しい経済状況を強調してアメリカへの不満を示す声があったばかりか、アメリカを潜在的な競争相手として警戒するべきだとの議論まであった[118]。

第三に、イギリスが中ソ切り離しを画策していたことである。新中国成立後のイギリスには、中国を国際社会から孤立させることは、中国をソ連側に追いやることになるという考え方があり、中国を過剰に孤立させることには反対であった。それまで中国はソ連に大いに依存してきたが、五八年の時点ではソ連への依存から脱却しようとしているとイギリスは考え、中国が永遠にソ連に支配されることはあり得ないとの認識が強まった[119]。イギリスは今こそ中ソを切り離すチャンスであると受け止めたのである。

そして第四は、中国が働きかけ続けたことの影響である。長年にわたって、中国は訪中したイギリスの各業界の人々に貿易を展開したいと呼びかけ続けたが、それによってイギリス国内における対中貿易気運が助長されたことは疑いない。

二、中国による対英経済関係維持の方針とその目的

アメリカ政府は依然として禁輸政策を維持し、緩和する意思がなかったが、イギリス政府は国内における対中貿易推進の気運の盛り上がりに直面し、対応策を取らざるを得なかった。バミューダで行われた米英首脳会談でイギリス政府はアメリカ側に対し、中国に対してソ連と異なる基準で貿易を行うことは合理性に欠けていると述べ、中国への制限をソ連と同レベルにすべきであるとの考えを表明した。[120] こうして、イギリス政府はアメリカの圧力を押し切り、五七年五月三十日、外相のセルウィン・ロイドが国会において、イギリス政府は中国への貿易制限をソ連と同レベルにすることを宣言したのである。[121]

こうしたイギリス政府の決定を契機に、イギリス商社はよりいっそう積極的に中英間の貿易拡大を目指した。中国はイギリス国内の動向に注目し、その受け入れ態勢を整えた。一九五七年六月にロンドンで、中英貿易協会(Sino-British Trade Council)と中国商務部次官との間に、五七年後半の中英貿易団体による交流活動に関する協定が結ばれた。中国訪問を希望するイギリス貿易団体の訪中予定は五七年末までぎっしり埋まっていた。[122] それとともにイギリス商社による中国への輸出も急増した。中国からトラクター、自動車、機械の注文が来るであろうという予測が高まったため、あるイギリス自動車メーカーは『人民日報』に、紙面の四分の一を使い、普通広告の六倍サイズの広告を掲載した。これは中国国営新聞に掲載されたイギリス・メーカー初の広告であった。[123]『人民日報』は中国政府・共産党の声であり、中国政府の許可なしの掲載は不可能であることを考えると、この広告掲載は中英貿易の拡大を支持する中国政府の意思の表れでもあった。

一方、イギリスは大規模な中国代表団の訪問を受け入れた。[124] 中国代表団の訪英はイギリス政府はもちろん、金融界および実業界など、各業界から著しく注目された。一九五七年十月、イギリス政府の派遣により、イギリス

商務省の商務政務次官（Parliamentary Secretary at the Board of Trade）フレデリック・エロール（Frederick Erroll）が中国を訪問した。イギリスの政府構成員の新中国訪問としてはこれが最初であった。エロールは二週間にわたって中国に滞在し、イギリスを訪問する予定の中国技術代表団メンバーと会見したほか、いくつかの貿易説明会に出席し、十七の工場、二つの国営農場、新しく竣工した水力発電所を見学した。また、ハルビンから上海、さらに武漢・広東などの地域にまで足を延ばした。北京に滞在中、エロールは中国対外貿易部、国家計画委員会、および国家技術委員会の関係者と会談し、中英貿易のさらなる発展について意見を交わし、さらに周恩来総理とも会談を行った。[125]エロールの行動日程は綿密に組まれており、また周恩来自らエロールと会見したことからも、エロールの中国訪問を中国が重視していたことがわかる。中国はエロールに中国各地を見学させ、多くの中国要人と会談させることによって、イギリスに新中国の発展状況を理解させ、さらなる中英間の関係発展につなげようとしたのである。帰国後エロールはイギリス国会において、中国との貿易を展開する可能性について意見表明を行い、イギリスは中国工業化のプロセスで必要とされる機械や原材料などの多くを提供でき、中英貿易の将来性は大きいと述べた。[126]イギリス政府も対中貿易に取り組むため、輸出品目に関する情報を集めることを目的に、北京のイギリス大使館に商務秘書という新しいポストを作り、中国との貿易を展開しようと積極的な姿勢を見せていた。

中国の対英貿易重視の背景には、第二次五カ年計画に入る時期という、中国経済建設に対する対外貿易の重要性が増した時だったことのほかに、中英貿易関係を発展させることによってアメリカの禁輸政策を徹底的に打破するとともに、経済関係の拡大を突破口にしてイギリスとの政治的関係を前進させたいという思惑があったと思われる。

中英間の政治的関係が行き詰まった際、中国は経済という選択肢を用いて対英関係を維持しようとした。一九五七年十月二十九日に周恩来は、エロールと会見した際、中国承認問題と国連議席問題におけるイギリスの態度は友好的とはいえず、イギリスはアメリカと同じく蔣介石代表を支持していると述べ、カシミールプリンセス号爆破事件や中国に追跡された国民政府の戦闘機が、香港当局によって香港に着陸させられたことに触れ、三年間にわたって中英関係が改善できなかった原因はイギリス側にあると、イギリス政府への不満を漏らしながらも、中英貿易関係を発展させていく意思を表明した。中国との経済関係を維持しつつも、政治的関係の改善に意欲を失いつつあったイギリス政府に対し、中国側は、中英間の貿易の拡大を両国の政治的関係の改善に結びつけようとしていた。中国は、エロールに、両国の経済関係を発展させていきたいと表明しながら、中英間の問題を指摘することによってイギリスに対中国政策の変化を促したのである。[127]

中国の経済建設にとってもイギリスとの経済的関係は重要な意味を持つものであった。当時、予定されていたソ連へのローン返済や新プロジェクト建設のため、中国の外貨は不足していた。第二次五カ年計画期間中、その外貨不足が中英貿易のさらなる進展を大きく妨げていると、周恩来はエロールを含むイギリスからの訪問者らに漏らしている。[128] しかし中国は、禁輸政策を緩和したイギリス政府の動きに応え、イギリスとの貿易拡大のために資源・物資の分配計画を修正した。[129] 中国はいかなるチャンスをも活かし、イギリスとの経済関係を維持しようとしたのである。

中国は引き続き自らも積極的に動いた。同じころ、中英貿易委員会の要請で、中国国際貿易促進会副会長、冀朝鼎が率いる中国経済技術代表団がイギリスを訪問した。冀は、途中帰国しながらもアメリカに十七年間滞在した経験があり、アメリカ通といわれていた。新中国が成立してからは、冀は西側諸国に関する知識を活かし、アメリカの禁輸政策の打破に取り組んだ。一九五七年十月二十二日に中国代表団はイギリスに到着し、その翌日にイギリス商業会議所会長（President of the Board of Trade）のデビット・エクルズ（David Eccles）と会見した。またイギリス滞在中、コールダーホール原子力発電所、英国規格協会（British Standards Institution）、英国原子力公社（UK Atomic Energy Authority）などを含めた多くの学術・技術・研究機関を見学した。そして、五週間の訪問期間中に二百余りの商社と連絡をとりつけた。紡績機械を担当する代表団メンバーは中国国家技術輸入総公司（China National Technical Import Corporation）を代表して、紡績機械の購入を含む、総額七十万ポンドの貿易協定を結んだのである(130)。訪問中、中国代表団は、イギリスに研修員を送って機械の操作を含むイギリスの技術を学ばせたいと希望し、イギリスの進んだ技術全般に幅広く興味を示した(131)。中国代表団がイギリスからの民用機の購入を打診したところ、イギリスのメーカーから中国に輸出したいとの回答を得た(132)。このような中国代表団の活動を見ると、貿易以外にも科学・技術方面に強い関心を抱いていたことがわかる。特にイギリスの原子力技術関連施設への見学が多かったことから、イギリスから核技術を学ぼうとする中国の意思がうかがえる。この時期は中国が自主的に核開発を行おうとした時期であり、原子力技術の開発をめぐってソ連に援助を求めたが断られたという苦い経験があった。中国は自力で核開発に取り組んでいたので、イギリスとの貿易・技術交流を通じて、核技術を学ぼうとしていたのである。

イギリスを離れる前夜の一九五七年十二月三日に行われた記者会見において、冀朝鼎は今回の訪問を通じて、中国がイギリスから購入したい品目が多岐に及ぶことがわかったと述べた上で、イギリスとの貿易を拡大したいとの考えを改めて表明した(133)。同日、ロンドンにある中国の外交施設で開かれた代表団送別会には、イギリス側の担当大臣や貿易委員会を担当する政務官に加え、保守党と労働党の議員も数多く出席したほか、イギリスの大実業家もレセプションに顔を出した[134]。政府も企業も、中国との貿易の拡大を望んでいたことは明らかである。

中国は、イギリス側も中国との貿易を積極的に発展させようとしていることを認識し、こうした動きを見逃さず、中英間の通商関係を強固なものにしようとした。中国への禁輸政策緩和をめぐって、イギリス労働党が国会で果たした役割に鑑み、この時期中国は再び労働党との関係を強めた。一九五八年二月、労働党議員ハロルド・ウィルソンが中国を訪問した。周恩来はウィルソンと会見し、政治問題のほかに、改めて中英貿易に関して意見を交わした。周は五七年秋の中国技術代表団訪英に触れ、イギリスで中国に必要な品目を大量に見つけたが、その九十五%は禁輸リストに載っているものであったと述べ、「あなたがたが禁輸政策を続けたいなら、当然それによって私たちの発展を遅らせることができるが、一方、あなたがたも市場を失うであろう」と率直に表明した[135]。ウィルソンは中国滞在中、貿易部部長や貿易会社の責任者らと会うたびに、イギリス商品をたくさん購入したいと繰り返し要望された。周恩来をはじめ、中国政府の閣僚らから繰り返し問われたのは、『なぜあなたがたは私たちにトラクターだけを販売し、それを動かすガソリンを提供してくれないのか」ということであった。イギリスがガソリンの禁輸問題に対応しない限り、中国はイギリスからのトラクター購入を手加減するかもしれないと、中国側は冗談交じりにガソリンの禁輸解除を訴えた[136]。中国は、イギリスからの航空用ガソリン輸出が困難であることに理解を示したものの、トラクター・自動車などに使うガソリンを提供しないイギリスに対し不満を表明したわけである。中国は重機械・工作機械・鉄鋼工場のためのプラント、測量機械および技術装備を購入したいが、中でも平和利用のために、原子力エネルギー関連の装備を購入したい旨を、特に強調した[137]。また、特定種類の化学製品、特に試薬を購入する意思も表明した[138]。中国は日本を例に挙げながら、禁輸リストが存在するものの、実際にイギリス以外の西側諸国とは貿易を展開していることをウィルソンに示唆し、購入するための外貨も保有しているとも伝えた[139]。中国はイギリスに揺さぶりをかけ続けたのである。

このように、一九五七年の中国経済技術代表団の訪問は、イギリスの政界・金融界・ビジネス界から注目を浴びた。その直後、イギリスの代表団も中国を訪れ、貿易促進の方法について、周恩来を含む中国の要人と会談した。その甲斐あって、中英貿易は進展を見た。禁輸政策が緩和された一年後の五八年に、イギリスの対中輸出額は前年度の二倍になり、中国の対英輸出額も三分の一増加した[140]。中国政府は多くのイギリス商社との間に安定した関係を築き、ビジネスを展開していったのである。五八年には、中英両国間で大量のバーター貿易を通じた取引も行われた。中英間の貿易は、両国それぞれの思惑を含みつつ確実に進展した。

実際、一九五八年には禁輸緩和の動きが進み、イギリスの商品のうち軍事と無関係のものはほとんど輸出できるようになった。対中貿易に携わるイギリスの業者が政府にかけた強い圧力は、イギリスの対中政策を大きく左右する要因となったと思われる[141]。その五八年に入ってからも、中国はイギリスに貿易の拡大をさらに呼びかけ続けた。中国は、計画段階にある灌漑設備と水力発電所、進行中である道路建設・鉄道建設・工場建設などについて掲載した中国発行の英文雑誌『中国再建（China Reconstructs）[142]』をイギリスの国会議員などに毎月郵送し、中国の発展状況を紹介することによって、中国との貿易推進を主張する議員に影響を与えようとした[143]。雑誌に掲載された記事の多くが禁輸政策に対する苦情を訴えており、それによって中国の建設ラッシュに参加できないイギリスに焦りを感じさせようとしたのである。

一九五七年から五八年までに、イギリスから中国への電気機械の輸出量は倍増し、それ以外の機械輸出量は四倍に、鉄鋼の輸出量は五倍になった[144]。また、一九五九年から六〇年までの間に、イギリスのビッカース・バイカウント社（Vickers Viscount）は、中国航空に六機の民用機を販売した。六〇年の秋、当時のイギリス航空機メーカーであったブリティッシュ・エアクラフト・コーポレーション（British Aircraft Corporation）は中国代表団をファーンボロー国際航空ショーに招待した。[145] このように、五七年以降も、両国の経済関係は堅実に、そして双方に有利な形で発展した。

イギリスとの経済関係への中国側の配慮は、様々な側面に及んだ。例えば、一九五九年二月、上海の特産品商社は、イギリス商人との間に約二千トンのコットン（霜黄棉）の契約を取り交わしたにもかかわらず、中国政府から許可書が下りないことを理由に、一方的に契約を取り消した。この中国商社の行動は、イギリス国内の各業界に広く注目された。中国商社による契約破棄には大躍進の失敗による大きな打撃が関係していたのかもしれないが、毛沢東はこのような一方的な契約取り消しが、中英関係を損なう事態を惹起することを恐れ、原因を究明するように指示した。[146] イギリスとの政治的関係の改善が進まない状況の中、経済関係を発展させることによってイギリスとのつながりを維持しようとしていた中国は、経済問題が中英関係に悪影響を及ぼすことを避けるように腐心していた。

中国は、対英貿易を展開することによって、米英関係を切り離そうとする試みを継続した。一九五七年以降の中英の政治的関係には進展がなく、政府間の往来は低いレベルにとどまっていた。かつて、中国政府は対英関係を促進することによって米英を切り離し、アメリカの対中国政策を変えさせようと試みた。しかし、五七年以降、周恩来が日本社会党代表団との談話の中で示したように、アメリカが対中国政策を変えない限り、イギリスも変えるつもりがないのだと中国は考えるようになっていた。第二次五カ年計画に突入しようとした五八年ごろには、イギリスを含めた西側諸国との貿易の重要性はむろん認識していたが、中国の指導者はイギリスが国内経済面で困難に直面していること、対中国禁輸政策をめぐってイギリス政府と国会議員の間に対立が存在することも、認識していた。そこで中国は、イギリスの国会議員に対して働きかけ続け、イギリス国会での禁輸緩和への支持を拡大した。対米関係を重視していたイギリス政府も、結局、対中国禁輸政策のレベルを下げなくてはならなくなった。

この戦術が奏効したため、中国は当面貿易分野に集中し、中英関係を慎重に発展させていく方針に転じたのである。アメリカとは異なり、イギリスは国益のために、プラグマティックな外交政策を展開し、共産主義中国との貿易を拡大しようとしていた。中国もまたアメリカの最も重要な同盟国と経済関係を深めることによって、アメリカの政策を挫折に導こうとしていた。スエズ危機後、イギリス政府はアメリカとの関係を強化し、中国問題でもアメリカに同調するようになったため、外交面からイギリス政府との関係を改善することは難しくなった。しかし、イギリスとの政治関係改善につながるかはさておき、イギリスの対中貿易促進派との関係強化によって中英経済関係を促進すれば、結局中国問題をめぐってイギリス政府はアメリカに完全に同調することができなくなり、米英を離間させるという目的が達成できるかもしれない。このような考え方からは、中国の対英政策におけるプラグマティズムの一面をうかがい知ることができる。中英間の外交関係をさらに発展させていくことが難しいと判断した以上、台湾問題・国連加盟問題とは異なり、経済・貿易面においてなら、イギリスがアメリカから離れ一定の自主性を得ることができると考え、中国はそこから確実な利益を引き出そうとした。両国の経済関係を維持することによって、イギリスの対中国政策を変えることはできなくとも、それを抑制することはできよう。加えて中国は、真の盟友であるはずのソ連との関係が不安定になるにつれ、自力で核開発を進めなければならない状況に陥っていたため、イデオロギーの違いはどうあれ、外国からの先進的な科学・技術の導入がよりいっそう重要になっていた。このように五七年以降の対英政策においても、中国外交特有のプラグマティックな性質がうかがえる。

以上のように、イギリス政府との外交関係を改善することが難しい状況の中、それでも中国は、中英貿易を促進することによってアメリカの禁輸政策を打破するとともに、イギリスとの良好な関係を維持しようとした。しかし一九五七年以降における中国の対英政策は、ジュネーブ会議前後のそれとは異なっていた。すなわち、ジュネーブ会議の時期における中国対英政策の中心が外交関係の前進であったのに対し、五七年以降のそれは経済関係を中心に展開したのである。

第四節　一九五七年以降の中国対外戦略におけるイギリスの位置づけ

一九五七年以降、中国の対英政策は通商関係の拡大を除けば、以前ほど積極的に展開されなかったが、五〇年代の後半に入っても、米英間の対立は依然として西側陣営内の主要な対立であり、それはさらに深刻化しているという中国側の認識に変わりはなかった。中国の対外政策が全体的に強硬になっていく中にあって、中国指導部による、イギリスは「中間地帯」に存在する国家であるがゆえに操作可能であるという認識は、一貫していた。

一、一九五〇年代末における米英対立をめぐる中国の認識

この時期における中国の対外認識においては、依然として米英間の対立を過大視する、楽観的な傾向があった。第二次台湾海峡危機がもたらした成果について、中国は次のように分析していた。台湾問題をめぐるアメリカの国際社会における立場はかなり孤立しており、アメリカとともに中国と戦う大国は存在しない。アメリカ国内

においても対中国政策に反対する声が高まっている。また、アメリカが台湾問題に示した姿勢は、アメリカと蔣介石との対立が深刻化したことを証明しているし、アメリカが蔣介石を見捨てようとしたことから、その対立はさらに深刻の度を増すであろう。アメリカが「二つの中国」政策を打ち出す時期が早すぎたため、かえってその実現が難しくなったというのが、中国の見方であった[147]。

一九五八年十一月、毛沢東は再び、西側陣営は「四分五裂」しているとする見解を示した[148]。十一月二十五日、イギリス駐在の宦郷から送られてきた「英仏西欧自由貿易区に関する交渉決裂」と題した電報について、毛沢東は「四分五裂、これこそ西側陣営の情勢である」というコメントを記し、「目下決裂の途上にあり、最終的な決裂には至っていないが、最終的な決裂は不可避である」と述べた[149]。毛の見るところアメリカは自らのリーダーシップのもとで西側の連携を強めようとしているが、長続きするはずがなく、必然的に「四分五裂」の方向に動いていくであろう、というのである。

自国の権益をめぐる中東地域での米英間の争いは、以上のような中国側の認識をさらに強める結果になった。米英両国の中東地域の権益をめぐる対立について、一九五八年十二月十七日付の外交部檔案資料 No. 107-00295-06「現在の中東におけるアメリカとイギリスの政策の動向（原題：美英目前在中東的政策動向、一九五八年十二月十七日）」は次のような見解を述べている。

中東問題への対応において米英帝国主義は緊密に連携しているように見えるが、実際には「同床異夢」である。イギリスは、スエズ危機の教訓から、中東地域の民族解放運動を制圧するためには自国だけでは力不足であることを思い知ったため、アメリカに依存し、共同で中東地域の人民による反帝国主義闘争を弾圧せざるを得なくなった。そのため、イギリスは中東問題においてアメリカと同盟関係を強めるほかに選択肢がない。一方でイギリスはアメリカにつけ込まれて自国の勢力範囲を奪われてしまうことを強く警戒している。(150)

この資料が示すように、中国は中東問題をめぐって米英は激しく対立していると考えていた。

一九五九年に入ると、米英間の対立はさらに深刻化したと中国は見た。同年一月五日、中国の駐イギリス代表部（辦事処）は、五八年におけるイギリスと西側諸国との関係を分析する報告書を中国国内に送った。報告書は米英関係について次のように分析している。五八年は米英が「相互依存」政策を実施した一年であったが、この「相互依存」の名目のもとに、両国はそれぞれ自らの勢力範囲を維持、拡大してきた。また自らを救うために、相手の力を弱め、必要とあれば相手の利益を犠牲にしてきた。そして、資本主義世界の経済危機が近づくにつれ、米英両国の経済領域における対立はさらに深まった。今後その対立はさらに深刻になっていくであろう。また、英仏間、英独間の対立も深刻化し複雑化している。対立が深刻化した背景には、以下の要因がある。まず、社会主義陣営の一致団結および経済・技術面の飛躍的な進展によって、二大陣営の力のバランスは、社会主義陣営に有利に変化している。次に、アメリカの経済危機の波紋は西ヨーロッパまで波及し、資本主義国家間の競争は前例のない激しさになっている。そして、アジア、アフリカ、ラテン・アメリカの民族解放運動の進展もその一因になっている。さらに西ドイツの経済復興が、戦後ヨーロッパの均衡体制を崩した。その他、西ヨーロッパ諸国の民衆が戦争に反対し、平和共存を求めたことによって、西側陣営内部において相互に離反する傾向が強まった。

このような駐イギリス使節団からの報告は、中国指導者が従来持っていた、米英間には対立が存在するという認識をさらに強化した。一月十二日、毛沢東はこの報告書を読んだ感想を「これは極めてよい（此件甚好）」と書き残しており、西側陣営は「四分五裂」しているという認識を確信に変えたものと思われる[151]。

この報告書が、一九五五年に同代表部が国内に送った報告書より、西側陣営の対立を強調していることは明白である。五五年の報告書では、イギリス政府によるアメリカへの同調傾向などを含め、比較的客観的な内容になっていたのに対し、五九年一月の報告書は米英間の対立を過大視する傾向があった。そして、この傾向は五〇年代末まで継続した。

外交部檔案資料 No. 109-02065-03「一九五九年以降のイギリスとアメリカとの間の対立の発展（原題：1959年以来的英美矛盾的発展、一九六〇年五月十七日）」は、次のように記している。

イギリスの経済力は相対的に強くなった。イギリスは対米輸出拡大によってその競争力を向上させ、国際市場をめぐる米英の争いは激しくなり、金融の面においてはイギリスに有利に転じた。……西側陣営の指導権をめぐる戦いはさらに深刻になっている。社会主義陣営に対する態度は米英で異なり、ヨーロッパ地域における覇権争いは以前より激しくなっている。……何より中東地域の権益をめぐる米英の対立が高まっている。勢力範囲をめぐる争いも加速している。アメリカがイギリスの勢力範囲である中東地域および世界各地のイギリス植民地に進出しているのに対し、イギリスはそれを懸命に奪い返そうとしている。アメリカが英連邦諸国との関係を強め、イギリスの植民地に押し入ろうとしているのに対し、イギリスは、ラテン・アメリカでその影響力を拡大しようとしている。しかもイギリスの核兵器開発をコントロールしようとするアメリカの動きにもイギリスは反発している。核実験停止や西ヨーロッパの軍事政策においても対立が存在している[152]。

また、西側陣営の指導権をめぐっても米英間の争いは以前より激しくなり、争いが始まっていると中国は考えていた。[153] マクミラン首相はアメリカの反対を押し切ってソ連を訪問し、東西の融和を目指す共同声明を発表した。西ヨーロッパにおける特別な地位を維持したいという意図から、イギリスが自国に有利な小規模な自由貿易区を支持するようアメリカ側に要請したのに対し、アメリカはイギリスが望んでいない共同市場への支持を表明した。西側の経済を自らのコントロール下に置きたいアメリカの思惑はイギリスの強い不満を招いているように見えた。[154]

中国外交部の観察によれば、イギリスは国内においても国際社会においても、戦争反対勢力からの圧力を受けて厳しい経済危機に直面している。そのため再び戦争に巻き込まれることを恐れ、国際情勢の緊張緩和を求めている。アメリカは世界を制覇するために軍備を拡大し、戦争か平和かで迷いが生じているのに対し、イギリスは動揺していない。時に動揺しているように見えるが、それはまだアメリカには対抗できないという弱さがあるからで、それを乗り越えればイギリスは自分の道を歩んでいくであろう。[155] こうした米英間の対立に関する分析とも願望ともつかない思考は五〇年代末まで続いたのである。

それにはこの時期の中国の国内情勢が関連しているのではないかと考えられる。この時期、中国国内では反右派闘争がすでに始まっており、中国の国内世論の左翼的傾向が顕著になっていた。また一九五八年の第二次五カ年計画において中国指導部は、当時世界第二位の経済大国であったイギリスを十五年で追い越すという計画を立て、大躍進運動も展開された。中国の国内情勢は全体的に急進的になっていたのである。五九年一月の報告書はこうした国内的ムードに影響されていたのかもしれない。

二、「中間地帯」としてのイギリスの位置づけの一貫性

一九五〇年代末になっても、イギリスが「中間地帯」の国であるという中国の認識は変わらなかった。外交部

副部長の張聞天は、一九五八年一月十五日、十六日と二日連続で、中共中央直属の各部署で中国の対外政策について説明した。張聞天はイギリス、フランスなどの西側諸国は「中間地帯」に属していると指摘した上で、「これらの国は、二つの陣営からすれば、アメリカが率いる帝国主義の侵略集団に属するが、社会主義陣営と帝国主義のアメリカという視点からすれば、『中間地帯』にある。したがってこれらの国々とアメリカとを同一視してはならない」と述べて、イギリスなどの国に対し、「同を求め、異を残す」という方針を貫徹すべきことを強調した。[156] さらに張聞天は、「問題を解決するにあたって、双方の異だけを強調しても解決にはならない。積極的なやり方とは、まず同を求め、双方の接点と共通点を探し出すことである。また対立部分はとりあえず保留しつつ、考え方が接近している問題に一致点を求め、できる限り合意を達成することである」と述べ、イギリスなどの西側諸国に対する外交方針を具体的に示した。[157]

外交部は、当時第一副部長として実務を担当していた張聞天が主催した会議で、一九五八年二月十三日、十八日、二十日、二十二日、二十六日の五日間にわたって、イギリスの国内情勢、ソ連によるイギリスに対する宣伝や報道など、イギリスに関する諸問題について幅広く議論し研究した。[158] このように、周恩来が外交部長を退任した後も、明らかに中国はイギリスの動向に注目し、対英関係を重く見ていた。また同年七月、張聞天はプラハで開かれた使節会議において、国際情勢について次のように指摘している。「帝国主義国家間における対立は、絶対的で、しかも日々深まっていくものである。互いの協力は表面的なもので、一時的なものである」。「帝国主義国家同士の対立の中では、英米の対立が最も主要なものである」。張は、とりわけ中東地域とアフリカにおける英米間の対立は非常に激しいと見ていた。[159] また張はイギリスについて次のようにも分析している。「イギリスはアメリカに次ぐ第二の帝国主義大国であるが、結局アメリカとは異なり現状維持を望んでいる」のだから「イギリスとアメリカを同一視してはいけない」。その上で、彼は西側国家に対する中国の方針を説明した。すなわち「帝国主義国家間の対立を利用し、個別に撃破することによって、集中的にアメリカに打撃を与えることである。イギリス帝国主義に対して気を緩め、幻想を持ってはならないが、決して米英を一枚岩とみなしてはいけない。これは原則性と柔軟性を併せ持つものである。たとえアメリカ帝国主義と真っ向から戦うとしても、容赦なく戦いながらも、完全に関係を断絶する必要はない。『有理・有力・有節』の原則は帝国主義との闘争に完全に適用できる。民族独立運動と民族主義国家は、形はどうあれ反帝国主義の本質を持っているため、我々の同盟軍である」[160]。同じ使節会議において、中国内部に存在していた「東風が西風を圧倒する」という認識に対する戸惑いについて、張聞天は「中華人民共和国の成立は、東風が西風を圧倒することの最も良い証明である」と主張し、コンセンサスの確保に努めた[161]。張の談話は、本書の第三章第三節で述べたように、五四年に周恩来が世界を三つのグループに分けて対応すべしとした対外方針と一致するもので、五八年の時点でもその方針に大きな変化がなかったことがわかる。すなわち、イギリスとアメリカを区別し、最大の敵であるアメリカを孤立させるという戦略である。

反右派闘争が起きた一九五七年以降、台湾問題など自らにとって原則的な問題では決して譲歩しなかった中国は、一方で対英関係には柔軟性をもって対応してきた。この点に中国外交におけるプラグマティズムの側面を垣間見ることができる。中国の指導者たちは、アメリカには戦争を引き起こす可能性が依然存在していると見ていたのに対し、イギリスについては「現状維持」の立場をとるであろうとの見解を抱き続けた。つまり、中国は依然として、アメリカと他の西側諸国との間には利害対立が存在しているとみなし、イギリスを「中間地帯」の国家と位置づけていたのである。中国から見れば、資本主義陣営と社会主義陣営の対立は根本的なものではあるものの、東側を撲滅する力を持っていない限り、西側は東側諸国との間でイデオロギーをめぐる戦いを繰り返しかない。しかし実際には利害の面での衝突は多くない。これに対し、西側諸国の間では勢力範囲をめぐる利害衝突が多く存在しており、イデオロギーは共有していても、実際に行われる政策は必ずしも一致するとは限らない[162]。そのイギリスは帝国主義国であるには違いないが、イギリスの戦争に対する態度はアメリカとは異なっている。そのイギリスに対して挑発的な態度をとることによってアメリカ側に追いやることは、中国にとって利益にはならないというのが、中国側の考えだったのであろう。そのような見方から、中英関係が冷却化した後も、中国の対英関係に挑発的な行動が現れなかったのだと思われる。ここにも中国のプラグマティズムの特徴と現実的な対応を見て取ることができる。

一九五九年六月二十七日、外交部は「いくつかの国際問題に関する意見」と題する報告書をまとめた。張聞天が監修してとりまとめたこの報告書は、英米の対外政策の変化について分析しているが、アメリカの対外政策については次のように述べられている。「アメリカの対外政策は本質的に変わりがないものの、東西間の対話や社会主義諸国との往来に賛成するようになるなど、戦略上には変化があった。アメリカは国際情勢の変化によって追い詰められ、外交政策を変化せざるを得ないのだが、大きな変化はないであろう[163]」。中国は「(アメリカの)変化の性質を暴き、騙されないようにする一方、それを利用し、我々の闘争を有利に導かなくてはならない[164]」。そして、イギリスについての指摘は次のようなものである。「大英帝国は一種の特殊な中間地帯であり、アメリカ帝国主義と社会主義国家の間に位置する」。このようにイギリスが「中間地帯」の国であることを改めて強調するとともに、イギリスの対外政策に起きた変化と米英間の相違を重視すべきであると強調している[165]。この報告書を毛沢東に送ったところ、五九年七月五日、毛は張が書いた原稿の「西側共通の利益という視点から、イギリスはアメリカに同調して我々に反対している」という文の後に、米英間の相違について次のような分析を書き加えた。「英米の間にはいくつかの問題において、また極めて重要ないくつかの問題において、我々への対応に関する相違と重大な不一致が存在する。例えば、イギリスは第三次世界大戦を恐れて戦争を避けたがっているのに対し、アメリカの一部は戦争を望んでいる。また、イギリスはアメリカよりソ連に接近している。その背景としては、西ドイツがイギリスを凌駕するようになった（西徳攻撃英国很凶）ことのほか、アメリカがイギリスの勢力範囲を思うがままに奪ったという事情もある。そして英米両国の『二つの中国』問題に対する態度は一致しているものの、台湾問題で米中間に戦争が起きれば、イギリスはきっとそれに反対するであろう」[166]。さらに毛は、「西側共通の利益という視点から、イギリスはアメリカに同調して我々に反対している…（中略）…イギリスの変化を過大評価し、幻想を抱いてはならない」などと書き加え[167]、「印刷して皆に配布する。見る価値がある（印発各同志，很可以一看）」と指示した[168]。この指示からわかるように、イギリスをアメリカから区別し「中間地帯」の国として、柔軟性をもって対応すべきだという結論について、毛沢東自身も賛成していたのである。五八年十一月、中国共産党第八期六中全会で毛沢東は大躍進が失敗した責任をとる形で国家主席辞任を表明し、五九年四月の第二期全人代第一回会議で劉少奇が新国家主席に選出された。国内政治が激しく変動したこの時期でも、イギリスが「中間地帯」に属しているという中国の認識には変わりがなかった。

一九五九年七月から八月にかけて開催された中国共産党中央政治局拡大会議と第八期八中全会（廬山会議）において、当時国防部長であった彭徳懐が毛沢東に私信を送り、その中で総路線は正しかったとしつつ、「一九五八年の基本建設は一部でいささか急ぎすぎ、目標達成が遅れた」と進言した。廬山会議での彭の意見に、黄克誠（国防部副部長）、周小舟（湖南省党委書記）とともに、張聞天（外交部副部長）が支持を表明したことによって、毛沢東の張聞天に対する個人的な不満が高まった。しかし、国内政治がいかに急進化したとはいえ、国内政策と異なり、中国の対外政策には一貫して現実的、実用的な要素が存在したのである。

一九五〇年代の中英関係の研究から引き出し得る結論は、当時の中国の指導者たちに国際社会の既存のルールや制度に挑戦する意図はなかったということである。中国共産党の指導者たちの対外戦略目標は、国際社会の承認を得ることと、新中国の国際社会における地位を向上させることにあり、この点については彼らの意識は一致していた。また国内的な目標を、中国を生まれ変わらせ、新しい社会制度を建設することに置くという点においても共通の認識が存在していた。しかし、どのように社会主義を打ち立てるかに関する手段あるいは方法については、党内に意見対立が存在したと思われる。五〇年代後期になり、国際情勢をどのように判断するか、帝国主義をどのように考えるかといった点で、例えば毛沢東は帝国主義とは戦うべきだという主張を強めたのに対し、張聞天は依然として中間地帯理論に基づき、英米を離間させるべきだと説いた。しかし、当時の中国の最大の脅威であるアメリカにいかにして対抗するかが彼らの目的であるという点では一致しており、単に視点や方法が異なっていただけで、権力闘争なども関係なく、全体的に意見の大きな齟齬があったわけではなかったのである。

一九五〇年代には、中国はアメリカとの戦争の回避に追われていた。イギリスの支持なしに、台湾問題をはじめ、アメリカによる対中国戦争は難しいと考えていた中国にとって、イギリスを「中間地帯」に位置づけることは極めて重要であった。アジア・アフリカ諸国では依然として国際政治に影響力を持つ強い勢力が形成されていなかったのに対し、「中間地帯」に属する資本主義諸国の動きは、国際情勢に重要な影響を与え得る状態にあった。朝鮮戦争勃発後の中国は、これらの国々がアメリカに加担せず中立を保つ限り、アメリカとの戦争を回避できると考え、これらの国々との関係改善に努力するようになった。中国外交部は、五八年十一月十日、北京にあるイギリス代表部に口上書を送り、中国軍が朝鮮から撤退したことを伝え、それを連合国軍の参加国に伝達するようイギリス政府に要望した。[169] 中国はイギリスとの関係を完全に断絶しないことによって、国際社会に対する影響力を確保しようとしていた。

中国は、アメリカとその同盟国の間の対立を利用して、資本主義諸国をアメリカから切り離し、アメリカを孤立させることで、その圧力を分散させようとした。そして、米英間の対立が存在している限り、イギリスを自らの味方につけることが得策であるという判断から、中国問題をめぐってアメリカを孤立させ、米英を引き離す政策を継続したのである。そうした意味において一九五〇年代の中国の対英政策には一貫性があったと思われる。

（1）Robert Boardman, *Britain and the People's Republic of China, 1949-74*, London: Macmillan Press, 1976, p. 107.
（2）黎家松『中華人民共和国外交大事記』第二巻、北京：世界知識出版社、二〇〇一年、二一〇頁。
（3）「周恩来総理接見日本社会党訪蘇親善使節団談話記録（一九五七年九月十九日）」、外交部檔案資料 No. 105-00541-06。
（4）「中国外交方面的某些政策問題（一九五七年三月）」、中華人民共和国外交部、中共中央文献研究室編『毛沢東外交文選』、北京：中央文献出版社・世界知識出版社、一九九四年、二八六頁。
（5）「周恩来総理接見日本社会党訪蘇親善使節団談話記録（一九五七年九月十九日）」、外交部檔案資料 No. 105-00541-06。
（6）同右。
（7）「中国外交方面的某些政策問題（一九五七年三月）」、『毛沢東外交文選』、二八七頁。
（8）黎『中華人民共和国外交大事記』第二巻、一八頁。
（9）中共中央文献研究室編『周恩来年譜１９４９—１９７６』中巻、北京：中央文献出版社、一九九七年、四五—四六頁。
（10）中華人民共和国外交部外交史研究室編『周恩来外交活動大事記１９４９—１９７５』、北京：世界知識出版社、一九九三年、一二〇六頁。

(11)『周恩来年譜１９４９—１９７６』中巻、四六頁。
(12)同右。
(13)『周恩来外交活動大事記１９４９—１９７５』、二三四—二三五頁。
(14)同右。
(15)同右。
(16)黎『中華人民共和国外交大事記』第二巻、六一頁、七三頁。
(17)『周恩来外交活動大事記１９４９—１９７５』、二三五頁。
(18)黎『中華人民共和国外交大事記』第二巻、三八—三九頁。
(19)Gordon H. Chang, *Friends and Enemies*, Stanford: Stanford University Press, 1990, p. 143.
(20)湯浅成大「アイゼンハワー期の対中国政策」、『国際政治』第一〇五号、一九九四年、四五—五七頁。
(21)「中国外交方面的某些問題（一九五七年三月二十二日）」、『毛沢東外交文選』、二八六—二八七頁。
(22)同右、二八七頁。
(23)黎『中華人民共和国外交大事記』第二巻、一八頁。
(24)同右、一七頁。
(25)同右、四〇頁。
(26)同右、二八頁。
(27)同右、四五—四六頁。
(28)同右、五六—五七頁。
(29)Evan Luard, *Britain and China*, London: Chatto & Windus, 1962, p. 173. 黎『中華人民共和国外交大事記』第二巻、四九頁。
(30)『周恩来年譜１９４９—１９７６』中巻、一一七頁。
(31)同右、一一九—一二〇頁。
(32)同右。

(33) 同右。
(34) 同右、一二三頁を参照。
(35) 中共中央文献研究室編、金沖及主編『周恩来傳（三）』、北京：中央文献出版社、一九九八年、一三七〇頁。
(36) 『周恩来年譜１９４９—１９７６』中巻、七五頁。
(37) 黎『中華人民共和国外交大事記』第二巻、第二頁。
(38) 同右。
(39) 劉武生・杜宏奇編『周恩来軍事活動紀事１９１８—１９７５』下巻、北京：中央文献出版社、二〇〇〇年、四一八—四一九頁。
(40) 中華人民共和国外交部外交史研究室編『周恩来外交活動大事記１９４９—１９７５』、北京：世界知識出版社、一九九三年、一九四頁。
(41) 『周恩来年譜１９４９—１９７６』中巻、七四頁。
(42) 同右、七五頁。
(43) 「周恩来総理接見美国青年代表団談話記録（一九五七年九月七日）」、外交部檔案資料 No. 111-00196-01。
(44) 「中美関係和中蘇関係（一九五七年一月二十七日）」、『毛沢東外交文選』、二八〇—二八一頁。
(45) 「中国外交方面的某些政策問題（一九五七年三月二十二日）」、同右、二八七頁。
(46) 「争取民族独立、破除対西方的迷信（一九五八年九月二日）」、同右、三三八頁。
(47) Chen Jian, *Mao's China and the Cold War*, London: University of North Carolina Press, 2001, pp. 173-175; Thomas J. Christensen, *Useful Adversaries: Grand Strategy, Domestic Mobilization, and Sino-American Conflict, 1947-1958*, Princeton, N. J.: Princeton Univeristy Press, 1996, pp. 194-241.
(48) 中共中央党史研究室張聞天選集伝記組編、張培森主編『張聞天年譜１９４２—１９７６』下巻、北京：中央党史出版社、二〇〇〇年、一〇九七—一〇九八頁。
(49) アメリカの対中国三原則とは、中華人民共和国を承認しないこと、新中国の国連加盟に反対すること、中国への封じ込め、および禁輸を続けることを指している。
(50)『張聞天年譜1942―1976』下巻、一〇九七―一〇九八頁。
(51) 劉・杜編『周恩来軍事活動紀事（1918―1975）』下巻、四四九頁。
(52) 同右、四五八頁。
(53) 呉冷西「文伎和武伎」、『伝記文学』第一期、一九九四年、六頁。
(54) 黎『中華人民共和国外交大事記』第二巻、七四頁。
(55) Kuo-Kang Shao, *Zhou Enlai and the Foundations of Chinese Foreign Policy*, Basingstoke: Macmillan, 1996, p. 194.
(56) 劉・杜編『周恩来軍事活動紀事（1918―1975）』下巻、四六一頁。
(57) 前田直樹「一九五八年米中ワルシャワ会談とアメリカによる台湾単独行動への抑制」、『広島法学』第二七巻第二号、二〇〇三年、三三一頁。
(58) 同右、三四四頁。
(59) 金焔『金門之戦1949―1959』、瀋陽：遼寧人民出版社、二〇一一年、一四四頁。
(60)「杜勒斯是世界上最好的反面教員（一九五八年十月二日）」、『毛沢東外交文選』、三五四―三五五頁。
(61) 同右。
(62) Lucian W. Pye, *The Mandarin and the Cadre: China's Political Cultures*, Center for Chinese Studies. Michigan: Univesity of Michigan, 1988, p. 99.
(63)「美帝国主義已被自己製造的絞索套住（一九五八年五月八日）」、『毛沢東外交文選』、三五〇頁。
(64) Arthur Doak Barnett, *Communist China and Asia*, New York: Vintage Books, 1961, p. 416.
(65) Harold Macmillan, *Riding the Storm 1956–1959*, London: Macmillan Press, 1977, p. 544.
(66) *House of Commons Debates*, vol. 594, 30 October 1958, cols. 327–328.
(67) 世界知識出版社編『中美関係資料匯編』第二輯（下）、北京：世界知識出版社、一九六一年、二九八五―二九八六頁。
(68) PREM11/2300, Prime minister's note on the Far Eastern situation, 14 September 1958.

(69) Luard, *Britain and China*, p. 172.

(70) Eisenhower archives, Dulles Papers, White House memo series Box 5, meetings with the president 1957 (2), memo of dinner conversation at the White House, 23 October 1957.

(71) Qiang Zhai, *The Dragon, the Lion and the Eagle: Chinese-British-American Relations, 1949–1958*, Ashland: Kent State University Press, 1994, pp. 196–197.

(72) Commonwealth Relations Office to Ottawa, 28 August 1958, FO371/133525, FCN1193/61 (a); Zhai, *The Dragon, the Lion, and the Eagle*, p. 189.

(73) *Ibid.*

(74) 謝益顕主編『中国外交史—中華人民共和国時期　１９４９—２００９』、北京：中国青年出版社、二〇〇九年、一〇九頁。

(75) Zhai, *The Dragon, the Lion, and the Eagle*, pp. 189–191.

(76) Lloyd to Foreign Office, 19 September 1958, FO371/133531, FCN1193/242.

(77) Commonwealth Relations Office to Ottawa, 3 September 1958, FO371/133525, FCN1193/68; Zhai. *The Dragon, the Lion, and the Eagle*, p. 194.

(78) Dalton minute, "Situation in the Formosa Strait", 1 September 1958, FO371/133535, FCN1193/326; Zhai, *The Dragon, the Lion, and the Eagle*, p. 194.

(79) 「斥英国政府関於製造両個中国的叫囂」、『人民日報』、一九五八年十二月十二日。

(80) Zhai, *The Dragon, the Lion, and the Eagle*, p. 196.

(81) 「労埃徳可以休矣」、『人民日報』、一九五八年十一月三日。

(82) Luard, *Britain and China*, p. 174.

(83) *Ibid.*

(84) 黎『中華人民共和国外交大事記』第二巻、六五頁。

(85) 外務省アジア局編『香港便覧』、日本国際問題研究所、一九六〇年、七頁。

(86) 黎『中華人民共和国外交大事記』第二巻、六一頁。
(87) 外務省アジア局編『香港便覧』、七頁。
(88) 同右、七—八頁。
(89) 「関於停止在深圳方面的演習準備打金門的批語（一九五八年八月十八日）」、中共中央文献研究室編『建国以来毛沢東文稿』第七冊、北京：中央文献出版社、一九九二年、三四八頁。
(90) 外務省アジア局編『香港便覧』、八頁。
(91) Robert Cottrell, *The End of Hong Kong: The Secret Diplomacy of Imperial Retreat*, London: John Murray, 1993, p. 27.
(92) 「対新華社関於内地対香港副食品供応量鋭減的報道的批語（一九五九年一月二十五日）」、『建国以来毛沢東文稿』第八冊、北京：中央文献出版社、一九九三年、二二頁。
(93) 外務省アジア局編『香港便覧』、二一頁。
(94) 胡菊人主編『１９９７・香港—香港地位問題資料匯編』、香港：『百姓』半月刊出版社、一九八一年、三八頁。
(95) 「評美国共産党声明」、『人民日報』、一九六三年三月八日。
(96) 新華社時評「中国人民一定要解放台湾（一九四九年三月十五日）」、『新華月報』第一巻第一期、一九四九年、四三頁。「打到台湾去、解放台湾同胞」、『人民日報』時評、一九四九年九月四日。「反対美帝攫奪台湾的陰謀」、『人民日報』社説、一九五〇年一月五日。
(97) John Rankin, *House of Commons Debates*, vol. 569, 18 April 1957, col. 2129.
(98) *Ibid.*
(99) Rankin, *House of Commons Debates*, vol. 564, 7 February 1957, col. 589.
(100) Rankin, *House of Commons Debates*, vol. 579, 3 December 1957, col. 334.
(101) *Ibid.*
(102) Rankin, *House of Commons Debates*, vol. 569, 18 April 1957, col. 2129.
(103) Harold Davies, *House of Commons Debates*, vol. 562, 19 December 1956, col. 1263.

(104) Aneurin Bevan, *House of Commons Debates*, vol. 562, 9 December 1956, col. 1264.
(105) Stephen Swingler, Bevan, *House of Commons Debates*, vol. 563, 21 January 1957, cols. 670–671.
(106) Swingler, The Prime Minister, *House of Commons Debates*, vol. 568, 4 April 1957, col. 573.
(107) Kenneth Younger, *House of Commons Debates*, vol. 568, 1 April 1957, col. 26.
(108) Rankin, *House of Commons Debates*, vol. 569, 18 April 1957, col. 2131.
(109) Rankin, *House of Commons Debates*, vol. 568, 18 April 1957, cols. 2133–2134.
(110) Jay Douglas, *House of Commons Debates*, vol. 568, 18 April 1957, cols. 2136–2137.
(111) Selwyn Lloyd, *House of Commons Debates*, vol. 562, 19 December 1956, col. 1264.
(112) Lloyd, *House of Commons Debates*, vol. 563, 21 January 1957, col. 671.
(113) H. Flint SBTC (Chairman of Sino-British Trade Council) to Sir David Eccles (President of Board of Trade) 23 April 1957, SBTC: Minutes, 1954–64.
(114) Horace King, *House of Commons Debates*, vol. 589, 13 June 1958, col. 547.
(115) *Ibid*., col. 555.
(116) Harold Wilson, *House of Commons Debates*, vol. 589, 13 June 1958, col. 595.
(117) King, *House of Commons Debates*, vol. 589, 13 June 1958, col. 557.
(118) Robert Grimston, *House of Commons Debates*, vol. 589, 13 June 1958, cols. 621–622.
(119) King, *House of Commons Debates*, vol. 589, 13 June 1958, col. 564.
(120) Harvey Ian, *House of Commons Debates*, vol. 568, 18 April 1957, cols. 2140–2141.
(121) FC1121/1, FO371/127321. vol. 571, 1956–57, cols. 618–619. F. J. Erroll, *House of Commons Debates*, vol. 579, 3 December 1957, col. 342.
(122) Wenguang Shao, *China, Britain and Businessmen: Political and Commercial Relations, 1949–57*, Oxford: Macmillan, 1991, p. 172.

(123) Luard, *Britain and China*, p. 149.
(124) *Ibid.*
(125) Erroll, *House of Commons Debates*, vol. 579, 3 December 1957, col. 345.
(126) *Ibid.*
(127) 『周恩来年譜１９４９―１９７６』中巻、九一頁。
(128) A.D. Wilson（Beijing）to FO, No. 528, 31 Oct. 1957, GC1151/143, FO371/127357.
(129) *Ibid.*
(130) Shao, *China,Britain and Businessmen*, p. 172.
(131) G. B. Drayson, *House of Commons Debates*, vol. 579, 3 December 1957, cols. 329–330.
(132) Victor Collins, *House of Commons Debates*, vol. 579, 12 December 1957, col. 1408.
(133) *The Times*, 3 December 1957.
(134) Drayson, *House of Commons Debates*, vol. 579, 3 December 1957, cols. 327–328.
(135) Wilson, *House of Commons Debates*, vol. 589, 13 June 1958, col. 592.
(136) *Ibid.*, col. 593.
(137) *Ibid.*
(138) *Ibid.*
(139) *Ibid.*
(140) Luard, *Britain and China*, p. 143.
(141) *Ibid.*
(142) 『中国再建（China Reconstructs)』は一九五二年一月に発行され、九〇年代に『今日中国（China Today)』に誌名を改めた。
(143) Drayson, *House of Commons Debates*, vol. 589, 13 June 1958, col. 626.

(144) Shao, *China, Britain and Businessmen*, p. 173.
(145) *Ibid.*, p. 174.
(146) 「在関於英国各界対我撤銷出口合同的反応的批語（一九五九年二月十九日）」、『建国以来毛沢東文稿』第八冊、北京：中央文献出版社、一九九三年、四九頁。
(147) 「目前美国対華政策的方向（一九五九年二月四日）」、外交部檔案資料 No. 109-01913-03。
(148) 「西方世界勢必走向四分五裂（一九五八年十一月二十五日）」、『毛沢東外交文選』、三六一頁。
(149) 同右。
(150) 「美英目前在中東的政策動向（一九五八年十二月十七日）」、外交部檔案資料 No. 107-00295-06。
(151) 「対駐英代辦処関於英国同美、法、西徳等国矛盾発展的初歩総結的批語（一九五九年二月十二日）」、『建国以来毛沢東文稿』第八冊、三六―三七頁。
(152) 「１９５９年以来的英美矛盾的発展（一九六〇年五月十七日）」、外交部檔案資料 No. 109-02065-03。
(153) 「英美矛盾又一次表面化（一九六〇年五月二十七日）」、外交部檔案資料 No. 109-02065-03。
(154) 同右。
(155) 『張聞天年譜１９４２―１９７６』下巻、一〇〇七頁。
(156) 同右。
(157) 同右。
(158) 同右、一〇八五頁。
(159) 「在布拉格使節会議上的最後発言（一九五八年七月十四日）」、中央党史研究室張聞天選集伝記組編『張聞天文集』第四集、中央党史出版社、一九九五年、三〇〇頁。
(160) 『張聞天年譜１９４２―１９７６』下巻、一一〇二頁。
(161) 「在布拉格使節会議上的最後発言（一九五八年七月十四日）」、『張聞天文集』第四集、三〇一頁、二九八頁。
(162) 『張聞天年譜１９４２―１９７６』下巻、一〇二一頁。

(163) 同右、一一四五—一一四六頁。
(164) 同右。
(165) 同右。
(166) 「対張聞天在外交部務虚会上発言稿的修改（一九五九年七月五日）」、中共中央文献研究室、中国人民解放軍軍事科学院編『建国以来毛沢東軍事文稿』下巻、北京：軍事科学出版社、二〇一〇年、五二頁。
(167) 同右。
(168) 『張聞天年譜1942—1976』下巻、一一四五—一一四七頁。
(169) 黎『中華人民共和国外交大事記』第二巻、八四頁。

終　章

中国の対英政策におけるプラグマティズムの本質

一九五〇年代における中国の対外政策についての研究には、朝鮮戦争、中ソ同盟および中国の周辺諸国に対する政策から考察したものが多く、中国の対英政策に焦点を当てた研究はまれであった。また当時の中国指導者らや中国メディアの発言には、激しい論調が多く見られたことから、従来は中国外交のイデオロギー的要素が強調されてきた。本書では、ルシアン・W・パイが主張したプラグマティズムの視点、および中国外務省資料館（外交部檔案館）によって近年公開された新資料やイギリスの外交資料を用い、この時期の中国の対外戦略全体の中に占める対英政策の位置づけを検証することで、中国の対外政策の全体像を明らかにすることを試みた。外交政策決定のプロセスではなく、いかに中国の対外政策を理解するかに焦点を当て、中国の政治文化と外交との関係という視点から中国外交におけるプラグマティズムの本質を検討した。五〇年代において中国が西側諸国に対して実際にとった行動を考察すると、イデオロギーは中国の指導者らにとって重要でありながら、中国外交は非常に合理的に行われており、そこに中国のプラグマティズムの本質を見て取ることができる。

第一節　一九五〇年代における中国の対英政策

一、中国対外戦略における対英政策の位置づけ

一九五〇年代における中国の対英政策は、イギリスを「中間地帯」のうちの一国と見る認識を基礎に展開された。

朝鮮戦争によって米中両国は完全に敵対関係に陥ってしまった。それにより、台湾問題の解決が不可能になったばかりか、アメリカの影響力が強い国際社会で中国を正式な国家として承認させることも極めて困難になった。アメリカは中国の対外戦略実現の最大の障害となり、それゆえに中国の対外戦略の最重要課題はいかにアメリカに対処するかになったのである。いかにアメリカによる中国封じ込め政策を打ち破り、国家の安全と国益を守るかが、中国指導者が直面していた課題であった。アメリカとの戦争を回避するために、中国はソ連をはじめとする社会主義陣営と連携する一方で、「中間地帯」諸国の力に注目した。

一九五〇年代の中国では、対米・対ソのほかに、イギリスを含む西側諸国への戦略も対外戦略の一部になっていた。建国直後の段階では、西ヨーロッパ諸国に対して明確な戦略を持たなかったものの、中国は、「資本主義世界は決して一枚岩ではない」と考えていた(1)。イギリスなどの「中間地帯」諸国は資本主義国家ではあるが、西側陣営に属してはいても、同時にまたアメリカの支配と干渉を受けて、アメリカとの間に対立が存在するという「二面性」があると、中国は考えたのである。一九五四年八月、五五年四月と毛沢東は二度にわたって、戦争回避のためには日本からイギリスに至る「中間地帯」の国々が重要であると強調した。一九五〇年代半ば、中国は資本主義国家をその戦争と平和に対する態度から下記の三つに分類した。第一類型は「平和共存を受け入れず、

戦争に活路を見出す主戦派」で、その代表はアメリカである。第二類型は「現状が変わらないことを最良とする現状維持派」で、その代表はイギリスとフランスである。第三類型は新しく独立した国々、あるいは独立を獲得するために戦っている植民地およびその付属国の「平和中立派」である。中国は「現状維持派」を味方に引き入れ、「主戦派」を孤立させることによって、「世界戦争を阻止する」という方針を定めた[2]。これは本質的には抗日戦争時期に採用された統一戦線戦略を国際的に拡大したものといってよい。

一九五〇年代半ばから中英関係は徐々に冷えこんでいくが、中国はイギリスとの関係を損なうような行動を慎重に避け、ジュネーブ会議によって築いた中英間の外交関係を後退させないよう、表向きの激しい批判とは対照的に、イギリスとの関係を良好に維持しようとした。中国はイギリスを「中間地帯」の一員として位置づけ、最後までアメリカと異なる扱い方をしたのである[3]。中国から見れば、資本主義陣営と社会主義陣営の対立は根本的なものではあるものの、東側を圧倒する力を持っていない限り、西側は東側諸国との間でイデオロギーをめぐる戦いを繰り返すしかない。しかし実は両者の間の利益の面での衝突は限定されたものにすぎない。これに対し、西側諸国の間では勢力範囲をめぐる利益の衝突が至るところに存在しており、イデオロギーは共有していても、現実の政策は必ずしもそれと一致するとは限らないと中国は考えた[4]。五七年以降も、国内政治が急進的になっていったにもかかわらず、中国のイギリス「中間地帯」論は維持され続けた。「大英帝国は一種の特殊な中間地帯であり、アメリカ帝国主義と社会主義国家の間にある」と、イギリスが「中間地帯」の国であることが改めて強調された[5]。対英政策は明らかに、こうした中国の対外戦略に関する認識枠組みの下で展開されたのである。

二、中国の対英政策における目標

イギリスはヨーロッパにおいてアメリカの最も重要な同盟国であり、また第二次世界大戦で大きな打撃を受けたとはいえ、西側陣営に対して比較的大きな影響力を依然として有していた。では一九五〇年代における中国の対英政策の目標は何であったのか。

その重要な目標は主として二つあった。その一つは、米英を切り離し、イギリスから国家としての全面承認を獲得することによって、アメリカの中国不承認政策を打破することであった。イギリスからの完全承認が獲得できれば、その影響は西側諸国の間に広がって中国承認ブームを起こすことができ、ひいてはアメリカの中国不承認政策を覆すことができるに違いないと中国は考えたのである(6)。中国にとって対英関係の打開は、米英間関係のさらなる分離の加速化に資するばかりでなく、中国承認問題を含め新しい外交局面へと踏み出すための重要な一歩でもあった(7)。

以上のような方針を実現するために、中国はイギリスに対し、国連で中国に有利な言動をとるよう強く求めた。国連で票を集め、国民政府の代表を追放することをイギリスに繰り返し要求したのである(8)。アメリカが国連において加盟国の半数以上を支配しているという状況下にあって、たとえイギリスが賛成票を投じても、中国の国連加盟が難しいことは認識していたが、それでも国連でのイギリスの支持を求め続けた(9)。イギリスがアメリカと異なる対中政策をとったならば、それは西側陣営に属する多くの国々に影響を与える。イギリスが実際に責任をもって中国を国連に送り込んでくれることを望むというより、むしろ中国問題をめぐって米英間に対立が存在するという印象を国際社会に与えることによって、アメリカの中国政策に打撃を与えたいと中国は考えたのである(10)。

中国の対英政策におけるもう一つの目的は、イギリスを米中間の仲介者にさせることであった。中国は、イギリスの支持がない限りアメリカが長期的に台湾地域に駐留することは難しいだろうと考えていた。そこで台湾問題が中国の内政問題であること、ならびに、アメリカが撤退しなければ台湾地域の安定が得られないことを強調し、イギリスに対して、台湾海峡からの撤退をアメリカに説得するよう繰り返し要請した。[11] また中国は、米中間の直接交渉を実現するためイギリスに仲介の労をとるよう求めた。第一次台湾海峡危機の後、中国には台湾地域の緊張緩和のため新たな措置をとる用意も、緊張緩和と中米間の直接交渉実現のためアメリカと接触する用意もあるというメッセージを、イギリス政府からアメリカに伝えるよう要請している。[12] 中国は、アメリカの同盟国であるイギリスを米中間の仲介役として求めていたのである。

三、中国の対英政策の展開

中国の対英政策は主に以下の三つの側面から展開された。

（一） 政府レベルでの展開

建国直後、イギリスからの国交樹立の申し入れに対し、中国は「帝国主義」国イギリスによる中国への進出を警戒しつつも、中英国交樹立に積極的に取り組んだ。朝鮮戦争勃発後の「台湾問題でアメリカとともに行動するつもりはない」[13] というイギリス政府の発言に注目した中国は、安全保障におけるイギリス政府との関係強化の重要性も認識しており、イギリスの参加なしにアメリカが台湾海峡地域で戦争を引き起こすことは不可能だと確信した。朝鮮半島でイギリスと直接戦火を交えることになったにもかかわらず、中国はイギリスとの関係を絶つことはせず、むしろ関係を改善することによって米英を切り離す方針を固めたのである。

朝鮮戦争停戦後、中国は米英切り離し政策をさらに強化した。ジュネーブ会議で、中英政府間の関係は低いレベルではあったが発展を見た。その後も、中国の対英政策の重点は依然として中国承認と台湾問題であった。中国は対英関係を緊密化することで、イギリスのＳＥＡＴＯ（東南アジア条約機構）加盟を牽制し、アジア地域におけるアメリカの中国政策に打撃を与えようとしたのである。[14]

第一次台湾海峡危機後、イギリスが「二つの中国」論を支持するようになると、中国はイギリスのアメリカに対する同調政策を非難する一方で、台湾問題に関する中国の立場を支持するようイギリス側に求め続けた。一九五〇年代半ばまで、中国は主にイギリス政府を相手にそうした政策を展開したのである。

（二）　野党レベルでの展開

一九五〇年代に中国はすでに西側諸国に対し野党外交を展開していた。正式な外交関係をほとんど持っていなかった西側諸国に対して、中国は野党との関係を強化することで、自らの外交戦略を実現しようとしていた。前述のようにイギリス政府とも外交関係を持ってはいたものの、低いレベルにとどまっていた。イギリスは議会制国家であり、野党が果たす役割の重要性について中国指導部は認識していた。イギリス労働党への関与は、中国の対イギリス政策において重要な位置を占めていた。

まず、台湾問題において中国側はイギリス労働党の支持を求めた。中国は同党に対し、台湾問題と国連加盟問題をめぐる自らの立場を繰り返し説明し、イギリス政府が中国を完全に承認するよう協力を要請した。[15]次に、イギリス労働党の協力を獲得することで中国の国連加盟問題などにおいてイギリス政府に影響を及ぼし、中国問題をめぐる米英の対立を国際社会に示そうとした。さらに、米中関係の緊張緩和にイギリス労働党の協力を求めた。

中国指導者はアメリカを台湾海峡から撤退させるよう、自らイギリス労働党に対し協力を要請した。野党に転じたとはいえ、イギリス国会における同党の影響力は依然として大きかった。そこで労働党との関係を強化して、中国の立場を訴えることによって、イギリスをＳＥＡＴＯに参加させようとするアメリカの計画を阻止するなど、イギリス政府の対中国政策に影響を与えようとしたのである[16]。中国側がイギリス労働党に求めたことは、実際にはイギリス政府に求めたものと同様である。イギリス政府と直接に交渉しにくい状況下で中国は、政府に伝えたいメッセージを野党議員に託した。中英両政府間に接触ルートが少ない時期に、それらの議員は中英政府間のパイプ役を果たしたのである。

野党との連携によって中国の対外戦略目標を実現しようとすることは、中国の対資本主義諸国政策の特徴の一つである。イギリス労働党のように労働者階級の政党でなくとも、対外戦略を実現するためにはその国の野党と緊密な連携をとることも辞さなかった。中国外交におけるプラグマティズムの本質をここに見ることができる。

（三）　経済レベルでの展開

第一次台湾海峡危機をきっかけに、中英間の政治的関係は徐々に冷え込むようになった。一九五〇年代前半における中国の対英政策の重点が外交関係にあったとすれば、後半の重点は経済関係にあったといえよう。

イギリスは、戦前から中国の重要な貿易相手国であった。また、イギリスの経済は戦争で大きな打撃を受けていたため、イギリス国内には対中貿易を展開したいという願望が存在していた。中国は、貿易関係の回復を呼びかけることで、アメリカの禁輸政策を打破するとともに、外交関係の発展に結びつけようと考えた。新中国建国初期の中英間の貿易量は極めて少なかったため、中国は実際に貿易を拡大させることよりも、アメリカの禁輸政策やイギリス政府の対中政策を批判することに重点を置いた。

一九五〇年代半ば以降、アメリカが対中国政策を変えない限り、イギリスもその対中国政策を変えるつもりがないと中国は徐々に認識するようになった。中国の対英関係における選択肢は限られていたが、中国の指導者はイギリスが国内経済面で困難に直面していること、また対中国禁輸政策をめぐってイギリス政府と国会議員の間に対立が存在することも認識していた。中国に対する禁輸政策緩和はイギリスが自らの経済的活路を見つけ出すためのものであるが、同時にイギリスのとったその行動はアメリカの了解を得たものでもあった。それをわかった上で、中国は依然としてイギリスとの通商関係をさらに発展させようとしていた。そこには、イギリスとの経済関係構築を、そのまま外交関係の強化にもつなげていきたいという思惑があったと思われる。第一次台湾海峡危機とスエズ危機後、イギリス政府はアメリカとの関係を強化し、中国問題をめぐってもアメリカとの同調を深めるようになったため、外交面からのイギリス政府との関係改善は難しくなった。そこで、中国は貿易分野に集中し、中英関係を慎重に発展させていく方針に転じたのである。中英両国の外交関係がなかなか進展しない状況の中、中国はより長期的な視点から対英関係に取り組まなければならなくなったのである。こうした中国の対英経済政策は長期的な対英戦略の一環として展開された。イギリスとの外交関係改善につながるかどうかは別として、イギリス国内に存在する対中貿易促進派との関係強化によって経済関係を促進すれば、結果的にイギリス政府に圧力をかけることになる。両国の経済関係を維持することによって、イギリスの対中国政策を変えることはできなくとも、それに掣肘を加えることはできるのではないかと中国は考えた。また中国は、ソ連との関係が不安定になるにつれ、自力で核開発を進めなければならない状況に陥っていたため、他国からの科学技術の導入がよりいっそう重要になった。このような考え方の中に、中国の対英政策における柔軟性をうかがい知ることができるのである。

四、香港政策から見る中国の対英政策

中国の香港政策には、中国外交のプラグマティックな側面が最もよく表れている。植民地の象徴である香港がイギリスによって支配され続けることは、中国共産党の理念に反するものであったはずだが、建国直前の一九四八年末、新華社香港分社社長の喬木（喬冠華）は西側諸国の記者に対し、「たとえ新政権が成立したとしても、中国共産党は武力で香港を取り戻す政策をとらず、また香港返還運動の扇動もしない」と述べている。[17] つまり中国共産党は最初から香港を奪回するつもりはなかったのである。

一九五〇年代に香港で多発した中国に対する権利侵害事件は、軍隊を派遣し香港を奪回する好機であったにもかかわらず、中国は抗議のレベルにとどめ、香港の返還を求めることは一切せず、むしろ香港がアメリカや国民政府による大陸反攻の舞台にならない限り、あくまでも現状を維持しようと努めた。五七年半ば以降、中国は国内政策で急進路線に舵をきり、対外政策も強硬路線に転じて、アジア・アフリカおよびラテンアメリカ諸国に「帝国主義、植民地主義に反対しよう」と呼びかけるに至ったが、にもかかわらずイギリスの香港支配を容認し続けた。[18] 香港における「イギリス支配の容認」という中国の立場は、「アメリカは台湾海峡から撤退しなくてはならない」という立場と著しく異なっている。

中国がこうした政策をとったのは、対外貿易拠点としての香港の重要性を認識していたからというだけでなく、中国の対外戦略の本質によるものだった。中国承認問題は中国共産党にとって最も重要な原則の問題であったが、アメリカが国民政府を中国の正統な政府として認めているのに対し、イギリスは西側陣営でありながら人民政府

を承認しており、このことはたとえ完全承認でないとしても極めて重要な点であった。もし香港におけるイギリスの利益を損なえば、イギリスをアメリカ側に追いやることになり、そうなればアメリカの思う壺となる。中国は西側諸国から孤立し、国際社会への早期復帰という中国共産党の目論見が遠のくことになるであろう。そのような事態は、絶対に避けなければならなかった。したがってイギリスがイデオロギー上は帝国主義国という敵対する存在であるとしても、中国を承認するというのであれば、イデオロギーより国家の利益を優先すべきだという計算が働いたのである。中国の対香港政策からは、その外交政策の柔軟性および現実性を明確に見てとることができる。

五、中国の対英政策の成果と限界

中国の対英政策の成果の一つは、ジュネーブ会議をきっかけに中英関係を進展させ、アメリカの反対にもかかわらず、低いレベルでの外交関係を実現させることができたことである。もう一つの成果は、イギリス経済界に働きかけることによって、中国に対する禁輸政策の修正を引き出したことである。中国はアメリカの禁輸政策を打破するために、メディアなどを通じてアメリカの禁輸政策を非難しながら、イギリスに積極的に貿易の拡大を呼びかけた。一九五六年一月、イギリス政府は、対中貿易制限の解除についてアメリカと協議し検討すると発表した。そして五七年、イギリス政府はアメリカ政府の反対を押し切り、中国に対する貿易制限の基準をソ連・東ヨーロッパ諸国と同等とした(19)。その結果、同年秋ごろにイギリスをはじめヨーロッパ諸国の対中貿易が活況を呈するようになる。こうしたイギリスの対中禁輸緩和措置が西側諸国にもたらした影響は極めて大きい。

また、西側諸国との接触方法が限られていた建国直後の時期に、中国は相手国の国民との交流を通じて国家間の関係打開に一定の成果を得たと思われる。様々なイギリス代表団を中国に呼び寄せ、中国の発展状況および政治制度、法律制度などを紹介し、中国人の日常生活を見学させることによって、代表団のメンバーに好印象を与えた。こうした活動は、両国間の交流がまったく閉ざされていた時期に、確実にイギリス国民の間に中国の影響力を拡大させたという点で意味があった。

しかし、中国の対英政策には限界も見られる。米英間に存在する対立を利用し、イギリスとの関係改善によってイギリスをアメリカから切り離し、中国問題をめぐってアメリカを孤立させることに成功する可能性は、冷戦という現実のもとではほとんどなかった。中国はその現実を見逃していたのである。

その理由はイギリスの対外政策に対する中国側の認識にあったと考えられる。中国のイギリス情勢に対する判断には、米英間の中国問題をめぐる対立をつねに定数として、しかも次第に深刻化する定数としてとらえる傾向があった。第一次台湾海峡危機後、イギリス政府の立場に関して、中国の駐ロンドン事務所から「イギリスがジュネーブ会議から後退し、米英の連携が強まった」という報告があったにもかかわらず[20]、北京の外交部はそれを否定し、「英米の対立は依然として拡大している。世界の基本対立としての〔東西〕両陣営対立が米英支配に直接に影響を与えない限り、米英の対立は深刻化していくであろう」との見解を捨てなかった[21]。一九五七年以後、イギリスがアメリカの中国政策に同調するようになった後も、米英間の対立は依然として西側陣営の主要な対立であり、その対立はさらに深刻化しているという中国側の認識に変化はなかった[22]。中国は米英間の対立を過大視し続けたが、その主観的判断と現実の間にはずれが生じていたのである。こうした認識の限界には中国の政治文化における楽観主義的な要素が影響したと考えられる。そういう意味では五〇年代における中国外交は、プラグマティックであったとはいえるものの、必ずしも現実主義的なものだったとはいい切れない。

第二節　中国的プラグマティズムにおける「原則性」の重視

冷戦の文脈において、中国が「敵内部の矛盾」、つまり帝国主義国にほかならないイギリスを利用してアメリカの企図を挫こうとした様々な試みは、たしかに柔軟で現実的であったといえる。イギリス政府を動かせないと知った中国は、イギリスの野党を利用して政府を操作しようとし、その結果政治の領域が動かせないとわかると、次には経済の領域を動かしてイギリスとの政治的関係に影響を与えようとした。中国の政策決定者たちは「その時」、「その場」において有効な手段を抜け目なく機敏に選択している。この点においては、一般的に理解されている意味でのプラグマティストであったといえる。

しかし、このプラグマティズムは、原則の強調を伴う独特なプラグマティズムであった。少なくとも中国の政策決定者たちの主観的次元においては、「原則」を堅持することと、「眼前の利益を追求すること」との間には、何ら矛盾はなかった。その意味でいえば、イデオロギーの対極に中国的プラグマティズムがあったわけではない。もし彼らが原則をまったく無視して、その時々に有用だと思われる手段に簡単に飛びついたというのであれば、彼らはオポチュニストだといわれても仕方がない。しかし彼らはそうではなかった。

もう一つ中国的プラグマティズムに特徴的なこととして、楽観主義がある。中国の指導者たちにとって、手段としての政策の選択は、慎重に試行錯誤を繰り返した結果というより、ある手段の有用性に確信を得ると、逡巡することなく、その手段を用いて目標の達成に邁進する傾向があるといえる。それはおそらく、ある手段の有効性を信じる見解とそれを懐疑的に見る見解、あるいは否定する見解とを比較検討しながら慎重に前進するといった思考法が中国においては好まれないからと見ることもできるであろう。目的と手段が適合するかどうか慎重な考慮をせずに、確信を得るとそれを信じて楽観的になるのである。

楽観主義と一意専心（single mindedness）が結びつくと何が生じるか。彼らは現実的であると確信したが、実際にはその手段は非現実的であって、ほとんど何の成果も生むことなく時間だけが過ぎ、彼らの目標は一向に達成されないばかりか、かえって遠ざかってしまうという事態が起こり得る。それによって生じたフラストレーションは、彼らを唯我独尊的にし、外部の人々の目から見て突飛な行動に走らせてしまう。こうした突飛な行動は、筆者の見るところ、民族主義的プライドと結びつき、ある種の「強い姿勢」（中国語では「強勢」）となって現れやすい。一九五四年夏および五八年秋の二つの台湾海峡危機は、まさにその典型的な事例である。人民解放軍が金門島を攻撃した目的は、すでに述べたように、中国が台湾解放という目標を放棄しない確固たる意志を国際社会に対して明確に示すこと、そしてアメリカを中国との直接交渉のテーブルにつかせることであった。しかし結果的にその行動は、中国が好戦的で危険な存在だと世界に印象づけ、またアメリカとの戦争の危険性を高めてしまった。結果的に、中国の悲願をかえって実現不可能な領域へ追いやってしまったのである。このように中国的プラグマティズムは、政策決定者に柔軟性と硬直性の両面を与え、また現実的決定と非現実的決定の両者を与えるのである。

中国の指導者たちがとりわけ堅持した「原則」は、台湾海峡を挟んで中国人による二つの政治権力が対峙するという状態を断じて容認せず、大陸からの台湾の分断を認めないという原則であり、このことに関しては、いささかも譲歩する姿勢を示さなかった。もし柔軟で現実的な政策をとるのであれば、この目標はいったん脇に置き、当面は追求しないこともできたかもしれない。また目標の実現は後の世代に委ねることもできたであろう。しかし、当時の中国の指導者たちは、あくまでも台湾の解放を現実に成し遂げるべき最大の目標に据えた。この点では彼らの姿勢は硬直したものだったといえよう。もちろん先に述べたように、中国指導者がイギリスについて利用し得るものならいかなるものでも利用しようとしたのも――その点においてはプラグマティックに見える――、この動かしがたい目標の実現のためであった。冷戦下での世界の現状の重大な変更にかかわる、この中国にとっての目標が、本来実現しがたいものだという点について、中国の政策決定者たちは十分に考慮しなかった。

あるいは、次のように理解することもできるかもしれない。パイがかつて示唆したように、民族主義は中国的プラグマティズムがどの方向へ発揮されるかを左右する。民族的自尊心がほとんど問題とならない場合ならば、中国的プラグマティズムはイデオロギーの制約から逃れた多様な選択肢を指導者たちに与える。しかし、中国においては原則の主張が忘れ去られることはない。反帝国主義・反植民地主義は、当時の中国にとって重要な原則ではあっても、至高の原則というわけではなく、二義的な重要性しか持たなかった。中国の急速な発展と国力の増強、言い換えれば富強の中国の実現、および人民政府を中国の唯一の正統な政府として世界に認めさせることは、あくまでも譲ることのできない大原則である。反帝国主義・反植民地主義の旗を高く掲げていようとも、富強の中国の実現のためということになると、帝国主義とのどのような関係でも許容できた（もちろん、それはソ連の承認を得たものでなければならなかったが）。しかし、台湾問題のように中国の主権にかかわる、民族のプライドの問題となると話は別である。こうなると、中国は外部勢力といかなる妥協の余地も見出せなくなるのである。

このことは、単に一九五〇年代の中国の対外政策だけに当てはまるわけではない。おそらく、以上のような心理的傾向は、対外政策の領域のみならず、国内政策の領域においても現れていたであろうし、現在でも現れているかもしれない。政治文化は、長年の社会的・経済的変化によって変貌していくことも確かだが、時間をかけて形成されたものであることを考えると、変わりにくいものであることも確かであろう。本書が分析した中国の政治文化が、五〇年代以降の対外政策にもどの程度あてはまるか、さらには現在および将来の中国政治を理解する上でどの程度有効であるかは、今後の課題としたい。

（1）「我們的外交方針和任務（一九五二年四月三〇日）」、中華人民共和国外交部・中共中央文献研究室編『周恩来外交文選』、北京：中央文献出版社、一九九〇年、五三頁。
（2）宋恩繁・黎家松『中華人民共和国外交大事記』第一巻、北京：世界知識出版社、一九九七年、一六六頁。
（3）中共中央党史研究室張聞天選集伝記組編・張培森主編『張聞天年譜1942―1976』下巻、北京：中共党史出版社、二〇〇〇年、一〇八〇頁、一一四六頁。
（4）同右、一〇二一頁。
（5）同右、一一四五―一一四六頁。
（6）「我対英態度如何作適当的扭轉（一九五三年四月二十八日）」、外交部檔案資料 No. 110-00235-10。
（7）「与英国建交的問題（一九五三年五月八日）」、外交部檔案資料 No. 110-00235-10。
（8）「周恩来会見英国議員威尓遜・羅伯遜談話記要（一九五四年五月三十日）」、中華人民共和国外交部檔案館『1954年日内瓦会議：中華人民共和国外交檔案選編』第一巻、北京：世界知識出版社、二〇〇六年、四一五頁。
（9）「周恩来総理接見并宴請英国工党代表団時的談話記録（一九五四年八月十五日）」、外交部檔案資料 No. 110-00127-05。
（10）「周恩来会見英国議員威尓遜・羅伯遜談話記要（一九五四年五月三十日）」、『1954年日内瓦会議』第一巻、四一五頁。
（11）「周恩来総理接見英国各界人士訪華団談話記録（一九五四年十月二十一日）」、外交部檔案資料 No. 110-00004-07。「陳毅副総理接見英国訪華友好代表団談話記録（一九五五年九月十四日）」、外交部檔案資料 No. 110-00279-01。
（12）「周恩来総理英国代辨杜維廉的談話紀要（一九五五年五月二十六日）」、外交部檔案資料 No. 110-00141-03。
（13）「朝鮮事件発生後英国対台湾的態度（一九五〇年六月二十八日―七月二十七日）」、外交部檔案資料 No. 110-00024-19。
（14）「英国的所謂亜洲洛迦諾計画（一九五四年七月四日）」、外交部檔案資料 No. 110-00244-03。
（15）「周恩来総理接見并宴請英国工党代表団時的談話記録（一九五四年八月十五日）」、外交部檔案資料 No. 110-00127-05。

（16） Humphery Trevelyan, *Living with the Communists*, Boston: Gambit, 1971, p. 131.
（17） FO371/75779/F.124/1016/10.
（18） 施華「中共対香港的政策和認識」、『七〇年代』、一九八二年十二月号、二八頁。
（19） Robert Boardman, *Britain and the People's Republic of China, 1949–74*, London: Macmillan Press, 1976, p. 92.
（20） 以下の資料を参照した。「駐英代辦宦郷関於英国艾登内閣内政・外交政策的分析報告（電報）（一九五五年四月十二日）」、外交部檔案資料 No. 110–00275–04。「英国艾登内閣内政・外交政策動向（電報）（一九五五年十月十三日）」、外交部檔案資料 No. 110–00275–08。「英国工党情況（電報）（一九五五年十二月二十日）」、外交部檔案資料 No. 110–00275–12。「英国艾登内閣内政・外交政策動向分析（電報）（一九五五年十二月二十四日）」、外交部檔案資料 No. 110–00275–15。
（21） 「外交部研究室関於英国外交動向幾個問題的估計（電報）（一九五五年十一月九日）」、外交部檔案資料 No. 110–00275–11。
（22） 「１９５９年以来的英美矛盾的発展（一九六〇年五月十七日）」、外交部檔案資料 No. 109–02065–03。

参考文献一覧

中国語資料（ピンイン順）

薄一波『若干重大事件与決策的回顧』上巻（北京：中共党史出版社、一九九一年）

「陳毅伝達毛主席十二月中央会議談話」、中国人民大学中共党史系資料室所蔵、編号六五一二／二、五

高偉「論美国対1949―1972年間中英関係的影響」『吉首大学学報』第一期、二〇〇一年

耿飈『耿飈回憶録』（南京：江蘇人民出版社、一九九八年）

『光明日報』社説「只有制止美国侵略、才能緩和遠東局勢」、一九五五年二月一日

蔣元椿「在張伯倫的道路上」、『人民日報』、一九五五年一月二十九日

蔣元椿「英国当局一定要負起責任」、『人民日報』、一九五五年四月十九日

冀朝鼎「拡展中英貿易的巨大可能性」、『世界知識』第一六期、一九五四年八月二十日

胡菊人主編『1997・香港―香港地位問題資料匯編』（香港：『百姓』半月刊出版社、一九八一年）

中共中央文献研究室編、金沖及主編『周恩来伝（三）』（北京：中央文献出版社、一九九八年）

金堯如「周総理香港政策的第一個談話」、『（香港）経済日報』、一九九三年七月一日

金焔『金門之戦1949―1959』（瀋陽：遼寧人民出版社、二〇一一年）

姜長斌、羅伯特・羅斯主編『1955—1971年的中美関係』（北京：世界知識出版社、一九九八年）
李懐義「毛沢東国際戦略理論及其思想来源」、『中共雲南省委党校学報』第四巻第六期、二〇〇三年
黎家松『中華人民共和国外交大事記』第二巻（北京：世界知識出版社、二〇〇一年）
李連慶『冷暖歳月──一波三折的中蘇関係』（北京：世界知識出版社、一九九九年）
李世安『太平洋戦争時期的中英関係』（北京：中国社会科学出版社、一九九四年）
劉健平「一辺倒冷戦体制下和平共処的限度：朝鮮戦争後中国外交政策的調整」、『国際論壇』第二巻第二期、二〇〇〇年
劉健平「毛沢東的美国観与『一辺倒』国際戦略的形成」、『中国社会科学』第五期、一九九九年
劉寧一「反対美国重新武装日本」、『新華日報』第四巻第四期、一九五一年
劉武生・杜宏奇編『周恩来軍事活動紀事（1918—1975）』（北京：中央文献出版社、二〇〇〇年）
劉曉『出使蘇聯八年』（北京：中共党史資料出版社、一九八六年）
梁上苑『中共在香港』（香港：広角鏡出版社、一九八九年）
呂徳潤『大公報在港復刊40周年』（香港：『大公報』有限公司出版、一九八九年）
毛沢東『毛沢東選集』第一巻（北京：人民出版社、一九六四年）
毛沢東『毛沢東選集』第二巻（北京：人民出版社、一九六九年）
毛沢東『毛沢東選集』第三巻（北京：人民出版社、一九六九年）
毛沢東『毛沢東選集』第四巻（北京：人民出版社、一九六九年）
毛沢東『毛沢東選集』第五巻（北京：人民出版社、一九七七年）
尼・費徳林『我所接触的中蘇領導人─費徳林回憶録』（北京：新華出版社、一九九五年）
牛軍「毛沢東的『危機意識』与中蘇同盟破裂的縁起（1957—1959）」、『国際政治研究』第二期、二〇〇一年
牛軍「新中国外交的形成及主要特徴」、『歴史研究』第五期、一九九九年
牛軍「論一九四五年至一九五五年中国外交的『内向性』」、『国際政治研究』第四期、一九九九年
牛軍「論新中国対美政策的形成」、『美国研究』第四期、一九九六年
牛軍「毛沢東国際戦略思想探源」、『国際政治研究』第一期、一九九五年

牛大勇・沈志華主編『冷戦与中国的周辺関係』（北京：世界知識出版社、二〇〇四年）
潘興明「試分析中英両国関係正常化問題」、『世界歴史』第一期、一九九八年
裴堅章主編『中華人民共和国外交史１９４９—１９５６』（北京：世界知識出版社、一九九四年）
裴堅章主編『研究周恩来—外交思想和実践』（北京：世界知識出版社、一九八九年）
『人民日報』時評「打到台湾去、解放台湾同胞」、一九四九年九月四日
『人民日報』社説「鞏固中蘇兄弟同盟」、一九五〇年二月十六日
『人民日報』社説「美国的謊言和亜洲的真理」、一九五〇年三月十八日
『人民日報』「一定要解放台湾」、一九五四年七月二十三日
『人民日報』「必須撃敗美国拼湊東南亜侵略集団的陰謀」、一九五四年八月六日
『人民日報』「東南亜集団的侵略性質」、一九五四年九月七日
『人民日報』社説「無比深厚的偉大友誼」、一九五四年十月十三日
『人民日報』「香港英国当局迄今没有認真査究」、一九五五年四月二十四日
『人民日報』社説「蔣匪特務謀殺罪行得到証実」、一九五五年五月二十八日
『人民日報』「対於香港英当局未能制止国民党特務所組織的暴乱周恩来総理提出厳重抗議」、「香港英当局没有堅決制止九龍騒乱、国民党特務継続行凶搶掠焼殺」、一九五五年十月十四日
『人民日報』「港九地区表面情況一度平静後、国民党特務又在九龍分頭発生騒乱」、「国民党特務分子策動的騒乱事件、使九龍軽工業受到重大損失」、一九五五年十月十五日
『人民日報』「周総理接見香港大学英籍教授布兰敦等」、一九五五年十二月二十四日
『人民日報』社説「労埃徳可以休矣」、一九五八年十一月三日
『人民日報』社説「斥英国政府関於製造両個中国的叫囂」、一九五八年十二月十二日
『人民日報』「評美国共産党声明」、一九六三年三月八日
沈志華主編『中蘇関係史綱１９１７—１９９１』（北京：新華出版社、二〇〇七年）
沈志華・李丹慧『戦後中蘇関係若干問題研究』（北京：人民出版社、二〇〇六年）

沈志華編『朝鮮戦争：俄国檔案館的解密文件』（台北：中央研究院近代史研究所史料叢刊、二〇〇三年）
沈志華『中蘇同盟与朝鮮戦争研究』（桂林：広西師範大学出版社、一九九九年）
沈志華「中蘇同盟・朝鮮戦争与対日和約問題―東亜冷戦格局形成的三部曲及其互動関係」、中央大学政策文化総合研究所・清華大学日本研究所・中国社会科学院アジア太平洋研究所主催日中国際シンポジウム『協調的な日中関係の構築を目指して―歴史の「省察」から未来像の「提示」へ』、二〇〇五年一月十五日。
施華「中共対香港的政策和認識」、『七〇年代』、一九八二年十二月号
世界知識出版社編『中美関係資料匯編』第二輯（下）（北京：世界知識出版社、一九六一年）
師哲口述・李海文整理『在歴史巨人身辺―師哲回憶録』（北京：中央文献出版社、一九九一年）
宋恩繁・黎家松『中華人民共和国外交大事記』第一巻（北京：世界知識出版社、一九九七年）
蘇新「消除東西方貿易的人為障害」、『人民日報』一九五五年九月二十八日
陶文釗「禁運与反禁運―５０年代中美関係中的一場厳重闘争」、『中国社会科学』一九九七年第三期
王炳南『中美会談九年回顧』（北京：世界知識出版社、一九八五年）
王光照・王林兵「和平外交―張聞天在５０年代理論探索的主旋律」、『理論建設』第三期、二〇〇五年
王泰平編『中華人民共和国外交史１９５７―１９６９』（北京：世界知識出版社、一九九八年）
呉承『帝国主義在旧中国的投資』（北京：人民出版社、一九五六年）
呉冷西「文仗和武仗」、『伝記文学』（一九九四年第一期）
香港経済導報編『香港経済現状与出路』（香港：香港経済導報印：一九五三年）
新華社時評「中国人民一定要解放台湾（一九四九年三月十五日）」、『新華月報』第一巻第一期、一九四九年
徐京利『另起炉灶―崛起巨人的外交方略』（北京：世界知識出版社、一九九八年）
徐京利『解密中国外交檔案』（北京：中国檔案出版社、二〇〇五年）
謝益顕主編『中国外交史―中華人民共和国時期　１９４９―２００９』（北京：中国青年出版社、二〇〇九年）
熊向暉『我的情報与外交生涯』（北京：中共党史出版社、二〇〇六年）
楊奎松「中蘇国家利益与民族感情的最初碰撞―以『中蘇友好同盟互助条約』簽訂為背景」、『歴史研究』第六期、二〇〇一年

楊奎松「走向破裂（1960―1963）―中共中央如何面対中蘇関係危機」、『当代中国史研究』第三期、一九九八年
楊奎松『冷戦時期中国的対外関係』（北京：北京大学出版社、二〇〇六年）
尹朝暉「中英関係正常化過程中的台湾因素」、『西南交通大学学報』第五巻第四期、二〇〇四年
章百家・牛軍編『冷戦与中国』（北京：世界知識出版社、二〇〇二年）
張培森主編『張聞天研究文集』（北京：中共党史資料出版社、一九九〇年）
鄭華武「論戦後毛沢東関於国際反帝統一戦線的理論和戦略」、『中央社会主義学院学報』第四期、二〇〇五年
中共中央党史研究室張聞天選集伝記組編・張培森主編『張聞天年譜1942―1976』下巻（北京：中共党史出版社、二〇〇〇年）
中共中央文献研究室編『毛沢東伝一九四九―一九七六（上）』（北京：中共中央文献出版社、二〇〇〇年）
中共中央文献研究室編『建国以来毛沢東文稿』第一冊（北京：中央文献出版社、一九八七年）
中共中央文献研究室編『建国以来毛沢東文稿』第六冊（北京：中央文献出版社、一九九二年）
中共中央文献研究室編『建国以来毛沢東文稿』第七冊（北京：中央文献出版社、一九九二年）
中共中央文献研究室編『建国以来毛沢東文稿』第八冊（北京：中央文献出版社、一九九三年）
中共中央文献研究室編『周恩来年譜1949―1976』上巻（北京：中央文献出版社、一九九七年）
中共中央文献研究室編『周恩来年譜1949―1976』中巻（北京：中央文献出版社、一九九七年）
中共中央文献研究室編『劉少奇年譜1898―1969』下巻（北京：中央文献出版社、一九九六年）
中共中央文献研究室編『建国以来劉少奇文稿』第一冊（北京：中央文献出版社、一九九八年）
中共中央文献研究室、中国人民解放軍軍事科学院編『建国以来毛沢東軍事文稿』中巻（北京：軍事科学出版社・中央文献出版社、二〇一〇年）
中共中央文献研究室、中国人民解放軍軍事科学院編『建国以来毛沢東軍事文稿』下巻（北京：軍事科学出版社・中央文献出版社、二〇一〇年）
中華人民共和国外交部、中共中央文献研究室編『周恩来外交文選』（北京：中央文献出版社、一九九〇年）
中華人民共和国外交部、中共中央文献研究室編『毛沢東外交文選』（北京：中央文献出版社・世界知識出版社、一九九四年）
中華人民共和国外交部外交史研究室編『周恩来外交活動大事記1949―1975』（北京：世界知識出版社、一九九三年）

中華人民共和国檔案館、人民画報社編『解密外交文献―中華人民共和国建交檔案１９４９―１９５５』（北京：中国画報出版社、二〇〇六年）
中華人民共和国外交部檔案館編『中華人民共和国外交檔案選編　１９５４年日内瓦会議』第一集（北京：世界知識出版社、二〇〇六年）
中華人民共和国外交部檔案館編『中華人民共和国外交檔案選編　中国代表団出席１９５５年亜非会議』第二集（北京：世界知識出版社、二〇〇七年）
中央檔案館編『中共中央文件選集』第一八冊（北京：中共中央党校出版社、一九九二年）
中央党史研究室張聞天選集編緝組編『張聞天文集』第四集（北京：中共党史出版社、一九九五年）
周恩来『周恩来文選』下巻（北京：人民出版社、一九八四年）
周恩来『周恩来選集』（香港：一山図書公司、一九七六年）
周奕『香港左派闘争史』第四版（香港：利迅出版社、二〇〇九年）

中国外交部檔案館資料（刊行順）

「毛対英印談判其目的在拖延時日之指示（一九五〇年一月二十日）」、外交部檔案資料 No. 110–00022–05
「対中英建立外交関係初歩談判的擬議（一九五〇年二月九日）」、外交部檔案資料 No. 110–0022–08
「就中英建交与英臨時代辦胡階森的第二次談話記録（一九五〇年三月十七日）」、外交部檔案資料 110–00024–04
「中国英国建交談判中我対英政策的意見（一九五〇年八月四日）」、外交部檔案資料 No. 110–00024–17
「朝鮮事件発生後英国対台湾的態度（一九五〇年六月二十八日―七月二十七日）」、外交部檔案資料 No. 110–00024–19
「関於英中友協訪華団的情況彙報」、第一号、外交部檔案資料 No. 110–00177–01
「関於英中友協訪華団的情況彙報」、第八号、外交部檔案資料 No. 110–00177–08
「関於英中友協訪華団的情況彙報」、第一二号、外交部檔案資料 No. 110–00177–12
「邀請外賓参加観礼的請示（一九五三年三月二日）」、外交部檔案資料 No. 110–00205–04
「我対英態度如何作適当的扭轉（一九五三年四月二十八日）」、外交部檔案資料 No. 110–00235–10

「与英国建交的問題（一九五三年五月八日）」、外交部檔案資料 No. 110–00235–10
「英工党擬派代表団来中国（電報）（一九五三年十二月四日）」、外交部檔案資料 No. 110–00026–01
「英工党擬派代表団来中国（電報）（一九五四年一月二日）」、外交部檔案資料 No. 110–00026–01
「駐英使館関於与英国建交問題的分析的電報（一九五四年一月二十二日）」、外交部檔案資料 No. 110–00023–01
「日内瓦会議期間中国英方官方和半官方接触情況（電報）（一九五四年六月一日）」、外交部檔案資料 No. 110–00023–07
「中国英国建交関係情況総結（電報）（一九五四年六月九日）」、外交部檔案資料 No. 110–00023–13
「為準備接待英国工党代表団請我駐外使館了解有関情況（電報）（一九五四年六月二十三日）」、外交部檔案資料 No. 110–00241–02
「美国拼湊『東南亜防禦集団』近況（一九五四年六月三十日）」、外交部檔案資料 No. 105–00626–01
「英国的所謂亜洲洛迦諾計画（一九五四年七月四日）」、外交部檔案資料 No. 110–0244–03
「周恩来総理接見英国工党代表団談話記録（一九五四年八月十四日）」、外交部檔案資料 No. 110–00027–03
「周恩来総理接見并宴請英国工党代表団時的談話記録（一九五四年八月十五日）」、外交部檔案資料 No. 110–00027–05
「毛沢東主席接見英国工党代表団談話記録（一九五四年八月二十四日）」、外交部檔案資料 No. 110–00027–01
「可発英・美記者国慶請帖」、外交部檔案資料 No. 102–00172–19
「周恩来総理接見英国各界人士訪華団談話記録（一九五四年十月二十一日）」、外交部檔案資料 No. 204–00004–07
「周恩来総理接見英駐華代辦杜維廉的談話記録（一九五五年二月二十八日）」、外交部檔案資料 No. 110–00034–02
「周恩来総理英国代辦杜維廉的談話紀要（一九五五年五月二十六日）」、外交部檔案資料 No. 110–00141–03
「駐英代辦宦郷関於英国艾登内閣内政・外交政策的分析報告（一九五五年四月十二日）（電報）」、外交部檔案資料 No. 110–00275–04
「陳毅副総理接見英国訪華友好代表団談話記録（一九五五年九月十四日）」、外交部檔案資料 No. 110–00279–01
「英国艾登内閣内政・外交政策動向（一九五五年十月十三日）（電報）」、外交部檔案資料 No. 110–00275–08
「周恩来総理接見英国公誼代表団談話記録（一九五五年十月二十六日）」、外交部檔案資料 No. 110–00277–03
「外交部研究室関於英国外交動向幾個問題的估計（一九五五年十一月九日）（電報）」、外交部檔案資料 No. 110–00275–11
「英国工党情況（一九五五年十二月二十日）（電報）」、外交部檔案資料 No. 110–00275–12
「英国艾登内閣内政・外交政策動向分析（一九五五年十二月二十四日）（電報）」、外交部檔案資料 No. 110–00275–15

「周恩来総理接見日本社会党訪蘇親善使節団談話記録（一九五七年九月十九日）」、外交部檔案資料 No. 105–00541–06
「周恩来総理接見美国青年代表団談話記録（一九五七年九月七日）」、外交部檔案資料 No. 111–00196–01
「美英目前在中東的政策動向（一九五八年十二月十七日）」、外交部檔案資料 No. 107–00295–06
「目前美国対華政策的方向（一九五九年二月四日）」外交部檔案資料 No. 109–01913–03
「１９５９年以来的英美矛盾的発展（一九六〇年五月十七日）」、外交部檔案資料 No. 109–02065–03。
「英美矛盾又一次表面化（一九六〇年五月二十七日）」、外交部檔案資料 No. 109–02065–03

日本語文献

青山瑠妙『現代中国の外交』（慶應義塾大学出版会、二〇〇七年）
青山瑠妙「一九五〇年代後半の中国の対外政策――『強硬路線』のなかの『柔軟路線』」、慶應義塾大学『法学政治学論究』第四三号（一九九九年）
五十嵐武士『対日講和と冷戦――戦後日米関係の形成』（東京大学出版会、一九八六年）
石川忠雄「中国における国内情勢と外交政策――一九五七年以降を中心として」、『法学研究』第三七巻第一二号（一九六四年）
石川忠雄「中華人民共和国の外交政策決定に関する試論的考察」、『法学研究』第三八巻第一一号（一九六五年）
石川忠雄「中国外交政策の決定要因」、『中央公論』第八一巻第四号（一九六六年）
石川忠雄「中共外交政策形成過程の一考察――一九五七―五八年を中心として」、『法学研究』第四〇巻第一号（一九六七年）
岩村三千夫「中国外交の基本的性格」、『世界経済評論』第五巻第一〇号（一九六一年）
緒方貞子（添谷芳秀訳）『戦後日中・米中関係』（東京大学出版会、一九九二年）
岡部達味『中国の対外戦略』（東京大学出版会、二〇〇二年）
岡部達味編『中国をめぐる国際環境』（岩波書店、一九九〇年）
外務省アジア局編『香港便覧』（日本国際問題研究所、一九六〇年）
川島真『中国の外交――自己認識と課題』（山川出版社、二〇〇七年）

牛軍（真水康樹訳）『冷戦期中国外交の政策決定』（千倉書房、二〇〇七年）
小嶋華津子「中国と国際政治―交錯する中国像とグローバリゼーション」、日本国際政治学会編『日本の国際政治学』（有斐閣、二〇〇九年）
高橋伸夫『中国革命と国際環境―中国共産党の国際情勢認識とソ連　１９３７―１９６０年』（慶應義塾大学出版会、一九九六年）
中園和仁『香港をめぐる英中関係―中国の対香港政策を中心として』（アジア政経学会出版、一九八四年）
中園和仁『香港返還交渉―民主化をめぐる攻防』（国際書院、一九九八年）
福田円『中国外交と台湾―「一つの中国」原則の起源』（慶應義塾大学出版会、二〇一三年）
細谷千博『サンフランシスコ講和への道』（中央公論社、一九八四年）
前田直樹「一九五八年米中ワルシャワ会談とアメリカによる台湾単独行動への抑制」、『広島法学』第二七巻第二号（二〇〇三年）
三宅康之「中国の『国交樹立外交』、一九四九～一九五七年」、『愛知県立大学外国語学部紀要』（地域研究・国際学編）第三九号（二〇〇七年）
山極晃・毛里和子編『現代中国とソ連』（日本国際問題研究所、一九八七年）
湯浅成大「アイゼンハワー期の対中国政策―米中「非」接近の構図」、『国際政治』第一〇五号（一九九四年）

英文文献

Acheson, Dean Gooderham. *The Pattern of Responsibility*. edited by McGeorge Bundy. New York: A. M. Kelley, 1972.
Adamthwaite, Anthony. “Overstretched and Overstrung: Eden, the Foreign Office and the Making of Policy, 1951–55”. *International Affairs*, 64（Spring 1988）.
Armstrong, J. D.. *Revolutionary Diplomacy: Chinese Foreign Policy and the United Front Doctrine*. Barkeley: University of California Press, 1977.
Barnett, Arthur Daok. *Communist China and the Major Powers in East Asia*. Washington: Brooking Institution, 1977.
Barnett, Arthur Daok. *Communist China and Asia*. New York: Vintage Books, 1961.

Boardman, Robert. *Britain and the People's Republic of China, 1949–74*. London: Macmillan Press, 1976.

Bressi, Giovanni. "China and Western Europe". *Asian Survey*, 12 (October 1972).

Buchanan, Tom. *East Wind: China and the British Left, 1925–1976*. Oxford; New York: Oxford University Press, 2012.

Chang, K. Ming (eds). *Precarious Balance: Hong Kong between China and Britain 1842–1992*. New York: M.E. Sharpe, 1994.

Chang, H. Gorden. *Friends and Enemies*. Stanford: Stanford University Press, 1990.

Chen, Jian. *Mao's China and the Cold War*. London: University of North Carolina Press, 2001.

Chen, Jian. *China's Road to the Korean War: The Making of the Sino-American Confrontation*. New York: Columbia University Press, 1994.

Chi, Chao-ting. "The Vast Possibilities of Chinese-British Trade". *People's China*, 1 August 1954.

Christensen, Thomas J. *Useful Adversaries: Grand Strategy, Domestic Mobilization, and Sino-American Conflict, 1947–1958*. Princeton, N. J.: Princeton University Press, 1997.

Chu, Ai-pei. "Japan: American Base to Attack Asia". *People's China*, 1 December 1951.

Chu, Cindy Yik-Yi. *Chinese Communists and Hong Kong Capitalists: 1937–1997*. New York: Palgrave Macmillan, 2005.

Clayton, David. *Imperialism Revisited: Political and Economic Relations between Britain and China, 1950–54*. Basingstoke: Macmillan Press, 1997.

Cohen, Warren I. and Iriye Akira (eds.). *The Great Powers in East Asia 1953–1960*. New York: Columbia University Press, 1990.

Cottrell, Robert. *The End of Hong Kong: The Secret Diplomacy of Imperial Retreat*. London: John Murray, 1993.

Eden, Anthony. *Full Circle: The Memory of Anthony Eden*. London: Cassell, 1960.

Fang, C. C.. "Asia Opposes U. S. Re-armament of Japan". *People's China*, 1 March 1951.

Gaddis, John Lewis. *The Long Peace: Inquires into the History of the Cold War*, New York: Oxford University Press, 1987.

Gittings, John. "The Great-Power Triangle and Chinese Foreign Policy". *The China Quarterly*, 39 (July–September 1969).

Gordon, Michael. R. *Conflict and Consensus in Labour's Foreign Policy 1914–1965*. Standford: Stanford University Press, 1969.

Gurtov, Melvin and Hwang, Byong-Moo, *China under Threat: The Politics of Strategy and Diplomacy*. Baltimore: Johns Hopkins

University Press, 1980.

Harding, Harry and Yuan, Ming (eds.). *Sino-American Relations, 1945–1955: A Joint Reassessment of a Critical Decade.* Wilmington, Del: Scholarly Resources, 1989.

Tang, James Tuck-Hong. *Britain's Encounter with Revolutionary China 1949–54.* Basingstoke: Macmillan Press, 1992.

Hsu. I. C. Y. *The Rise of Modern China.* New York: Oxford University Press, 1999.

Immerman, Richard. H. "The United States and the Geneva Conference of 1954: A New Look". *Diplomatic History*, 14 (Winter 1990).

Kalicki, J. H. *The Pattern of Sino-American Crises: Political-Military Interactions in the 1950s.* New York: Cambridge University Press, 1975.

Keeble, Curtis. *Britain and the Soviet Union, 1917–89.* London: Macmillan, 1990.

Lindsay, Michael. *China and the Cold War.* Carlton: Melbourne University Press, 1955.

Lowe, Peter. *Containing the Cold War in East Asia: British Policies towards Japan, China and Korea, 1948–1953.* Manchester: Manchester University Press, 1997.

Lowenthal, Richard. "National Interests and the Orthodox Faith". Clement Zablocki (ed.), *Sino-Soviet Rivalry.* New York: Praeger, 1966.

Luard, Evan. *Britain and China.* London: Chatto & Windus, 1962.

Lüthi, Lorenz M.. *The Sino-Soviet Split: Cold War in the Communist World.* Princeton: Princeton University Press, 2008.

MacDonald, Callum. *Britain and the Korean War.* Oxford; Cambridge, Mass: B. Blackwell, 1990.

Macmillan Harold. *Riding the Storm 1956–1959,* London: Macmillan Press, 1977.

Nathan, Andrew J. and Ross, Robert S. *The Great Wall and the Empty Fortress: China's Search for Security.* New York: W. W. Norton, 1997.

Phillips, Morgan. *East Meets West.* London: Lincolns-Praeger, 1954.

Preston, Paul and Michael Partridge (ed.) *British Documents on Foreign Affairs: Reports and Papers from the Foreign Office*

Confidential Print. Part V. From 1951 through 1956. Series E, Asia. Bethesda, Marlyland: LexisNexis, 2005.

Pye, Lucian W. *The Mandarin and the Cadre: China's Political Cultures*, Center for Chinese Studies, Michigan: University of Michigan, 1988.

Pye, Lucian W. *The Spirit of Chinese Politics*. Cambridge: Harvard University Press, 1992.

Ruane, Kevin. "Anthony Eden: British Diplomacy and the Origins of the Geneva Conference of 1954". *The Historical Journal*, 37 (March 1994).

Segal, Gerald. *Defending China*. New York: Oxford University Press, 1985.

Shao, Kuo-Kang. *Zhou Enlai and the Foundations of Chinese Foreign Policy*. Basingstoke: Macmillan Press, 1996.

Shao, Kuo-Kang. "Chou En-lai's Diplomatic Approach to Non-Aligned States in Asia: 1953–1960". *The China Quarterly*, 78 (January 1979).

Shao, Wenguang. *China, Britain and Businessmen: Political and Commercial Relations 1949–57*. Oxford: Macmillan, 1991.

Snow, Edgar. *Other Side of the River*. New York: Random House, 1962.

Solomon, Richard H. *Mao's Revolution and the Chinese Political Culture*. Center for Chinese Studies, Michigan: University of Michigan, 1998.

Spurr, Russell. *Enter the Dragon: China's Undeclared War against the U.S. in Korea 1950–1951*. New York: New Market, 1988.

Trevelyan, Humphrey. *Living with the Communists*. Boston: Gambit, 1971.

Tsang, Steve. "Target Zhou Enlai. 'The 'Kashmir Princess' Incident of 1955". *The China Quarterly*, 139 (September 1994).

Tsang, Steve. *The Cold War's Odd Couple: The Unintended Partnership between the Republic of China and the UK 1950–1958*. London: I. B. Tauris, 2006.

Tucker, Nancy Bernkopf. *Patterns in the Dust: Chinese-American Relations and the Recognition Controversy, 1949–1950*. New York: Columbia University Press, 1983.

Westad, Odd Arne (ed.) *Brothers in Arms: The Rise and Fall of the Sino-Soviet Alliance 1945–1963*. Stanford: Stanford University Press, 1998.

Whiting, Allen S. *China Crosses the Yalu: The Decision to Enter the Korean War*. New York: Macmillan. 1960.

Winnington Alan. *Breakfast with Mao: Memoirs of a Foreign Correspondent*. London: Lawrence and Wishart, 1986.

Xu, Guangqiu. *Congress and the U. S.: China Relationship 1949–1979*. Akron: University of Akron Press, 2007.

Yeh, Chou. "For Peace and Trade". *People's China* 16 January 1954.

Young, John. D.. "The Building Years: Maintaining a China-Hong Kong-Britain Equilibrium, 1950–71". Ming K. Chang (ed.), *Precarious Balance: Hong Kong between China and Britain 1842–1992*. New York: M.E. Sharpe, 1994.

Zagoria, Donald S. *The Sino-Soviet Conflict 1956–1961*. Princeton: Princeton University Press, 1961.

Zhai, Qiang. *The Dragon, the Lion and the Eagle: Chinese-British-American Relations, 1949–1958*. Ashland: Kent State University Press, 1994.

Zhai, Qiang. "China and the Geneva Conference of 1954". *The China Quarterly*, 129 (March 1992).

Zhai, Zhihai and Hao Yufan. "China's Decision to Enter the Korean War: History Revisited". *China Quarterly*, 121 (March 1990).

Zhang, Shu Guang. *Mao's Military Romanticism: China and The Korean War, 1950–1953*. Lawrence: University Press of Kansas, 1995.

House of Commons Debates, 1956.

House of Commons Debates, 1957.

House of Commons Debates, 1958.

U. S. Department of State. *Foreign Relations of the United States, 1958–1960*, vol. 3. Washington, D. C.: G. P. O., 1986.

あとがき

一九七一年四月、北京を訪問したアメリカ卓球代表団のメンバーが天安門広場・紫禁城を散策した際、スピーカーからラディカルなスローガンが流れているにもかかわらず、出会った中国人は皆笑顔で彼らを迎えたエピソードがあった（Chinese Greet Americans with Smile and Curiosity, *New York Times*, 12 April 1971）。また元アメリカ駐中国大使のJ・ステープルトン・ロイ（J. Stapleton Roy）は、一九七九年一月に行われたカーター元アメリカ大統領と鄧小平の会見について、次のように回想している。この時期は中国とベトナムの関係が悪化していた時期であったため、カーター元大統領は鄧小平に、ベトナム戦争中に中国がベトナムを支持した政策は間違っていたのではないかと質問した。それに対し鄧小平は「いや、間違っていない」と答え、「あなた方（アメリカ）は我々の敵であり、ベトナムはあなた方の敵である。敵の敵を支持するのは正しいことだ。あなた方が我々の友人だったら、話は別だったが」と、ベトナムを支持した理由を説明した（https://www.youtube.com/watch?v=722m2AKdMYA）。

このようなエピソードには、中国外交におけるプラグマティズムの要素がよく現れている。外国人にとっては理解しがたいものかもしれないが、中国人自身にとってそれは矛盾と感じないのである。このような矛盾した行動パターンは、中国文化から生まれた中国的プラグマティズムの行動パターンなのである。

中華人民共和国が成立した当初から、中国に関する研究は大量に行われていた。近年でも中国への関心の高まりにつれ、中国研究に向かう気運はいっそう高まっている。そのような状況下の近年でもなお、中国についての研究は、歴史、文化など中国側の視点からの取り組みより、イデオロギーの視点や西側の価値観から論じるものが依然として多いといわざるを得ない。しかし中国の視点に立って検証しなければ、中国を正確に理解できないこともあるのではないだろうか。アメリカCBSイブニングニュースの元アンカーマンで編集長でもあるダン・ラザー（Dan Rather）は、中国について「我々が予想していたことはいつも起こらず、逆に期待していなかったことがしばしば起きている（what we most expect often doesn't occur, what we least expect frequently happens）」という。その背景について「中国の古代史、現代史、文化、社会および中国国民がよく理解されていないからだ」と指摘している（Dan Rather on the changes in Asia: https://www.youtube.com/watch?v=jR_6Ysk4yIU）。ラザーの話からは、中国側からの視点が欠けているという現状が見えてくる。

本書は、ルシアン・W・パイ（Lucian W. Pye）が主張した中国文化におけるプラグマティズム（pragmatism）の要素を重視し、ラディカリズムの枠組みに依拠した解釈から一歩進めてプラグマティズムの枠組みに依拠した解釈を試みることによって、一九五〇年代における中国の対英政策を分析したものである。建国直後、革命を通じて中国社会の不平等を是正することを目標とした中国共産党指導者にとって、イデオロギーは確かに重要ではあったが、彼らの実際的な対外行動を考察すると、対外政策において常に合理的、実用的であった。こうした傾向は、五〇年代における中国の対英政策によく現れている。アメリカの同盟国であるイギリスからの中国承認の申し入れに対し、中国は積極的に対応した。また、朝鮮半島で中英両国が直接戦っていながら、中国は政府間の関係を中断しなかった。中英が正式な外交関係を実現できなかったのは、イデオロギー上の対立によるものではなく、中国にとっての原則問題、すなわち台湾問題におけるイギリスの姿勢を中国が受け入れなかったからである。第一次台湾海峡危機により、中英間の政治関係のさらなる発展は難しくなったが、中国は対英政策の重点を両国の経済関係にシフトし、対英関係を維持することに努めた。つまり、五〇年代における中国の対英政策には一貫性があったのである。中国の対英政策におけるプラグマティズムが最も鮮明に現れたのは、対香港政策においてである。中国共産党は、一方で帝国主義支配反対を唱えながら、一方では建国以前からすでに香港を奪回しない方針を固めていた。香港が反中国大陸の基地にならない限り、イギリスの香港支配を黙認する政策をとったわけである。このように外交政策実施の現場ではプラグマティックな判断が優位に立ったのである。

時系列で見ると、一九五〇年代における中国外交政策には以上のような矛盾した行動が常に存在していた。イデオロギーとプラグマティックな政策が交互に現れるのではなく、常に同時に存在した。中国指導者にとってイデオロギーそのものも、イデオロギーを重視する姿勢を示すことも重要であった。しかしそれと並行して、彼らはプラグマティックな行動も見せている。一見矛盾しているように見えるが、プラグマティックな行動は、中国の指導者らにとって少なくとも主観的には矛盾するものではなく、自然な行動法則であり、その背景には中国の政治文化の影響があったのである。

中国のプラグマティズムは中国文化から生まれたものである。中国文化は古代から現代まで連綿と伝えられて来ており、いつの時代でも中国人の行動パターンに大きな影響を与え続けてきた。こうした中国文化におけるプラグマティズムの要素は、過去・現在のみならず、将来も存続し続けるであろう。今、中国は国際社会の新しいパワーとして、かつてないほどの活躍を見せている。今後の中国外交の動向を予測するには、抽象的なイデオロギー論や政策より、中国人の行動パターンの検証こそ現実的な意義を持つと筆者は考える。

本書の目的は、中国外交におけるプラグマティズムの要素を理解するところにある。しかしプラグマティックな要素の重要性を強調するといっても、もちろん他のアプローチの重要性を軽視するつもりはない。中国外交の本質については他の解釈も当然存在する。しかし疑いなく、多種多様な視点からの分析は重要であり、かつ欠くべからざるものであろう。

二〇〇四年、中国外交部檔案館によって、一九五〇年代における中国外交に関する資料が公開された。これらの新しい資料に基づいて、筆者は博士論文「中国の対米戦略とその対英・対日政策」をまとめることができ、そのことによって自分自身の研究は大きく進展したと感じている。本書はその博士論文の対英政策の部分をもとに、さらにイギリス側の資料を取り入れて完成させたものである。アメリカが新中国をまったく承認しようとしない姿勢を見せたのと対照的に、イギリスは中国建国直後に中国を承認した。なぜ同じ西側陣営に属しながら、イギリスは中国を承認したのか。イデオロギーにおいて対立しながら、なぜ、どのようにして中英両国は低いレベルの外交関係を維持できたのか。その点を意識しながら、新資料を活用し研究を続ける過程で、筆者は中英両国の対外政策において双方にプラグマティックな要素が存在したことを発見した。すなわち、中英関係が維持できたのは、もちろん中国のプラグマティックな対英政策が働いたことは確かだが、イギリス側にもプラグマティックな対応がなければ、決してそれは実現できなかったであろう。この発見は、筆者にとって最も印象的な出来事だった。

なお本書は慶應義塾学術出版基金（平成二十七年度前期）の出版助成を受けている。
本書の出版にあたって、多くの方にお礼を申し上げたい。まず池井優先生に感謝したい。池井先生のおかげで、私は慶應義塾大学で勉強させていただくことができたからである。また、添谷芳秀先生にも感謝申し上げたい。添谷先生に巡り会えたおかげで、日本外交の知識をはじめ、問題の位置づけの仕方など、多くの研究手法を身につけることができた。そして中国外交に関して多くのことをご教授くださった国分良成先生、小嶋華津子先生にお礼を申し上げたい。さらに特に高橋伸夫先生には、政治学理論から本書の構成まで、たくさんのご指導をいただいた。高橋先生が何回も原稿を読んで下さり、多くの貴重なアドバイスを下さったおかげで本書を完成することができた。高橋先生には深く感謝したい。日本語の面においては、長年にわたって多くの方々に助けていただいた。この場を借りてお礼を申し上げたい。最後に感謝をこめて、私を育ててくれた両親に本書を捧げたい。

廉　舒

二〇一六年九月二十六日

ナ行

ハ行

マ行

ラ行

〈事　項〉

マ行

ヤ行

ラ行

タ行

ナ行

ハ行

索　引

〈人　名〉

廉　舒（れん　しゅ／LIAN Shu）
慶應義塾大学ほか非常勤講師。北京大学歴史系卒業。
2013年、慶應義塾大学大学院法学研究科政治学専攻後期博士課程修了、博士（法学）。
主要業績：「1950年代の中国対英・対日外交における対野党戦略」『KEIO SFC JOURNAL』第13巻2号（2013）、「第一次台湾海峡危機直後における中国の香港政策」『同』、第15巻2号（2015）、ほか。

中国外交とプラグマティズム
——一九五〇年代における中国の対英政策

2016年10月31日　初版第1刷発行

著　者————廉　舒
発行者————古屋正博
発行所————慶應義塾大学出版会株式会社
〒108-8346　東京都港区三田2-19-30
TEL〔編集部〕03-3451-0931
〔営業部〕03-3451-3584〈ご注文〉
〔　〃　〕03-3451-6926
FAX〔営業部〕03-3451-3122
振替　00190-8-155497
http://www.keio-up.co.jp/
装　丁————土屋　光（Perfect Vacuum）
印刷・製本——株式会社理想社
カバー印刷——株式会社太平印刷社

Printed in Japan　ISBN 978-4-7664-2376-1